Richard Foster / James Smith

Das Fest der Hingabe

Ein geistliches Lesebuch für die persönliche Stille

RB

R. BROCKHAUS VERLAG WUPPERTAL

Die Edition AUF:ATMEN
erscheint in Zusammenarbeit
zwischen dem R. Brockhaus Verlag Wuppertal
und dem Bundes-Verlag Witten
Herausgeber Ulrich Eggers

Die amerikanische Originalausgabe 1993 erschien
unter dem Titel: DEVOTIONAL CLASSICS – Selected Readings
For Individuals & Groups, bei HarperCollins San Francisco, USA,
als *Renovare Material für geistliche Erneuerung*

Deutsch von Barbara Trebing

Lizenzausgabe mit freundlicher Genehmigung
Umschlag: Dietmar Reichert, Dormagen
Gesamtherstellung: Breklumer Druckerei Manfred Siegel KG
ISBN 3-417-24429-3
Bestell-Nr. 224 429

INHALT

Für
Carolynn Foster
und Meghan Smith,
unsere Ehefrauen, treuen Gefährtinnen
und besten Freunde

VORWORT

Wir leiden heute alle mehr oder weniger unter der Vorstellung, je neuer etwas sei, umso besser, umso richtiger müsse es auch sein. Das vorliegende Buch ist der Versuch, dieser weit verbreiteten Kurzsichtigkeit etwas abzuhelfen. Es enthält ausgewählte Texte der großen geistlichen Klassiker.

Sich einmal in diese Texte zu vertiefen, ist ein echter Gewinn. Wer nur das Moderne gelten lässt, wird einseitig. Diese Schriften haben noch Gehalt. Sie orientieren sich nicht an den Launen dessen, was gerade gefragt ist. Sie helfen uns, eine neue, ausgewogene Perspektive zu gewinnen.

C. S. Lewis schrieb einmal: »Ein neues Buch ist noch in der Versuchsphase, und der Laie ist nicht in der Lage, es zu beurteilen … Die einzige Sicherheit besteht darin, es an einem schlichten, zentralen Christentum zu messen (dem ›Christentum schlechthin‹, wie Baxter es nannte), das die gerade aktuellen Kontroversen in den ihnen gebührenden Zusammenhang stellt. Ein solcher Maßstab kann nur aus alten Büchern gewonnen werden. Es ist eine gute Regel, sich nach der Lektüre eines neuen Buchs erst dann ein weiteres neues zu erlauben, wenn man in der Zwischenzeit ein altes gelesen hat.«[1] Das Buch, das Sie gerade vor sich haben, ist unser Versuch, heutigen Lesern einen solchen Maßstab in die Hand zu geben.

Mit dem Herzen lesen

Ein paar Erläuterungen, wie diese Texte zu lesen sind, mögen an dieser Stelle angebracht sein. Die hier versammelten Autoren versuchen nicht, uns zu fesseln und mit allen Mitteln unsere Aufmerksamkeit zu gewinnen. Sie wollen uns nicht in den Ohren kitzeln und unsere Phantasie anregen. Sie gaukeln uns nicht vor, der Weg zur Heiligung sei kurz und leicht. Sie haben keine verlässliche Anleitung, wie wir unser persönliches Glück, keine todsicheren Methoden, wie wir inneren Frieden finden können.

[1] C.S. Lewis, God in the Dock, hrsg. v. Walter Hooper, Grand Rapids 1970, S. 201-202

Da sie noch schrieben, bevor der moderne Begriff des »Schnelllesens« eingeführt wurde, hatten sie es nicht nötig, jeden Absatz mit banalen Klischees und bedeutungslosen Worthülsen anzufüllen. Stattdessen ist jeder Satz voller Bedeutungsschwere, und es empfiehlt sich, die Texte möglichst langsam durchzulesen, oft innezuhalten, das Gelesene noch einmal anzuschauen und zu durchdenken, bis uns nicht nur die Bedeutung der Worte klar geworden ist, sondern wir von ihrer Wahrheit ergriffen werden.

Jean-Pierre de Caussade rät uns: »Lies ruhig, langsam, Wort für Wort, damit du die Gedanken mehr mit dem Herzen als dem Verstand begreifst ... Mach von Zeit zu Zeit eine kleine Pause, damit ihre Wahrheit in alle Winkel deiner Seele eindringen und der Heilige Geist in dir wirken kann, der die himmlischen Wahrheiten gerade in diesen friedlichen Pausen und Zeiten der stillen Aufmerksamkeit in dein Herz gravieren und einprägen will ... Je länger dieser Frieden und diese Stille dauern, umso besser. Wenn du feststellst, dass deine Gedanken abschweifen, dann lies weiter, aber lege auch immer wieder solche Pausen ein.«[2]

Es gibt einen Fachausdruck für diese Art des Lesens, und es ist vielleicht eine Hilfe, wenn wir ihn kennen – *lectio divina,* »geistliche Lesung«. Das ist ein Lesen, bei dem der Verstand zum Herzen hinabsteigt und beide zur Liebe und Güte Gottes hingezogen werden. Wir tun mehr, als nur die Worte zu lesen. Wir suchen »das Wort in den Worten«, um einen Ausdruck von Karl Barth zu gebrauchen. Wir versuchen, nicht nur Informationen aufzunehmen, sondern uns von dem, was wir lesen, prägen zu lassen. Wir hören mit dem Herzen auf das, was Gott in uns redet. Solch betendes Lesen, wie wir es auch nennen können, verändert und stärkt uns.

Fünf große Ströme

Die Texte sind nach Themen aufgeteilt in einen einführenden Teil und zwei weitere Abschnitte: »Einführung in ein Leben

[2] Jean-Pierre de Caussade, The Sacrament of the Present Moment, San Francisco 1982, S. XXIII

des Glaubens«, »Ein vom Gebet erfülltes Leben«, »Ein Leben der Reinheit und Tugend«. Drei weitere Abschnitte finden Sie im folgenden Buch *Die Kraft der Hingabe* (erscheint Herbst 2001): »Ein Leben in der Vollmacht des Heiligen Geistes«, »Ein Leben der Nächstenliebe« und »Ein Leben aus dem Wort«. Es ist kein Zufall, dass sie den fünf Strömen entsprechen, die wir in der Renovare-Bewegung herausgearbeitet haben. (*Renovare* – das Wort kommt aus dem Lateinischen und bedeutet »erneuern« – ist der Versuch, die Kirche Jesu Christi in ihren vielfältigen Erscheinungsformen wieder neu zu beleben.)

Die Gliederung war aber im Grunde erst der zweite Schritt. Zunächst suchten wir einfach bei den anerkannten Klassikern des Glaubens nach Texten, die wir in unseren wöchentlichen Zusammenkünften miteinander lesen und besprechen konnten. Erst später erkannten wir, wie mühelos sie sich den fünf großen Traditionen zuordnen ließen – der Tradition der Kontemplation, der Heiligung, der charismatischen, der sozialen und der evangelisch-reformatorischen Tradition. Und wir waren selbst erstaunt, als wir feststellten, dass wir zu jeder dieser Traditionen eine mehr oder weniger gleiche Menge von Texten ausgesucht hatten.

Wir sind froh darüber, denn wir sind überzeugt, dass wir die Erfahrungen aller dieser Traditionen brauchen, wenn unser Leben und Glauben im rechten Verhältnis zueinander stehen soll. Jede zeigt einen ganz wichtigen Aspekt des geistlichen Lebens. Nur zusammen bilden sie ein Ganzes. Doch leider sind es oft nur eine oder zwei, für die wir uns interessieren, mit denen wir vertraut sind und bei denen wir uns wohl fühlen. Es gibt nur wenige Menschen, die in allen fünf Bereichen gleich stark sind.

Wir ähneln darin ein wenig dem Athleten, der vielleicht im Bodenturnen, auf dem Schwebebalken und am Barren brilliert, am Stufenbarren und am Pferd aber nicht mithalten kann. Ein solcher Mensch ist einfach kein guter Turner. Genauso sind auch wir einseitig und letztlich wirkungslos, wenn wir zum Beispiel gut sind beim Evangelisieren und Beten, es aber an der Lebensheiligung und dem Mitleid mit dem Armen fehlt. Jede Tradition – auch wenn sie uns sehr am Herzen liegt – bringt uns aus dem Gleichgewicht, wenn wir daneben nichts anderes kennen. Ins Gleichgewicht kommt unser Leben, wenn wir versuchen, von allen fünf Strömen zu lernen und alle in unser Leben hineinzuholen.

Die verschiedenen Abschnitte sollen Ihnen darum helfen zu entdecken, in welchen Bereichen eine geistliche Entwicklung wichtig ist. Vielleicht möchten Sie die Texte nicht in der angegebenen Reihenfolge lesen. Wichtig ist, hier wie überall sonst, dass Sie sich möglichst ausgewogen »ernähren«.

Zur Bearbeitung

Eine kurze Bemerkung noch zur Bearbeitung der Texte. Viele stammen aus früheren Jahrhunderten, und eine etwas altertümliche Sprache und lange Sätze können für den heutigen Leser ermüdend sein. Wir haben darum manche Sätze und auch ganze Absätze gekürzt. Alte Begriffe wurden teilweise durch modernere ersetzt. Abschweifungen im Text oder Anspielungen auf zeitbedingte Ereignisse wurden herausgenommen.

In jedem Fall haben wir uns aber bemüht, der Originalaussage des jeweiligen Verfassers treu zu bleiben und so weit irgend möglich seinen Stil und seine Wortwahl zu übernehmen. Wir hoffen, dass die Kürzungen und Bearbeitungen dazu dienen, im heutigen Leser dieselben Reaktionen wachzurufen wie in den Menschen, für welche die Schriften ursprünglich verfasst wurden. Die Zwischenüberschriften stammen von uns; sie sind jeweils dem Text entlehnt. Im jeweils letzten Absatz unter der Überschrift »Ein paar Gedanken« habe ich (R. Foster) jeweils einige persönliche Bemerkungen zu dem Ausschnitt oder dem Autor aufgeschrieben.

Unser besonderer Dank gilt Lynda Graybeal für die Überarbeitung unseres Manuskripts. In stundenlanger Arbeit und unter viel Gebet hat sie sich darum bemüht, dem Ganzen eine Form zu geben, damit die Worte aus der Vergangenheit mit Macht und Klarheit in die heutige Zeit sprechen können.

Richard J. Foster
James Smith

Einführung in ein Leben des Glaubens

Diese erste Auswahl von Texten will uns in das Leben des Glaubens einführen. Sie folgt allerdings nicht dem gängigen Muster, an das wir uns inzwischen so gewöhnt haben, dass den Menschen erst einmal eine »Kirche light« angeboten wird in der Hoffnung, zu ihnen dann später auch noch von einer Übergabe des Lebens, von Hingabe und Nachfolge reden zu können. Nein, eine solche Hoffnung wäre vergeblich! Die hier versammelten Autoren wissen es besser. Sie wissen, dass unser Gott kein Gott der halben Sachen ist. Es geht um nichts weniger als um die ganze Hingabe.

Und sie reden mit einer Stimme. Augustin spricht von der »ganzen Hingabe«, François Fénelon von einem »Willen, der nicht mehr geteilt ist«, und C. S. Lewis davon, dass wir »alles Christus übergeben«. Jonathan Edwards erinnert uns daran, dass wir Gott mit den Gefühlen wie auch mit dem Verstand lieben, und Bernhard von Clairvaux fordert uns auf, nicht nur Gott, sondern auch uns selbst »um Gottes willen zu lieben«.

Ihre Ausführungen sind ernüchternd. Sie erinnern uns daran, dass die Gnade zwar umsonst, aber nicht billig ist, wie Dietrich Bonhoeffer es formuliert hat. Wer Jesus Christus nachfolgen will, der muss nicht weniger als alles geben. Darunter geht es nicht. Der Preis, den wir zu zahlen haben, wenn wir uns gegen die Nachfolge entscheiden, ist jedoch, wie Dallas Willard schreibt, noch viel höher: »Wer nicht nachfolgen will, dem fehlt der bleibende Friede; dem fehlt ein Leben, das von der Liebe durchleuchtet ist; ein Glaube, der in allem Gottes gnädiges Wirken erkennen kann; eine Hoffnung, die auch in den widrigsten Umständen standhält; die Kraft zu tun, was richtig ist, und den Mächten des Bösen zu widerstehen. Kurz, nicht nachzufolgen kostet uns genau jene Fülle des Lebens, die Jesus uns zu schenken gekommen ist.«

Mit einer Stimme bezeugen die Autoren, dass wir mit der Nachfolge ein weit besseres »Geschäft« machen, als wenn wir beschließen, Christus nicht nachzufolgen.

Alles Christus übergeben

C. S. Lewis (1898-1963)

Über den Autor

C. S. Lewis hat sicher als einer der wirkungsvollsten Verkünder des Christentums im zwanzigsten Jahrhundert zu gelten. Er wurde 1898 in Irland geboren. Den größten Teil seines Lebens verbrachte er als Dozent für altenglische Literatur in Oxford. Im Jahr 1931 wurde er »überrascht von Freude«, wie er selbst seine Bekehrung zum christlichen Glauben umschrieb. Lewis war ein brillanter Gelehrter und Autor, der durch das gedruckte und gesprochene Wort Tausende von Menschen erreichte. Man hat ihn auch als »Apostel für die Skeptiker« bezeichnet.

Jede Woche traf sich Lewis mit einer Gruppe von Freunden (darunter J.R.R. Tolkien, der Verfasser von *Herr der Ringe*), und man debattierte über die Texte, die man geschrieben hatte.

In Deutschland ist wohl *Dienstanweisung für einen Unterteufel* sein bekanntestes Werk. Berühmt wurde er durch Rundfunkreden, die auf Deutsch unter dem Titel *Christentum schlechthin* (später *Pardon, ich bin Christ*) erschienen. Unzählige Christen bezeichnen dieses Werk als entscheidende Hilfe für ihren Glauben. Er schrieb auch Sciencefictionromane (zum Beispiel *Perelandra – der Sündenfall findet nicht statt*) und Kinderbücher (*Narnia*). Immer wieder gelingt es ihm, durch einfache und klare Bilder auch komplizierte Sachverhalte auf humorvolle Art darzustellen. Im folgenden Abschnitt geht es um die Frage: Ist Christsein schwer oder leicht?

Auszüge aus: Pardon, ich bin Christ

1. Wie viel von mir selbst muss ich geben?

Bevor wir Christen werden, haben wir alle in etwa die gleichen Vorstellungen. Als Ausgangspunkt nehmen wir unser Selbst mit seinen mannigfaltigen Wünschen und Interessen. Und dann geben wir zu, dass irgendetwas anderes – nennen wir es »Moral« oder »Anstand« oder »gesellschaftliche Rücksicht« – Ansprüche an dieses Selbst hat; Ansprüche, die mit seinen Wünschen konkurrieren. Was wir nun mit »Gutsein« meinen, ist, diese Ansprüche ernst zu nehmen. Einiges, was unser Selbst unternehmen wollte, erweist sich als »schlecht«, wie wir es nennen –, deshalb müssen wir es unterlassen. Anderes, was das Selbst lieber unterlassen hätte, erweist sich als »richtig«, wie wir es nennen –, also müssen wir es tun.

Dabei hoffen wir ständig, dass unser armes natürliches Selbst, wenn alle Forderungen erfüllt sind, auch noch Gelegenheit und Zeit haben wird, sein eigenes Leben so zu führen, wie es ihm Spaß macht. Im Grunde gleichen wir alle einem ehrlichen Mann, der seine Steuern zahlt. Wohl zahlt er sie, aber immer in der Hoffnung, es möge genug übrig bleiben, damit er noch gut leben kann. So also liegen die Dinge. Denn wir nehmen noch unser natürliches Selbst als Ausgangspunkt.

2. Zwei Ergebnisse

Solange wir so denken, müssen wir mit Folgendem rechnen: Entweder geben wir es auf, »gut« sein zu wollen, oder aber wir werden tatsächlich sehr unglücklich. Denn täuschen wir uns nicht: Wenn wir wirklich versuchen, allen Ansprüchen gerecht zu werden, die an das natürliche Selbst gestellt werden, dann wird ihm nicht genug zum Leben übrig bleiben. Je mehr wir unserem Gewissen gehorchen, desto mehr wird es von uns fordern. Und unser natürliches Selbst, das so auf Schritt und Tritt ausgehungert, gehemmt und bedrängt wird, wird immer ärgerlicher.

Schließlich werden wir entweder aufhören, gehorsam sein zu wollen, oder aber wir werden zu solchen Menschen, die immer betonen, dass sie nur »für andere leben«. Dabei sind sie aber ständig unzufrieden und mürrisch; wundern sich, dass die anderen ihre Leistungen nicht gebührend würdigen, und stellen sich selbst als Märtyrer hin. Wer so weit ist, der ist für alle, die mit ihm zusammenleben müssen, viel unausstehlicher, als wenn er schlicht und einfach egoistisch wäre.

3. Schwerer und leichter

Das christliche Leben ist anders – schwerer und leichter. Christus sagt: »Gib mir alles. Ich will nicht nur einen bestimmten Teil deiner Zeit, deines Geldes und deiner Arbeit. Ich will dich. Ich bin nicht gekommen, dein natürliches Selbst zu quälen, sondern es zu töten. Halbheiten sind sinnlos. Ich will nicht hier einen Zweig abschneiden und dort einen anderen, ich will den ganzen Baum abhauen. Ich will den Zahn weder ausbohren noch ihm eine Krone aufsetzen oder ihn plombieren. Ich will ihn ziehen. Übergib mir dein natürliches Selbst mit all seinen Wünschen; denen, die aus deiner Sicht gut sind, und denen, die du für schlecht hältst. Ich will dir dafür ein neues Selbst geben. Ich will dir mich geben. Mein eigener Wille soll deiner werden.«

4. Die gefährlichere Sache

Schwerer und leichter ist das als alle unsere eigenen Versuche. Ich denke, jeder von uns weiß, dass Christus selbst das christliche Leben bald als sehr schwer, bald als sehr leicht bezeichnet hat. Er sagt: »Nimm dein Kreuz auf dich!« Das kann unter Umständen bedeuten, sich in einem Konzentrationslager totschlagen zu lassen. Und gleich darauf tröstet er: »Mein Joch ist sanft, und meine Last ist leicht.« Christus meint tatsächlich beides. Und wir werden gleich sehen, warum beides wahr ist.

Ein Lehrer würde uns erzählen können, dass der faulste Schüler einer Klasse am meisten büffelt, wenn es auf das Ende des Schuljahres zugeht. Stellt er zum Beispiel zwei Jungen eine Geometrieaufgabe, so wird der eine, der bereit ist, Mühen auf sich zu nehmen, versuchen, die Aufgabe zu verstehen. Der faule Junge dagegen wird versuchen, die Lösung auswendig zu lernen, denn das wird ihn im Augenblick weniger Anstrengung kosten. Sechs Monate später aber, wenn sie sich aufs Examen vorbereiten, wird der Faule sich stundenlang mit den Aufgaben herumquälen müssen, die der andere innerhalb von wenigen Minuten verstanden hat und deren Lösung ihm Spaß bereitet. Faulheit bedeutet auf die Dauer mehr Arbeit.

Wir können das Problem auch von einer anderen Seite betrachten. Bei einer Schlacht oder einer Bergbesteigung kommt man oft in Situationen, die man nur mit einigem Mut meistern kann. Auf die Dauer ist dies aber das Sicherste, was wir tun können. Drückt man sich nämlich, so wird man sich einige Stunden später in weit größeren Gefahren befinden. Eine feige Handlung ist oft die gefährlichere Sache.

5. Das schier Unmögliche

So auch hier. Das Furchtbare, das schier Unmögliche ist, dass wir unser ganzes Selbst Christus ausliefern sollen, mit all unseren Wünschen und Vorbehalten. Und doch ist es viel leichter als das, was wir alle zu tun versuchen. Wir wollen immer nur »wir selbst« bleiben, wie wir es nennen; wir wollen weiter nach unserem persönlichen Glück streben; und doch wollen wir gleichzeitig »gut« sein. Wir alle versuchen, unsere Gedanken und Empfindungen ihre eigenen Wege gehen zu lassen, und die drehen sich um Geld, Vergnügen oder Ehrgeiz. Trotzdem hoffen wir, uns ehrlich, keusch und demütig zu verhalten.

Aber genau davor hat uns Christus gewarnt. Nach seinen Worten kann eine Distel keine Feigen hervorbringen. Wenn ich ein Feld bin, das nur Grassamen in sich birgt, kann auf mir kein Korn reifen. Mähen mag das Gras kurz halten, trotzdem wird weiterhin Gras und kein Korn wachsen. Wenn ich »Korn« hervorbringen will, darf die Veränderung nicht nur die Oberfläche betreffen. Ich muss »umgepflügt« und neu »eingesät« werden.

6. Jene andere Stimme hören

Deswegen entsteht das eigentliche Problem des christlichen Lebens dort, wo die Menschen es für gewöhnlich nicht suchen. – Es beginnt jeden Morgen im Moment unseres Erwachens. All unsere Wünsche und Hoffnungen für den Tag stürzen sich wie wilde Tiere auf uns. Und die erste Arbeit des Tages besteht darin, sie alle zurückzuschubsen, um jene andere Stimme zu hören, jenen anderen Standpunkt einzunehmen und jenes andere, umfassendere, stärkere, stillere Leben in sich einziehen zu lassen. So geht es dann den ganzen Tag. Wir müssen aller natürlichen Betriebsamkeit und Verdrießlichkeit den Abschied geben; wir müssen zu uns kommen, heraus aus dem Wind.

Zuerst wird uns das nur für Augenblicke gelingen. Aber aus

diesen Augenblicken heraus wird sich das neue Leben in uns ausdehnen, weil wir Gott nun an der richtigen Stelle wirken lassen. Es ist wie der Unterschied zwischen einer Farbe, die nur auf der Oberfläche aufgetragen wird, und einem Farbstoff oder einer Beize, die den Stoff ganz durchdringt. Nie hat es bei Christus unklare, idealistische Phrasen gegeben. Wenn er sagte: »Seid vollkommen«, dann meinte er das auch. Er meinte, dass wir uns einer vollständigen Behandlung unterziehen müssen. Das ist schwer, aber die Art von Kompromiss, nach der wir uns alle sehnen, ist schwerer. Letztlich ist sie unmöglich.

Für ein Ei mag es keine Kleinigkeit sein, sich in einen Vogel zu verwandeln, aber es wäre gewiss eine weit schwierigere Angelegenheit, fliegen zu lernen und dabei ein Ei zu bleiben. Im Moment gleichen wir dem Ei. Es geht aber wirklich nicht, dass wir auf die Dauer gewöhnliche, brave Eier bleiben. Entweder müssen wir ausschlüpfen, oder wir verfaulen.

7. Wofür es die Kirche gibt

Darf ich noch einmal auf das vorhin Gesagte zurückkommen? Dies ist die Essenz des Christentums. Etwas anderes gibt es nicht. Es ist so einfach, sich durcheinander bringen zu lassen. Es ist so einfach zu meinen, die Kirche hätte so viele Aufgaben: Erziehung, Bauen, Mission, Gottesdienste. Genauso wie es einfach ist zu meinen, der Staat habe ja viele Aufgaben: militärische, politische, ökonomische usw.

Dabei ist die Sache viel einfacher. Der Staat existiert letztlich nur, um das normale Glück des Menschen in diesem Leben zu fördern und zu schützen. Ein Ehepaar, das plaudernd am Kamin sitzt, die beiden Freunde, die im Wirtshaus Freude an einem Spielchen haben, ein Mann, der in seinem Zimmer ein Buch liest oder seinen Garten umgräbt, dafür ist der Staat da. Und solange nicht alle Gesetze, Parlamente, Armeen, Gerichtshöfe, Polizeikräfte, Wirtschaftssysteme usw. dazu beitragen, solche Momente zu vermehren, zu verlängern und zu schützen, sind sie bloße Zeitverschwendung.

Genauso besteht die Kirche nur zu dem Zweck, die Menschen in Christus »hineinzuziehen«; sie zu kleinen Christussen werden zu lassen. Wenn sie das nicht tut, sind alle Kathedralen, alle Geistlichen, alle Missionen und Predigten, dann ist sogar die Bibel nichts anderes als Zeitverschwendung. Aus keinem anderen Grunde wurde Gott Mensch. Und vermutlich wurde auch das Universum aus keinem anderen Grund erschaffen. Nach den Worten der Bibel wurde das ganze Universum für Christus erschaffen, und alles soll sich in ihm vereinigen.

8. In den Plan hineingezogen werden

Ich glaube kaum, dass jemand von uns versteht, wie das im Blick auf das ganze Universum vor sich gehen soll. Es entzieht sich unserer Kenntnis, was in anderen Regionen existiert, die Millionen von Kilometern von dieser Erde entfernt sind, wenn dort überhaupt etwas ist. Selbst hier auf der Erde wissen wir ja lediglich, wie es für den Menschen gilt. Was mit den anderen Dingen geschehen wird, wissen wir nicht; und wir können auch nichts anderes erwarten. Der Plan ist uns nur so weit gezeigt worden, wie er uns selbst angeht. (...)

Es wurde uns aber gesagt, wie wir Menschen in Christus »hineingezogen« werden können; Teil jenes köstlichen Geschenks werden können, das der junge Fürst des Universums seinem Vater darbringen will. Das ist der einzige Zweck, zu dem wir erschaffen sind. In der Bibel gibt es merkwürdige, aufregende Hinweise darauf, dass auch viele andere Dinge in der Natur ihre rechte Ordnung finden, wenn wir erst in ihn »hineingezogen« sind. Der böse Traum wird dann vorbei sein: Der Morgen beginnt.

Bibeltext: Lukas 14,25-33

Zum Nachdenken

Die folgenden Fragen können in der kleinen Gruppe diskutiert werden. Sie können aber auch dem Einzelnen als Anregung dienen, sich – wenn möglich schriftlich – Gedanken zu machen.

1. C. S. Lewis betont, wie wichtig es ist, Gott alle Bereiche des Lebens zu übergeben. Was erscheint Ihnen daran besonders schwierig?

2. Beschreiben Sie, wie Ihnen wohl zumute wäre, wenn Jesus käme und zu Ihnen das sagte, was Lewis hier in Abschnitt 3 ausführt (»Christus sagt: ›Gib mir alles. Ich will nicht nur …‹«).

3. Nach Lewis ist der Weg, der uns im Leben am leichtesten erscheint, oft der schwerste (wenn zum Beispiel der Junge bis fast zum Ende des Schuljahrs wartet, um sich auf das Examen vorzubereiten; Abschnitt 4). Inwieweit bestätigen – oder widerlegen – Ihre eigenen Erfahrungen diese Behauptung?

4. Wer nach dem persönlichen Glück strebt, indem er versucht, »gut« zu sein, wird enttäuscht, sagt Lewis in Abschnitt 5. Welche Überlegung steckt hinter dieser Argumentation? Würden Sie dem zustimmen? Oder eher nicht?

5. In Lukas 14,25-33 fordert Jesus die Menschen, die ihm folgen wollen, dazu auf, vorher die »Kosten zu überschlagen«. Was hat das Christsein Sie gekostet?

Übungen

Die folgenden Vorschläge sind für den Einzelnen gedacht. Sie können aber auch im Rahmen einer geistlichen Zweierschaft, einer geistlichen Freundschaft oder in einer kleinen Gruppe aufgenommen werden. Wählen Sie einen oder mehrere aus.

1. Führen Sie in dieser Woche Tagebuch und bedenken Sie dabei eine der folgenden Fragen:
a) Was sind einige der Gründe, die mir Angst machen, mein Leben Gott ganz zu übergeben?
b) Welche Bereiche meines Lebens halte ich vor Gott am meisten zurück?
c) Wo habe ich den Versuch, mein eigenes Leben zu führen, tatsächlich als Last empfunden?

2. C. S. Lewis glaubt, das eigentliche Problem des christlichen Lebens beginne am Morgen (Abschnitt 6). Versuchen Sie diese Woche ganz bewusst, die Stimme Ihres natürlichen Selbst gleich beim Aufwachen »zurückzuschubsen« und stattdessen auf Gott zu hören und sich in allem Denken und Reden von

ihm leiten zu lassen. Legen Sie sich einen Zettel mit den Worten: »Auf wen höre ich?« auf den Nachttisch und kleben Sie einen anderen an den Badezimmerspiegel, auf dem steht: »Wer bestimmt mein Leben?« Das kann Ihnen helfen, den Tag schon gleich am frühen Morgen unter Gottes Regie zu stellen.

Ein paar Gedanken

Der Gegensatz zwischen dem, wie Gott wirkt und wie wir selbst die Dinge angehen, wird nirgends deutlicher als im ganz alltäglichen Bereich. Wir konzentrieren uns auf bestimmte Tätigkeiten. Gott konzentriert sich auf uns. Wir arbeiten von außen nach innen. Gott wirkt von innen nach außen. Wir versuchen, uns zu ändern. Gott verwandelt uns.

James Smith, der mit mir diese Texte für die persönliche Stille zusammengestellt hat, sagt, dass die Bücher von C. S. Lewis und vor allem der obige Abschnitt ihm sehr geholfen haben. Er schreibt dazu: »Als ich diesen Aufsatz las, ging ich auf die Knie. Ich konnte ihn kaum zu Ende lesen. Plötzlich war mir klar, was bei mir nicht stimmte. Ich hatte immer mein ‚natürliches Selbst' als Ausgangspunkt genommen. Ich hatte versucht, mein Selbst und seine Interessen zu bewahren. Christus war nur eine Zugabe zu meinem eigenen Ich. Nachdem ich diese Texte gelesen hatte, beschloss ich, jeden Tag ganz bewusst auf die Stimme Christi zu hören und das neue Selbst – jenes, das Christus mir schenkt – in mir leben zu lassen.«

Möge Gott diesen Abschnitt gebrauchen, damit Sie und ich dasselbe erleben.

Zur Vertiefung

C. S. Lewis, Dienstanweisung für einen Unterteufel, Moers 1995

C. S. Lewis, Überrascht von Freude. Biographie der frühen Jahre, Gießen, Neuauflage 1992

Anne Arnott, Das geheimnisvolle Land des C. S. Lewis. Eine Biographie, Moers 1998

C. S. Lewis, Die Chroniken von Narnia, 7 Bände, Moers 2000

C. S. Lewis, Die Perelandra-Trilogie, 3 Bände, Moers 1994

Nicht nachfolgen ist teuer

Dallas Willard (geboren 1935)

Über den Autor

Dallas Willard wurde 1935 in Buffalo im US-Bundesstaat Missouri geboren und wuchs in einer verhältnismäßig armen Umgebung auf. Er wurde Professor der Philosophie und unterrichtete an der Universität von Wisconsin sowie der Universität von Südkalifornien (wo er noch immer tätig ist). Im Lauf der Jahre hat er sich als bedeutender Interpret der Philosophie von Edmund Husserl und vor allem dessen »Phänomenologie« ausgezeichnet.

Als Philosoph hat Willard mehr als dreißig eigene Schriften veröffentlicht. Doch auch als überzeugter und tief gläubiger Christ kann er seinen Platz unter den großen Denkern unserer Zeit behaupten. Dabei hat er nie die Fähigkeit verloren, den ganz normalen Menschen das Evangelium zu predigen.

Der folgende Text ist dem Anhang seines Buches *The Spirit of the Disciplines* (Der Geist der geistlichen Übungen) entnommen. Das Buch ist der Versuch, einmal grundsätzlich darzulegen, wie Gott den inneren Menschen verändert, wie er uns immer mehr in das Ebenbild Christi umgestaltet und was dabei unsere Verantwortung ist. Der Abschnitt behandelt das Problem der »Nachfolger, die nicht gelernt haben nachzufolgen«, mit dem die meisten Gemeinden heute zu kämpfen haben.

Auszüge aus: Der Geist der geistlichen Übungen

1. Nachfolge: Nur etwas für Super-Christen?

Das Wort »Jünger« im Sinne von Nachfolger kommt allein im Neuen Testament 264-mal vor. Das Wort »Christ« erscheint dagegen nur dreimal und wurde zunächst genau für diese

Nachfolger verwandt … Das Neue Testament ist ein Buch über die Nachfolger, von den Nachfolgern und für die Nachfolger Jesu Christi.

Es geht dabei nicht nur um sprachliche Spitzfindigkeiten. Wichtiger ist, dass das Leben, wie wir es in der frühen Gemeinde beobachten, mit einer besonderen Art von Mensch zu tun hat. Alle Zusicherungen, alle Wohltaten, die dem Menschen im Evangelium verheißen werden, setzen dieses besondere Leben voraus und hätten ohne es keinen Sinn. Der Jünger oder Nachfolger Jesu ist keine Luxusversion, kein Hochleistungsmodell – extra gepolstert, speziell beschaffen, stromlinienförmig und mit starkem Motor für die Überholspur auf dem geraden, schmalen Weg ausgerüstet. Auf den Seiten des Neuen Testaments wird er uns vielmehr als das Basismodell vorgestellt, das uns ins Reich Gottes bringen soll.

2. Nachfolger, die nicht gelernt haben nachzufolgen

Seit mehreren Jahrzehnten schon gilt in den Kirchen der westlichen Welt die Nachfolge nicht mehr als Voraussetzung für das Christsein. Es wird nicht verlangt oder erwartet, dass man ein Jünger wird, wenn man Christ werden will, und man kann Christ bleiben, auch wenn nirgendwo sichtbar wird, dass man in der Nachfolge Fortschritte macht. Vor allem die modernen Kirchen Amerikas verlangen von ihren Mitgliedern nicht, dass sie dem Beispiel Jesu Christi, seinem Geist und seiner Botschaft, folgen – weder bei der Aufnahme in die Gemeinde noch danach. Jede Ausnahme bestätigt nur die allgemeine Gültigkeit dieser Behauptung und unterstreicht die Regel.

Soweit die konkreten christlichen Institutionen unserer Tage betroffen sind, ist die Nachfolge tatsächlich ins Belieben gestellt … Die Gemeinden sind voller »Nachfolger, die nicht nachfolgen« (*undiscipled disciples*), wie Jess Moody sie genannt hat. Die meisten Probleme in der modernen Kirche lassen sich damit erklären, dass ihre Mitglieder sich noch nicht entschieden haben, Christus nachzufolgen.

Es hilft dann auch nicht viel zu betonen, dass Christus auch der Herr sein sollte. Wer seine Herrschaft in unser Ermessen stellt, der reiht sie in dieselbe Kategorie ein wie Weißwandreifen oder den CD-Player fürs Auto. Es geht auch ohne. Und es ist durchaus nicht klar, wozu sie gut sein sollten. Gehorsam und das Einüben in den Gehorsam spielen bei der Erlösung, wie sie uns in den jüngsten Versionen des Evangeliums gepredigt wird, weder in der Verkündigung noch in der Praxis eine erkennbare Rolle.

3. Abstriche vom Missionsauftrag

Das Beispiel, das Jesus der Gemeinde mit dem Missionsauftrag hinterließ, sah anders aus. Die junge Gemeinde sollte seine allumfassende Macht und Autorität zunächst einmal dazu gebrauchen, um Menschen zu Jüngern zu machen ... Erst dann sollten sie auf den Namen des Vaters, des Sohnes und des Heiligen Geistes getauft werden. Und nachdem sie so, in zweifacher Weise, vorbereitet waren, wurden sie gelehrt, zu »halten alles, was ich euch befohlen habe«. Die christliche Gemeinde des ersten Jahrhunderts entstand, weil sie dieser Anleitung zum Gemeindewachstum folgte – und erzielte damit ein Ergebnis, das schwer zu überbieten ist.

Doch im Lauf der Geschichte ist die Anweisung Christi abgewandelt worden in: »Bekehrt (zu einer bestimmten Glaubensrichtung oder einem Bekenntnis) und tauft sie in die Mitgliedschaft der Gemeinde«. Damit hat man sich in zwei entscheidenden Punkten vom Missionsbefehl verabschiedet.

Zunächst und vor allem machen wir Menschen nicht mehr zu Jüngern, nicht mehr zu Schülern Christi, wo wir doch alles andere um dieses Auftrags willen liegen lassen sollten. Daneben aber lehren wir die Bekehrten auch nicht mehr, so dass sie nicht mehr lernen, immer mehr den Willen Gottes zu suchen.

Die beiden Punkte hängen eng zusammen. Wenn wir aus den Bekehrten keine Jünger machen, dann können wir ihnen auch nicht beibringen, so zu leben, wie Christus es getan und gelehrt hat. Denn das war für sie nicht inbegriffen, dazu haben sie sich nicht bekehrt. Wenn wir auf das Beispiel und die Lehren Christi hinweisen, dann begehrt man heute nicht mehr so sehr auf, man ist auch nicht ablehnend, sondern eher verwirrt und fragt: Was hat das denn mit mir zu tun?

4. Nachfolge damals

Als Jesus auf der Erde lebte, war das Nachfolgen in gewissem Sinne leichter. Es bedeutete zunächst und vor allem, mit ihm zu gehen, von ihm zu lernen, ihm zu gehorchen, ihm nachzueifern. Damals gab es noch keine Fernkurse. Man wusste, was man zu tun hatte, und kannte den Preis. So konnte Simon Petrus ausrufen: »Siehe, wir haben alles verlassen und sind dir nachgefolgt!« (Markus 10,28). Familie und Beruf wurden für längere Zeit verlassen, damit man mit Jesus von Ort zu Ort wandern und miterleben konnte, wie er das Kommen der Gottesherrschaft verkündete und erklärte. Der Jünger musste in seiner Nähe sein, um von ihm zu lernen.

Stellen wir uns das heute einmal vor. Wie würden Familienmitglieder, Arbeitgeber und Kollegen reagieren? Vermutlich würden sie daraus schließen, dass uns an ihnen – und auch an uns selbst – nicht allzu viel liege. Meinte das nicht auch Zebedäus, als seine beiden Söhne den Familienbetrieb im Stich ließen, um mit Jesus zu gehen (Markus 1,20)? Fragen wir einmal einen Vater in einer vergleichbaren Situation. Wenn Jesus also sagte, man müsse all das verlassen, was einem am liebsten sei – die Familie, »alles, was er hat«, und »dazu sich selbst« hassen (Lukas 14) – wenn man mit ihm gehen wolle, dann sprach er damit nur eine einfache Tatsache aus: Es war der einzig mögliche Weg in die Nachfolge.

5. Nachfolge heute

Nachfolge war also teuer. Aber sie hatte auch eine ganz klare, eindeutige Bedeutung. Heute funktioniert das anders. Wir können nicht so mit Jesus zusammen sein wie jene ersten Jünger. Die Prioritäten und die Absichten – das Herz, die innere Haltung – eines Jüngers sind aber noch immer dieselben. Im Herzen des Jüngers lebt ein Wunsch, er hat sich für eine ganz bestimmte Sache entschieden. Der Jünger Jesu will vor allem seinem Herrn immer ähnlicher werden …

Diesen Wunsch einmal vorausgesetzt, der im Allgemeinen durch das Leben und Reden der Menschen geweckt wird, die schon auf dem Weg sind, muss erst noch ein Entschluss gefasst werden: der Entschluss, wirklich alles daranzusetzen, um so zu werden wie Christus. Der Jünger ist ein Mensch, der sein Leben systematisch und Schritt für Schritt so ordnet, dass er Christus ähnlich wird und in seinem »Glauben« lebt. Dadurch wird man auch heute noch zu einem Jünger oder Nachfolger.

Und wenn wir werden wollen wie Christus, dann wird das jeder aufmerksame Mensch in unserer Umgebung merken, und wir auch.

Natürlich können wir das Verhalten, das den Jünger kennzeichnet, heute nicht mehr dadurch einüben, dass wir Familie und Geschäft verlassen und mit Jesus durch die Lande reisen. Nachfolge kann aber konkret werden, wenn wir unsere Feinde lieben; wenn wir segnen, die uns fluchen; wenn wir mit einem Bedränger die zweite Meile gehen – kurz, wenn die inneren Veränderungen, die Glaube, Hoffnung und Liebe in uns bewirken, auch gelebt werden. Solche Dinge – die von dem Nachfolger in Gnade, Friede und Freude getan werden – machen die Nachfolge heute nicht weniger fassbar und nicht weniger anstößig als damals. Jeder, der den Weg einschlagen will, kann das erleben, und er wird dabei erkennen, dass das durchaus nichts Schlimmes ist.

6. Der Preis für den, der nicht nachfolgen will

1937 veröffentlichte Dietrich Bonhoeffer sein Buch *Nachfolge.* Es war ein meisterhafter Angriff auf ein »einfaches Christentum«, eine »billige Gnade«. Aber es räumte nicht mit der Vorstellung auf, dass die Nachfolge eher so etwas wie ein teurer geistlicher Zusatz ist und nur für jene, die sich speziell dazu getrieben oder berufen fühlen. Bonhoeffer hatte darin Recht, dass niemand ein Nachfolger Christi sein kann, der nicht all das aufgibt, wonach man im Leben normalerweise trachtet, und dass jemand, der in der Welt wenig zählt, sich fragen sollte, wo er mit Gott steht. Doch der Preis, den der zu zahlen hat, der nicht nachfolgen will, ist weit höher als der Preis für ein Leben mit Jesus – und zwar selbst dann, wenn man nur das Leben auf dieser Erde betrachtet.

Wer nicht nachfolgen will, dem fehlt der bleibende Friede; dem fehlt ein Leben, das von der Liebe durchleuchtet ist; ein

Glaube, der in allem Gottes gnädiges Wirken erkennen kann; eine Hoffnung, die auch in den widrigsten Umständen standhält; die Kraft zu tun, was richtig ist, und den Mächten des Bösen zu widerstehen. Kurz, nicht nachzufolgen kostet uns genau jene Fülle des Lebens, die Jesus uns zu schenken gekommen ist (Johannes 10,10).

Das Joch, das Christus in Gestalt des Kreuzes getragen hat, ist ein Instrument der Befreiung und der Kraft für jene, die mit ihm darunter leben und die herzliche Milde und Demut üben, welche der Seele Ruhe gibt ... Die richtige Perspektive wäre es, die Nachfolge Christi nicht nur als eine Notwendigkeit anzusehen, sondern als die höchste Erfüllung des Menschseins und als ein Leben auf höchstem Niveau.

Bibeltext: Matthäus 28,16-20

Zum Nachdenken

Die folgenden Fragen können in der kleinen Gruppe diskutiert werden. Sie können aber auch dem Einzelnen als Anregung dienen, sich – wenn möglich schriftlich – Gedanken zu machen.

1. Dallas Willard plädiert in Abschnitt 2 mit Nachdruck dafür, dass die Kirchen wieder die Nachfolge betonen (die Neubekehrten darin unterweisen, wie sie so leben können, wie Jesus es befohlen hat) und nicht nur auf eine Mitgliedschaft Wert legen (und die jungen Christen allein lassen, wenn sie erst einmal der Gemeinde angehören). Schildern Sie Ihre eigenen Erfahrungen in der Gemeinde unter diesen beiden Aspekten.

2. Wo weicht man gemäß Abschnitt 3 heute vom Missionsbefehl ab? Lesen Sie Matthäus 28,16-20 und achten Sie genau auf die Worte, die Jesus hier gebraucht.

3. Willard sagt in Abschnitt 5, der »Jünger Jesu will vor allem seinem Herrn immer ähnlicher werden«. Überlegen Sie einmal, welchen Menschen Sie gern »ähnlicher« wären und was Sie tun, um dieses Ziel zu erreichen?

4. Es ist schon viel darüber geredet worden, was die Nachfolge kostet. Was aber ist laut Abschnitt 6 der Preis, wenn man Jesus nicht nachfolgen will?

5. Willard schreibt in Abschnitt 5: »Wenn wir werden wollen wie Christus, dann wird das jeder aufmerksame Mensch in unserer Umgebung merken, und wir auch.« Was würde sich in Ihrem Leben ändern, wenn Sie Ihre ganze Kraft darauf konzentrieren würden, Christus ähnlicher zu werden? Wie würden die Menschen Ihrer Umgebung darauf reagieren?

Übungen

Die folgenden Vorschläge sind für den Einzelnen gedacht. Sie können aber auch im Rahmen einer geistlichen Zweierschaft oder in einer kleinen Gruppe aufgenommen werden. Wählen Sie einen oder mehrere aus.

1. Versuchen Sie in dieser Woche den Absatz in Abschnitt 6 auswendig zu lernen, in dem Willard darüber schreibt, was es kostet, nicht nachzufolgen (»Wer nicht nachfolgen will, dem fehlt …«). Schreiben Sie ihn auf einen Zettel und tragen Sie ihn bei sich. Machen Sie es sich einmal ganz bewusst, dass auch Sie sich nach Frieden, Liebe, Glauben, Hoffnung, Kraft und einem erfüllten Leben sehnen.

2. Willard nennt ein paar Dinge, die uns von Christus aufgetragen wurden, die in seinem Sinne sind und die wir auch heute tun können (Abschnitt 5). Nehmen Sie sich diese Woche bewusst vor, Ihre Feinde zu lieben, indem Sie für sie beten. Segnen Sie die Menschen, die Ihnen fluchen. Gehen Sie mit jemandem die zweite Meile, der Ihnen das Leben schwer macht.

3. Jesus gebot seinen Jüngern: »Lehret sie halten alles, was ich euch befohlen habe« (Matthäus 28,16-20). Lesen Sie das Matthäusevangelium durch und notieren Sie alles, was Jesus uns befohlen hat. Sie erhalten damit ein Mosaik, das zeigt, wie das Leben von Christen aussehen soll.

4. Überlegen Sie einmal, was es bedeutet, dass Jesus der Herr ist. Prüfen Sie Ihr Leben daraufhin, was Sie wirklich der Herrschaft Jesu unterstellt haben. Konzentrieren Sie sich nicht so sehr auf die Frage, was es Sie kosten würde, diese Bereiche Jesus zu übergeben, sondern überlegen Sie, welchen Preis Sie dafür zahlen, dass Sie selbst die Regie behalten wollen.

Ein paar Gedanken

Die größte Krankheit der heutigen Kirche sind vielleicht die vielen Gläubigen, die keine Nachfolger Christi sind – im Grunde ein Widerspruch an sich. Diese Krankheit wirkt sich auf das gesamte Gemeindeleben aus und ist auch in einem großen Maße dafür verantwortlich, dass in unseren Gemeinden nur so wenig feste geistliche Nahrung angeboten wird.

Wenn wir diesen traurigen Zustand ändern wollen, dann müssen wir uns neu vornehmen, uns ganz der Herrschaft Jesu Christi zu unterstellen, unseres ewigen Erlösers, unseres Lehrers, Herrn und Freundes – egal, was die anderen tun. Unser Leben soll sich an seinem Vorbild ausrichten – nicht indem wir ihn sklavisch imitieren, sondern was das allgemeine Grundmuster angeht. Gebet, Stille und Dienst werden unser Leben prägen.

Wir können noch viel mehr tun, um diesen Zustand der »disziplinlosen Nachfolge« zu überwinden. Wenn wir Jesus bitten, wird er es uns gern zeigen.

Mit ganzem Herzen
Jonathan Edwards (1703-1758)

Über den Autor

Jonathan Edwards gilt als der bedeutendste amerikanische Theologe, als bedeutender Exeget und Systematiker und war eine der Schlüsselfiguren der »Großen Erweckung« im achtzehnten Jahrhundert. Edwards wurde im Bundesstaat Connecticut geboren. Er studierte in Yale und war dreiundzwanzig Jahre lang Pastor einer kongregationalistischen Gemeinde in Northampton in Massachusetts. Weil er sich mit seinem Versuch, eine strenge Abendmahlszucht einzuführen, nicht durchsetzen konnte, wurde er 1750 abgesetzt und arbeitete als Missionar unter den Indianern in Stockbridge. 1757 wurde er zum Präsidenten der Princeton University ernannt, starb jedoch wenige Wochen nach Amtsantritt.

Edwards entwickelte eine Theologie der christlichen Spiritualität, in der sich die Philosophie Lockes mit seiner eigenen, calvinistisch geprägten Theologie verband. Sein Hauptanliegen lässt sich in der Frage zusammenfassen: »Wie erkenne ich die Gegenwart des Heiligen Geistes?« Die christliche Erfahrung, so Edwards, ist eine Gabe Gottes. Sein ganzes Leben widmete er jedoch der Frage, wie diese Erfahrung zu definieren sei. Ein zentrales Thema seiner Schriften – wie es auch in der folgenden Textauswahl zum Ausdruck kommt – ist die Bedeutung der frommen »Empfindungen«, die er als jene Leidenschaften definierte, die den Willen zum Handeln bewegen.

Auszüge aus: Fromme Empfindungen

1. Das Engagement des Herzens

Die Frömmigkeit, die Gott von uns fordert und die vor ihm gilt, besteht nicht in einem schwachen, trüben, leblosen »Ich möchte« – jener schwachen Neigung, der die Überzeugung fehlt und die uns nur ein wenig über die Gleichgültigkeit hinaushebt. In seinem Wort besteht Gott mit Nachdruck darauf, dass wir einen ernsten, brennenden Geist haben und unsere Herzen sich mit Eifer der Frömmigkeit widmen sollen: »Seid brennend im Geist. Dient dem Herrn« (Römer 12,11).

»Nun, Israel, was fordert der Herr, dein Gott, noch von dir, als dass du den Herrn, deinen Gott, fürchtest, dass du in allen seinen Wegen wandelst und ihn liebst und dem Herrn, deinem Gott, dienst von ganzem Herzen und von ganzer Seele« (5. Mose 10,12). Dieser brennende Eifer ist die Frucht einer echten Beschneidung des Herzens, die allein die Verheißung des Lebens hat: »Und der Herr, dein Gott, wird dein Herz beschneiden und das Herz deiner Nachkommen, damit du den Herrn, deinen Gott, liebst von ganzem Herzen und von ganzer Seele, auf dass du am Leben bleibst« (5. Mose 30,6).

2. Heilige Empfindungen

Wenn wir in unserem Glauben nicht ernsthaft sind und unseren Willen und unsere Neigungen nicht in strenge Zucht nehmen, dann sind wir nichts. Der Glaube ist etwas so Wichtiges, dass etwas Halbherziges nicht genügen kann. Nirgends ist der Zustand unseres Herzens so entscheidend wie in der Religion, und nirgends ist Lauheit so sehr zu verabscheuen.

Echter Glaube ist etwas Gewaltiges. Seine Kraft zeigt sich zunächst in den inneren Übungen des Herzen (das der Sitz allen Glaubens ist). Deshalb wird wahrer Glaube auch »die Kraft der Frömmigkeit« genannt, im Gegensatz zu seiner äußeren Erscheinung, das heißt der reinen »Form«. »Sie haben den Schein der Frömmigkeit, aber deren Kraft verleugnen sie« (2.Timotheus 3,5).

Der Geist Gottes ist ein Geist kraftvoller heiliger Liebe im Leben derer, die einen gesunden, festen Glauben haben. Deshalb steht geschrieben, dass Gott seinen Kindern den Geist der Kraft und der Liebe und der Besonnenheit gegeben hat (2.Timotheus 1,7).

Wenn wir den Geist Gottes empfangen, empfangen wir die

Taufe des Heiligen Geistes, der wie ein »Feuer« ist, und damit den heiligenden und erlösenden Einfluss Gottes. Wenn das geschieht, wenn die Gnade in uns am Werk ist, dann »brennt« sie manchmal auch in uns, wie es bei den Jüngern Jesu war (Lukas 24,32).

3. Die Übung des Willens

Das Leben im Glauben ist mit dem Beachten gewisser Übungen verglichen worden. Wie sehr wünschen wir uns, dass unser Herz an Gott hängt. Oft werden Bilder wie »den Lauf vollenden«, »mit Gott ringen«, »nach dem Siegespreis trachten« oder »mit mächtigen Feinden kämpfen« gebraucht, um solche Übungen zu beschreiben.

Aber die echte Gnade kennt verschiedene Stadien. Da gibt es jene, die noch jung im Glauben stehen – »Säuglinge in Christus« – und in denen die Neigung zu diesen Übungen noch schwach ist. Doch wird es jeden, der die Kraft der Frömmigkeit in seinem Herzen hat, danach verlangen, die Dinge Gottes zu suchen. Und egal in welchem Stadium wir uns befinden, diese Kraft wird uns genug Stärke geben, um unsere Schwäche zu überwinden, so dass die heiligen Übungen sich gegen unsere Schwäche durchsetzen.

Denn jeder echte Jünger liebt Christus mehr als Vater und Mutter, Schwester und Bruder, Ehegatten oder Kinder, Haus oder Land – ja mehr noch als sein eigenes Leben. Daraus folgt, dass überall da, wo echter Glaube ist, auch ein Wille da ist, der den Menschen zu geistlichen Übungen treibt. Doch wir müssen an das denken, was bereits gesagt wurde: Die Übung des Willens liegt auf derselben Ebene wie die Empfindungen des Herzens.

4. Der Ursprung des Handelns

Es liegt in der Natur des Menschen, nichts zu tun, solange ihn nicht ein Gefühl treibt: Liebe oder Hass, Verlangen, Hoffnung, Angst usw. Diese Gefühle sind der »Ursprung des Handelns«, das, was uns in unserem Leben in Bewegung setzt und uns dazu treibt, etwas zu unternehmen.

Wenn wir uns die Welt ansehen, dann stellen wir fest, dass die Menschen sehr geschäftig sind. Es sind die Gefühle, die sie antreiben. Würden wir ihnen ihre Gefühle wegnehmen, dann würde die Welt still stehen und wäre wie tot. Es gäbe kein Handeln mehr. Es ist jene Empfindung, die wir Begehrlichkeit nennen, die den Menschen dazu treibt, weltlichen Gewinn zu suchen. Es ist das Gefühl, das wir Ehrgeiz nennen, das ihn dazu treibt, weltlichen Ruhm zu suchen. Es ist das, was wir Begierde nennen, das ihn dazu treibt, sinnliche Freuden zu suchen. Und genauso wie weltliche Gefühle der Ursprung weltlichen Handelns sind, so sind fromme Empfindungen der Ursprung frommen Handelns.

5. Ein von der Liebe erfülltes Herz

Ein Mensch, der nur die Theologie und die Lehre kennt – und keine frommen Empfindungen –, weiß nicht, was echter Glaube ist. Nichts ist offensichtlicher als dies: Der Glaube kann nur so tief Wurzeln in uns schlagen, wie er auch von unseren Gefühlen angezogen wird. Es gibt Tausende, die das Wort Gottes hören, die die großen und bedeutenden Wahrheiten über sich selbst und ihr Leben vernehmen, doch es hat keinerlei Wirkung und bewirkt keine Veränderung in ihrem Leben.

Der Grund ist der: Das, was sie hören, berührt nicht ihr Herz. Viele hören von der Kraft, der Heiligkeit und Weisheit Gottes, von Christus und den großen Dingen, die er für sie getan hat, und von seiner barmherzigen Einladung. Und doch bleiben sie im Leben und Handeln dieselben wie früher.

Ich wage eine kühne Behauptung: Ich glaube, dass niemand sich je geändert hat, ob durch die Lehre, durch das Hören des Wortes oder die Predigt oder Unterweisung eines anderen, solange seine Gefühle davon nicht bewegt wurden. Niemand sucht die Erlösung, niemand fleht um Weisheit, niemand ringt mit Gott, niemand kniet im Gebet oder flieht die Sünde, wenn sein Herz nicht angerührt ist. Mit einem Wort, der Glaube kann nichts erreichen, wenn nicht auch das Herz davon angerührt wird.

6. Wahre Frömmigkeit

Die Heilige Schrift sieht die Frömmigkeit ganz klar als die Folge verschiedener Empfindungen – der Furcht, der Hoffnung, der Liebe, des Hasses, des Verlangens, der Freude, des Kummers, der Dankbarkeit, des Erbarmens und des Eifers.

Sie sieht die Frömmigkeit als Folge einer *heiligen Furcht.* Wirklich fromme Menschen zittern vor dem Wort Gottes. Seine Heiligkeit versetzt sie in Furcht. Die Furcht Gottes ist ein wichtiger Bestandteil der Frömmigkeit.

Auch die *Hoffnung* auf Gott und seine Verheißungen ist gemäß der Schrift ein wesentliches Element echter Frömmigkeit. Sie wird als eines der drei großen Dinge genannt, aus denen die Frömmigkeit überhaupt besteht (1. Korinther 13,13: »Nun aber bleiben Glaube, Hoffnung, Liebe, diese drei …«). »Wohl dem, der seine Hoffnung setzt auf den Herrn, seinen Gott« (Psalm 146,5). Sie wird der Helm des kämpfenden Christen genannt, die »Hoffnung auf das Heil« (1. Thessalonicher 5,8). Sie ist ein sicherer und fester Anker unserer Seele (Hebräer 6,19).

7. Teilnahme am Segen

Auch der *Liebe* wird in der Schrift als einer echten Empfindung ein großer Raum gewährt. Wir sind aufgerufen, Gott zu lieben, den Herrn Jesus Christus und unseren Nächsten. Die Stellen, die von der Bedeutung der Liebe sprechen, sind zu zahlreich, um sie hier alle zu nennen. Auch die gegenteilige Empfindung – der *Hass* – ist ein Teil der wahren Frömmigkeit, doch in dem Sinne, dass wir die Sünde und das Böse hassen sollen: »Die Furcht des Herrn hasst das Arge« (Sprüche 8,13).

Auch das *heilige Verlangen*, das seinen Ausdruck in einem Sehnen und Dürsten nach Gott findet, ist ein Teil des echten Glaubens. »Wie der Hirsch lechzt nach frischem Wasser, so schreit meine Seele, Gott, zu dir« (Psalm 42,2). Und Jesus sagte: »Selig sind, die da hungert und dürstet nach der Gerechtigkeit; denn sie sollen satt werden« (Matthäus 5,6). Diese Sehnsucht wird als eine Voraussetzung genannt, um an dem Segen des ewigen Lebens teilzuhaben.

Die Schrift spricht auch von der *Freude* als einem Element des wahren Glaubens. »Habe deine Lust am Herrn; der wird dir geben, was dein Herz wünscht« (Psalm 37,4). Sie wird auch unter den wichtigsten Früchten des Geistes genannt: »Die Frucht aber des Geistes ist Liebe, Freude ...« (Galater 5,22).

8. Ein Opfer, das Gott gefällt

Auch *fromme Sorge,* Trauer und ein zerschlagenes Herz werden in der Bibel als besonderes Merkmal der Heiligen genannt. »Selig sind, die da Leid tragen«, sagte Jesus, »denn sie sollen getröstet werden« (Matthäus 5,4). Es ist auch ein Opfer, das Gott gefällt: »Die Opfer, die Gott gefallen, sind ein geängsteter Geist, ein geängstetes, zerschlagenes Herz wirst du, Gott, nicht verachten« (Psalm 51,17).

Eine weitere Empfindung, die oft erwähnt wird, ist die *Dankbarkeit.* Aus ihr vor allem besteht die wahre Frömmigkeit, besonders da, wo sie sich im Lob Gottes äußert. Davon ist im Buch der Psalmen und an anderen Stellen der Bibel so häufig gesprochen, dass ich hier keine einzelnen Verse nennen will.

Daneben nennt die Heilige Schrift auch das *Erbarmen* als wichtigen Bestandteil echter Frömmigkeit, und zwar in einem solchen Maße, dass man es praktisch bei allen guten Menschen der Bibel findet. Es ist diese Eigenschaft, die nach der Bibel darüber bestimmt, ob jemand gerecht ist oder nicht: »Der Gerechte ist barmherzig« (Psalm 37,21). So ehren wir Gott: »Wer sich des Armen erbarmt, der ehrt Gott« (Sprüche 14,21). Jesus selbst sagte, dass wir so Barmherzigkeit erlangen: »Selig sind die Barmherzigen; denn sie werden Barmherzigkeit erlangen« (Matthäus 5,7).

9. Was den Lauen fehlt

Schließlich wird auch der *Eifer* als ein wichtiges Element jeder wahren Frömmigkeit genannt. Christus hatte auch ihn für uns im Sinn, als er den Preis für unsere Erlösung bezahlte: »Der sich selbst für uns gegeben hat, damit er uns erlöste von aller Ungerechtigkeit und reinigte sich selbst ein Volk zum Eigentum, das eifrig wäre zu guten Werken« (Titus 2,14). Der Eifer war auch das, was den lauen Laodizäern am meisten fehlte (Offenbarung 3,15-16).

Ich habe hier nur wenige Stellen aus einer unendlich großen Zahl angeführt, um zu zeigen, dass die wahre Frömmigkeit durch die ganze Bibel hindurch im Herzen angesiedelt wird. Wer das leugnet, der muss einen anderen Maßstab als die Bibel anlegen, um das wahre Wesen echter Frömmigkeit zu beschreiben.

Bibeltext: 5. Mose 10,12-22

Zum Nachdenken

Die folgenden Fragen können in der kleinen Gruppe diskutiert werden. Sie können aber auch dem Einzelnen als Anregung dienen, sich – wenn möglich schriftlich – Gedanken zu machen.

1. Was ist nach Edwards der »Ursprung des Handelns«, was motiviert uns wirklich zu allem, was wir tun?

2. Wie war es damals, als Sie sich vornahmen, aktiv etwas zu unternehmen (zum Beispiel einem Verein beizutreten, eine neue Sportart zu erlernen, in die Kirche zu gehen)? Welche »Gefühle« haben Sie zu diesem Schritt veranlasst?

3. Edwards glaubt, »dass niemand sich je geändert hat, ob durch die Lehre, durch das Hören des Wortes oder die Predigt oder Unterweisung eines anderen, solange seine Gefühle davon nicht bewegt wurden« (Abschnitt 5). Schildern Sie an einem Beispiel, wie Sie selbst plötzlich von einem Lehrsatz, einem Bibelvers oder einer Predigt so bewegt wurden, dass sich in Ihrem Leben etwas änderte.

4. Welche »Empfindungen« und welche »Taten« werden nach 5. Mose 10,12-13 von uns erwartet?

5. In Abschnitt 6 beginnt Edwards mit der Aufzählung von neun Herzensregungen, die uns in der Bibel nahe gelegt

werden: Ehrfurcht, Hoffnung, Liebe, heiliges Verlangen, Freude, fromme Sorge, Dankbarkeit, Erbarmen und Eifer. Welches dieser Gefühle empfinden Sie selbst am stärksten? Wo möchten Sie am meisten wachsen?

Übungen

Die folgenden Vorschläge sind für den Einzelnen gedacht. Sie können aber auch im Rahmen einer geistlichen Zweierschaft oder in einer kleinen Gruppe aufgenommen werden. Wählen Sie einen oder mehrere aus.

1. In Abschnitt 4 schreibt Edwards, dass wohl niemand etwas tun würde, wenn ihn nicht die Gefühle antreiben würden. Achten Sie in dieser Woche einmal darauf, was Sie tun. Notieren Sie sich die einzelnen Dinge ohne irgendeine Wertung. Dann nehmen Sie sich am Ende der Woche Ihre Liste vor und schreiben Sie zu jedem Punkt auf, was Sie wohl dazu motiviert hat. Versuchen Sie ganz ehrlich zu sein.

2. Gehen Sie die Aufzählung der »heiligen Empfindungen« in den Abschnitten 6–9 durch und überlegen Sie, von welchen dieser Empfindungen Sie in Ihrem Leben gern mehr sehen würden. Beachten Sie, dass für jede Empfindung eine biblische Begründung genannt wird. Nehmen Sie sich Ihre Bibel vor und machen Sie eine kleine Bibelarbeit über diese Empfindung (zum Beispiel die Hoffnung). Was sagt die Bibel an anderen Stellen darüber? Wie lässt es sich theologisch begründen (zum Beispiel mit der Verheißung auf die Erlösung)?

3. In 5. Mose 10,20 bis Kapitel 11 ermahnt Mose seine Zuhörer, den Herrn zu fürchten, an ihm zu hängen und ihn zu rühmen wegen allem, was er für das Volk getan hat. Wie Edwards ausgeführt hat, muss hinter allem Handeln ein Beweggrund stehen. Hier ist es der Gedanke an alles, was Gott getan hat, der zur Ehrfurcht, zum Festhalten an Gott und zum Loben motiviert. Schreiben Sie einmal alles auf, was Gott für Sie getan hat. Die Liste wird sicher ziemlich lang werden. Gehen Sie die Liste durch und lassen Sie sich davon zum Lob inspirieren.

4. Preisen Sie Gott in dieser Woche und beten Sie ihn an. Beginnen Sie sich schon am Samstagabend auf den Sonntag vorzubereiten. Ziehen Sie sich zurück und suchen Sie die Stille, um über die Macht und Herrlichkeit Gottes nachzudenken. Denken Sie an die Liebe, die er Ihnen erweist. Gehen Sie in den Gottesdienst und nehmen Sie sich Zeit, Gott anzubeten und ihm zu danken. Beten Sie für die Menschen neben Ihnen, dass sie von Gott angerührt werden. Seien Sie ganz offen für die Gegenwart Gottes, der an den Menschen wirken will.

Ein paar Gedanken

Von Jonathan Edwards können wir lernen, dass der Verstand und die Gefühle Freunde sein sollten und nicht Feinde. Es ist überhaupt kein Widerspruch, wenn wir einen starken Willen und ein weiches Herz haben. Was wir lernen müssen, das ist, mit dem Verstand in unser Herz hinabzusteigen und dort gespannt auf das leise Reden Gottes zu warten. Wir beten ihn mit dem Verstand an und aus dem Herzen!

Noch immer geht bei uns die moderne Mär um, wer ganz objektiv sein wolle, müsse ohne Leidenschaft sein. Die Folge ist, dass wir auch das geistliche Leben ohne jede persönliche Beteiligung und ohne jedes innere Engagement analysieren und auseinander nehmen und meinen, wir könnten es so begreifen. Doch so distanziert erschließt es sich uns nicht. Wir werden es erst verstehen, wenn wir uns innerlich darauf einlassen. Und dazu brauchen wir das, was Edwards zu Recht als »heilige Empfindungen« bezeichnet.

Zur Vertiefung

Adolf Keller, Dynamis. Formen und Kräfte des amerikanischen Protestantismus, 1922

Reinhold H. Niebuhr, Der Gedanke des Gottesreiches im amerikanischen Christentum, übers. v. R. M. Honig, New York 1948

Vier Stufen der Liebe

Bernhard von Clairvaux (1090-1153)

Über den Autor

Bernhard von Clairvaux war einer der großen Männer der Kirchengeschichte. Er war ein wortgewaltiger Prediger und Kirchenreformer. Bernhard wuchs in Dijon in Burgund auf. Mit zweiundzwanzig Jahren trat er als Novize in das Kloster Cîteaux ein. Drei Jahre später wurde er Abt im neu gegründeten Kloster von Clairvaux. Obwohl ihm von der Kirche immer wieder höhere Stellen angeboten wurden, blieb er bis zu seinem Tode in Clairvaux. Er war Berater von Päpsten und Großen seiner Zeit und stand in Verbindung und Auseinandersetzung mit den großen Theologen. Allerdings rief er auch zum zweiten Kreuzzug auf.

Unter anderem durch die Wirkung seiner Persönlichkeit gelangte der Zisterzienserorden im 12. Jahrhundert zu seiner ersten Blüte. Der sorgfältigen Überlieferung innerhalb der Klöster ist es zu verdanken, dass viele von Bernhards Schriften erhalten sind. Seine Werke wurden bestimmend für das Mittelalter und beeinflussten sowohl Martin Luther als auch Johannes Calvin.

Neu in Bernhards Theologie ist die starke Betonung der Menschheit Jesu und der persönlichen Gotteserfahrung. Der Glaube ist ein Weg, der sich in wachsender Liebe ausdrückt. Diese Erfahrung wird besonders im meditativen Umgang mit der Bibel gewonnen. Der folgende Text ist seiner Abhandlung *Über die Gottesliebe* entnommen. In prägnanter Form stellt er hier seine berühmten »vier Stufen der Liebe« vor.

Auszüge aus: Über die Gottesliebe

1. Warum wir Gott lieben sollen

Ihr wollt also von mir wissen, warum und wie Gott geliebt werden soll. Ich antworte: Der Grund, Gott zu lieben, ist Gott. Aus einem zweifachen Grund, möchte ich sagen, muss Gott um seiner selbst willen geliebt werden: Sei es, weil nichts mit mehr Recht, sei es, weil nichts mit mehr Nutzen geliebt werden kann. Man kann im Zweifel sein, ob Gott aufgrund irgendeines seiner Verdienste oder jedenfalls wegen irgendeines Vorteils für uns geliebt werden soll. Ich kann wohl auf beides dasselbe antworten: dass ich keinen würdigeren Grund finde, ihn zu lieben, als ihn selbst.

Großes Verdienst hat sich nämlich der um uns erworben, der sich uns sogar ohne unser Verdienst selbst geschenkt hat. Denn was konnte sogar er selbst Besseres geben als sich selbst? Wenn also nach dem Verdienst Gottes gefragt wird, indem man nach dem Grund forscht, weshalb man ihn lieben soll, so ist es vor allem dies: »Dass er uns zuvor geliebt hat« (1. Johannes 4,10). Er ist gewiss würdig, wiedergeliebt zu werden, zumal wenn man bedenkt, wer geliebt hat, wen und wie sehr.

Wer nämlich? Ist es nicht der, dem jeder Geist bekennt: »Mein Gott bist du« (Psalm 15,2)? Und ganz echt ist die Liebe dieser Herrlichkeit, da sie nicht ihren Vorteil sucht. Wem aber wird eine so große Reinheit geschenkt? Es heißt: »Da wir mit Gott versöhnt wurden, als wir noch Feinde waren« (Römer 5,10). Gott also liebte, und er liebte ungeschuldet und liebte seine Feinde. Und wie sehr? »Dass er seinen einzigen Sohn dahingab« (Johannes 3,16).

2. Die erste Stufe der Liebe, wenn der Mensch sich um seiner selbst willen liebt

Die Liebe ist eine von den vier natürlichen Grundhaltungen. Was aber von Natur aus gegeben ist, müsste doch gerechterweise vor allem dem Schöpfer aller Dinge dienen. Deshalb heißt ja auch das erste und größte Gebot: »Du sollst den Herrn, deinen Gott, lieben!« Da aber die Natur zu gebrechlich und zu schwach ist, wird sie von einem inneren Zwang getrieben, zunächst sich selbst zu dienen. Das ist eine fleischliche Liebe, mit der der Mensch vor allem anderen sich selbst um seiner selbst willen liebt. Dies wird nicht durch ein Gebot vorgeschrieben, sondern ist in der Natur des Menschen angelegt. Denn wer hasst sein eigenes Fleisch?

Aber wenn nun eben diese Liebe, wie sie es gewöhnlich tut, beginnt, zügelloser zu sein und abgleitet und auch die Gefilde der Lust weithin wie in einer Überschwemmung in Beschlag nehmen will, so wird dieses Überschäumen sofort zurückgehalten durch das Gebot, das sich ihm entgegenstellt und das heißt: »Du sollst deinen Nächsten lieben wie dich selbst!« Wenn es auch dem Menschen schwer fällt, ich sage gar nicht: den Nöten seiner Brüder zu Hilfe zu kommen, sondern auch ihrer Freude zu dienen, so möge er seine eigenen Freuden einschränken, wenn er nicht Übertreter des Gebots sein will. Dann wird deine Liebe sowohl maßvoll als auch gerecht sein, wenn du das, was du den eigenen Vergnügungen entziehst, der Not des Bruders nicht versagst.

Wenn aber, während du mit dem Nächsten etwas teilst, dir selbst vielleicht das Notwendigste fehlt, was wirst du dann tun? Was sonst, als dass du es mit voller Zuversicht von dem forderst, der allen in Überfluss gibt, ohne zu zögern? Er sagt ja: »Euch aber muss es zuerst um sein Reich und um seine Gerechtigkeit gehen; dann wird euch alles andere dazugegeben.« Von sich aus verspricht er dem, der das Überflüssige einschränkt und den Nächsten liebt, das Notwendige zu geben. Das aber heißt, das Reich Gottes suchen und seine Hilfe gegen die Herrschaft der Sünde erflehen: Lieber das Joch der Keuschheit und Nüchternheit auf sich zu nehmen, als zu dulden, dass die Sünde in deinem sterblichen Leibe herrsche.

Um jedoch den Nächsten in voller Gerechtigkeit zu lieben, muss Gott als Ursache betrachtet werden. Wie sonst könnte der den Nächsten in reiner Weise lieben, der ihn nicht in Gott liebt? In Gott lieben kann aber der nicht, der Gott nicht liebt. Man muss also zuerst Gott lieben, um dann in Gott den Nächsten lieben zu können.

3. Die zweite Stufe der Liebe, wenn der Mensch Gott um seiner selbst willen liebt

Gott, der auch alles übrige Gute bewirkt, bewirkt also auch, dass er geliebt wird. Er bewirkt es aber so: Er, der die Natur geschaffen hat, schützt sie auch. Damit das Geschöpf sich dessen bewusst bleibe und nicht – was ferne sei – die Wohltaten des Schöpfers hochmütig sich selbst zuschreibe, will derselbe Schöpfer nach einem tiefen und heilsamen Ratschluss, dass der Mensch von Trübsal bedrängt werde, damit der Mensch, wenn er ermattet und Gott ihm zu Hilfe eilt, von Gott aus seiner Not befreit werde. Dies geschieht deshalb auf solche Weise, damit der fleischlich und irdisch gesinnte Mensch, der außer sich selbst niemanden lieben konnte, anfange, auch Gott wenigstens des eigenen Vorteils wegen zu lieben, weil er in ihm ja, wie er oft erfahren hat, alles kann, was zu können ihm nützt; ohne ihn aber kann er nichts.

4. Die dritte Stufe der Liebe, wenn der Mensch Gott um dessentwillen liebt

Er liebt also bereits Gott, aber vorerst nicht Gottes wegen, sondern seiner selbst wegen. Dennoch ist es schon ein gewisser Grad von Klugheit zu erkennen, was du aus eigener Kraft und was du mit Gottes Hilfe vermagst. Aber wenn nun häufig Bedrängnis über dich kommt und du dich deshalb häufig zu Gott hinwendest und auch häufig von Gott Hilfe erlangst, muss da nicht endlich deine Brust, und wäre sie auch aus Eisen, oder dein Herz, und wäre es von Stein, sich erweichen wegen der Gnade des Befreiers, bis schließlich der Mensch Gott liebt, nicht nur seines Vorteils wegen, sondern auch Gottes wegen?

Von häufiger Not bedrängt, muss der Mensch auch häufig Gott um Hilfe anflehen. Im Anflehen aber wird er verkosten, im Verkosten aber erfahren, wie süß der Herr ist. So geschieht es, dass uns schließlich seine verkostete Süße mehr zu reiner Gottesliebe anlockt, als unsere Notlage uns drängt. Und es wird wie bei jenen Samaritern sein, die der Frau, die ihnen verkündete, dass der Herr da sei, antworteten: »Nicht mehr aufgrund deiner Aussage glauben wir, sondern weil wir selbst gehört haben und nun wissen: Er ist wirklich der Retter der Welt.«

Aufgrund dieser Erfahrung wird es dem Menschen nicht mehr schwer sein, das Gebot der Nächstenliebe zu erfüllen. Er liebt nämlich wirklich Gott und deshalb auch das, was Gott gehört. Er liebt rein, und dem Reinen fällt es nicht schwer, dem Gebot zu gehorchen. Er liebt gerecht und umfängt gern das gerechte Gebot.

Diese Liebe ist wirklich liebenswürdig, weil sie uneigennützig ist. Sie ist rein, da sie nicht durch Wort und Zunge erwiesen wird, sondern in Tat und Wahrheit. Wer so liebt, liebt in der Tat nicht anders, als er geliebt wird, da auch er seinerseits nicht seinen Vorteil sucht, sondern die Sache Jesu Christi.

Wer Gott dankt, nicht weil Gott zu ihm gut ist, sondern weil er in sich gut ist, der liebt Gott wirklich um Gottes willen und nicht um seiner selbst willen. So liebt derjenige nicht, von dem gesagt wird: »Er preist dich, weil du ihm wohltust.« Dies ist die dritte Stufe der Liebe, auf der Gott um seiner selbst willen geliebt wird.

5. Die vierte Stufe der Liebe, wenn der Mensch sich um Gottes willen liebt

Selig, wer bis zur vierten Stufe der Liebe gelangen darf, auf der der Mensch auch sich selbst nur mehr um Gottes willen liebt. Selig und heilig nenne ich den, dem solches in diesem sterblichen Leben, ganz selten, vielleicht nur einmal, und dann ganz schnell, kaum in einem einzigen Augenblick, zu erfahren geschenkt wird. Denn dich selbst gewissermaßen zu verlieren, als wärest du nicht, dich selbst gar nicht mehr zu spüren, deiner selbst beraubt und beinahe zunichte zu werden, ist ein Zeichen himmlischen Wandels und nicht menschlicher Empfindung.

Wenn irgendein Sterblicher dorthin zugelassen und dann gezwungen wird, zu sich zurückzukehren, zurückzufallen in das Seinige, so wird er klagend ausrufen: »Herr, ich bin in Not, steh mir bei!« Und ebenso: »Ich unglücklicher Mensch! Wer wird mich aus diesem dem Tod verfallenen Leib erretten?«

Da aber die Schrift sagt, Gott habe alles um seiner selbst willen geschaffen, so wird sich gewiss das Geschöpf schließlich einmal dem Schöpfer angleichen und anpassen. Dann wird uns nicht so sehr die Befriedigung unserer Bedürfnisse oder auch das erlangte Glück freuen, als zu sehen, dass mit uns und in uns sein Wille geschieht, was wir doch täglich im Gebet erbitten, wenn wir sagen: »Dein Wille geschehe wie im Himmel, so auf der Erde.« Wie ein kleiner Wassertropfen, in eine große Menge Wein hineingeschüttet, ganz zu verschwinden scheint, da er sowohl den Duft als auch die Farbe des Weines annimmt, und so wie im Feuer erhitztes, glühendes Eisen dem Feuer ganz ähnlich wird, nachdem es seine frühere, eigene Gestalt verloren hat, und wie die Luft, durchdrungen vom Licht der Sonne, zur selben Klarheit des Lichts umgestaltet wird, so dass sie nicht nur erleuchtet, sondern selbst Licht zu sein scheint: So muss in den Heiligen auf eine unaussprechliche Weise jede menschliche Neigung sich auflösen und ganz in den Willen Gottes eingeschmolzen werden.

Ich glaube, dass das Gebot: »Du sollst den Herrn, deinen Gott, lieben mit ganzem Herzen und ganzer Seele, mit all deinen Gedanken und all deiner Kraft« erst dann ganz erfüllt werden kann, wenn das Herz nicht mehr gezwungen ist, seine Gedanken dem Leib zuzuwenden. Erst in einem geistigen und unsterblichen, in einem unversehrten, friedvollen und befriedeten Leib, in einem Leib, der in allem dem Geist unterworfen ist, kann die Seele hoffen, die vierte Stufe der Liebe zu erreichen, oder besser, in sie versetzt zu werden, da ja nur Gottes Macht dies gewähren kann, wem sie will. Es kann nicht durch menschliches Bemühen erlangt werden.

6. Die Stufen der Liebe erklimmen

Zu Beginn also liebt der Mensch sich selbst seiner selbst wegen. Er ist ja Fleisch und hat keinen Geschmack für anderes außer sich. Wenn er aber sieht, dass er aus eigener Kraft nicht bestehen kann, beginnt er, im Glauben Gott zu suchen und zu lieben als etwas, das ihm notwendig ist. Auf der zweiten Stufe liebt er also Gott, aber seiner selbst wegen, nicht Gottes wegen. Wenn er einmal begonnen hat, Gott wegen des eigenen Bedürfnisses zu ehren und immer wieder zu suchen, über ihn nachzudenken und zu lesen, ihn zu bitten und ihm zu gehorchen, so wird er auf diese Weise nach und nach vertraut mit ihm, lernt ihn kennen und erfährt infolgedessen seine Süßigkeit. Hat er einmal gekostet, wie süß Gott ist, so schreitet er weiter zur dritten Stufe und liebt Gott nicht mehr um seinetwillen, sondern um Gottes willen. Auf dieser Stufe bleibt er nun lange stehen.

7. Können wir die vierte Stufe erreichen?

Ich weiß nicht, ob in diesem Leben von irgendeinem Menschen die vierte Stufe vollkommen erreicht wird, dass nämlich der

Mensch sich selbst nur noch Gottes wegen liebt. Ohne Zweifel aber wird es dann so sein, wenn der tüchtige und getreue Knecht teilnimmt an der Freude seines Herrn und trunken wird vom Reichtum des Hauses Gottes. Auf wunderbare Weise vergisst er dann sich selbst, wird völlig frei von sich, geht ganz ein in Gott und wird, indem er nun ihm anhangt, ein Geist mit ihm.

Dies, glaube ich, hat der Prophet gemeint, als er sagte: »So will ich eingehen in die Kraft des Herrn. Herr, deiner Gerechtigkeit allein will ich gedenken.« Er wusste in der Tat, dass er, wenn er in Gottes geistige Kraft eintritt, frei wird von aller fleischlichen Schwäche, so dass er nicht mehr an sein Fleisch zu denken braucht, sondern ganz im Geist allein der gerechten Taten Gottes gedenkt.

Wenn wir die vierte Stufe der Liebe erreichen, dann wird das Netz der Liebe, das nun durch dieses große und weite Meer gezogen wird und nicht aufhört, Fische aller Art zu sammeln, ans Land gebracht werden; und während es die bösen ausstößt, wird es die guten allein zurückbehalten. In jener Heimat wird nichts Widerstrebendes und keine Traurigkeit mehr zugelassen, so wie von ihr gesungen wird: »Wie Frohlockende sind alle, die in dir wohnen.«

Bibeltext: 1. Johannes 4,7-21

Zum Nachdenken

Die folgenden Fragen können in der kleinen Gruppe diskutiert werden. Sie können aber auch dem Einzelnen als Anregung dienen, sich – wenn möglich schriftlich – Gedanken zu machen.

1. Welche der »vier Stufen der Liebe« haben Sie auf Ihrem Glaubensweg bis jetzt kennen gelernt? Schildern Sie kurz Ihre Erfahrung.

2. Was motiviert uns dazu, von Stufe 1 zu Stufe 2 weiterzugehen? Von Stufe 2 zu Stufe 3? Von Stufe 3 zu Stufe 4?

3. Welche Stufe der Liebe ist Ihrer Meinung nach am weitesten verbreitet? Warum?

4. Der Verfasser des 1. Johannesbriefs behauptet, wir könnten nur deshalb lieben, weil Gott uns zuerst geliebt hat. Wie macht Gottes Liebe zu Ihnen Sie fähig, Gott zu lieben? Sich selbst? Andere?

5. Die vierte Stufe der Liebe, schreibt Bernhard, ist »kaum einmal in einem Augenblick« zu erfahren. Wir »verlieren« uns selbst und werden »ganz in den Willen Gottes eingeschmolzen«. Haben Sie je einen solchen Augenblick erlebt? Schildern Sie kurz, was geschah. Warum gehen solche Augenblicke so schnell vorüber?

Übungen

Die folgenden Vorschläge sind für den Einzelnen gedacht. Sie können aber auch im Rahmen einer geistlichen Zweierschaft oder in einer kleinen Gruppe aufgenommen werden. Wählen Sie einen oder mehrere aus.

1. Auf der ersten Stufe der Liebe lieben wir uns um unserer selbst willen. Um über diese Stufe hinauszugelangen, sagt Bernhard, müssen wir Gott als den erkennen, der uns geschaffen hat und uns beschützt. Nehmen Sie sich in dieser Woche einmal Zeit, über Ihre Geburt nachzudenken. Denken Sie dem nach, dass Sie sich nicht selbst geschaffen haben, dass Ihr Leben ein Geschenk ist und auch Ihr weiteres Leben nicht in Ihrer Hand liegt.

2. Auf der zweiten Stufe der Liebe lieben wir Gott um unserer selbst willen. Hier lieben wir Gott wegen allem, was er tut, aber nicht um seinetwillen. Bernhard glaubt, erst wenn Gott uns über Jahre hinweg durch Leid geführt hat, können wir beginnen, Gott um seiner selbst willen zu lieben. Warum sollten wir auf Probleme warten? Schreiben Sie einmal auf, wo Gott Sie durch Schwierigkeiten hindurchgebracht hat. Vielleicht kann diese Liste Ihnen helfen, die dritte »Stufe« der Liebe zu erreichen.

3. Die Nächstenliebe, sagt Bernhard, hilft uns, von der Selbstliebe loszukommen. Bemühen Sie sich in dieser Woche darum, den Menschen in Ihrer Umgebung ihre Last zu erleichtern.

Beginnen Sie bei denen, mit denen Sie zusammenleben. Dem anderen einfach einmal zuhören, kann zum Beispiel schon eine große Hilfe sein.

4. Meditieren Sie über Psalm 139. Dieses wunderbare Loblied über die Herrlichkeit der Schöpfung, über Gottes wunderbare Liebe und unser wunderbares Leben kann Ihnen helfen, Ihre Gedanken ganz auf die Liebe Gottes auszurichten, der bis in die tiefsten Tiefen unseres Herzens blicken kann.

Ein paar Gedanken

Wenn irgendjemand neben Johannes den Titel »Apostel der Liebe« verdient hat, dann sicher Bernhard von Clairvaux. Er schrieb um die achtzig Predigten über das Hohelied als Allegorie für die Liebe Gottes und menschliche Liebe. Auch in seinem herrlichen Lied »Jesus, der Gedanke an dich« klingt etwas durch von der Sprache der Liebe Gottes.

Es ist gut, dass Bernhard uns an die zentrale Bedeutung der Liebe erinnert. Wie leicht werden andere Dinge für uns wichtiger: das Geld oder unsere schönen Häuser, unser Engagement in dieser Welt, unsere subjektiven Auffassungen von der rechten christlichen Lehre. Bernhard wischt all unser egoistisches Tun zur Seite und ruft uns dazu auf, Gott mit einem reinen Herzen, mit dem ganzen Ernst unseres Herzens und mit einem geheiligten Leben zu lieben.

Zur Vertiefung

Bernhard von Clairvaux, Sämtliche Werke, 10 Bände, Innsbruck 1990-1999

Bernhard von Clairvaux, Das Herz weit machen. Kontemplation und Weltverantwortung, eingel. u. hrsg. v. Manfred Beaumotte, Düsseldorf 1997

Bernardin Schellenberger, Bernhard von Clairvaux, in: Gerhard Ruhbach/Josef Sudbrack (Hrsg.), Große Mystiker – Leben und Wirken, München 1984

Jean Leclerq, Bernhard von Clairvaux. Ein Mann prägt seine Zeit, München 1997

Ein ungeteilter Wille

François Fénelon (1651-1715)

Über den Autor

François de Salignac de La Mothe-Fénelon war ein angesehenes Mitglied des Hofes von Ludwig XIV. und Hauslehrer des Thronfolgers. Auch in der Kirche war er hoch geachtet. 1695 wurde er zum Erzbischof von Cambrai ernannt. In dieser Zeit machte er die Bekanntschaft von Madame Guyon, die – neben anderen Anhängern des Quietismus in Frankreich – einen großen Einfluss auf ihn ausübte. (Der Quietismus vertritt eine verinnerlichte, stark individuell geprägte Frömmigkeit und betont das völlige Loslassen aller Dinge dieser Welt.)

Fénelons Verteidigung des Quietismus in verschiedenen Schriften rief eine heftige Kontroverse in ganz Europa hervor, die schließlich dazu führte, dass er vom Papst nach Cambrai in eine normale Kirchengemeinde verbannt wurde. Dort stand er schon bald in dem Ruf, ein idealer Seelenhirte zu sein.

Fénelon führte als Seelsorger eine rege Korrespondenz mit vielen bekannten Persönlichkeiten seiner Zeit. Seine Briefe wurden gesammelt und zur Erbauung veröffentlicht. Er wirkte auch auf den Pietismus und die Aufklärung. Hauptthema seiner Schriften ist die völlige Liebe zu Gott. In den folgenden Abschnitten zeigt er: Das Leben im Glauben ist alles andere als eine drückende Last, vielmehr der einzige Weg zur Freude.

Auszüge aus: Christliche Vollkommenheit

1. Von der christlichen Vollkommenheit

Die christliche Vollkommenheit hat nicht das Harte, Verdrießliche und Zwangvolle, das man sich gewöhnlich dabei denkt. Sie fordert, dass man aus dem Grunde seines Herzens Gott liebe; und wenn man so Gott aus dem Grunde seines Herzens liebt, wird alles, was man für ihn tut, leicht. Die Menschen, die Gott ungeteilt lieben, sind immer vergnügt, denn sie wollen nichts, als was Gott will, und das, was er will, wollen sie ohne Ausnahme für ihn tun; sie entäußern sich alles Dinges und finden das Hundertfältige in dieser Entäußerung wieder. Die Ruhe des Gewissens, die Freiheit des Herzens, der Friede, Gottes Händen hingegeben zu sein, die Freude, das Licht immer in seinem Herzen wachsen zu sehen, endlich das Freisein von aller weltlichen Furcht und Begierde, machen dies hundertfältige Glück, das die wahren Kinder Gottes mitten in Kreuz und Leiden besitzen, vorausgesetzt, dass sie treu sind.

2. Ein Wille, der nicht länger geteilt ist

Sie opfern sich auf, aber dem, was sie am meisten lieben; sie leiden, aber sie wollen leiden und ziehen das Leiden allen ihren falschen Freuden vor; ihre Körper sind hart geplagt, ihre Einbildungskraft ist getrübt, ihr Geist fällt in Ermattung und Ohnmacht, aber ihr Wille ist fest und in seinem Innersten ruhig und sagt ohne Aufhören *Amen* zu allen den Schlägen, damit ihn Gott schlägt, um ihn aufzuopfern.

Gott fordert nur eigentlich von uns einen Willen, der nicht mehr zwischen ihm und irgendeiner Kreatur geteilt sei, einen in seinen Händen geschmeidigen Willen, der nichts verlange, als was Gott verlangt, und nichts verwerfe, als was er verwirft, der ohne Vorbehalt alles wolle, was er will, und der niemals und unter keinem Vorwand etwas von dem wolle, was er nicht will. Wenn man in dieser Fassung ist, so ist alles heilbringend; die Zeitvertreibe selbst, in diesem Geist genommen, werden zu guten Werken.

3. Ein wünschenswerter Zustand

Wohl dem Menschen, der sich Gott ergibt! Er ist frei geworden von seinen Leidenschaften, von den Urteilen der Menschen, von ihrer Bösheit, von der Tyrannei ihrer Grundsätze, von ihren abgeschmackten und elenden Spöttereien, von den Unglücksfällen, welche die Welt dem Zufall zueignet, von der Treulosigkeit und Unbeständigkeit der Freunde, von den Ränken und Fallstricken der Feinde, von seiner eignen Schwachheit, von dem Elende und der Kürze des Lebens, von dem Gräuel eines unchristlichen Todes, von den schrecklichen Vorwürfen, die strafbare Vergnügungen nach sich ziehen, und endlich von der ewigen Verdammnis Gottes.

Von allen diesen unzähligen Übeln ist der Christ befreit, denn er will, seinen Willen in die Hände Gottes hingebend, nichts anderes, als was Gott will, und er findet also mitten in allem Leiden, durch den Glauben und folglich durch die Hoffnung, seinen Trost.

Welche Schwachheit wäre es denn, dass einer fürchtet, sich Gott hinzugeben und sich zu weit in einen so wünschenswerten Zustand einzulassen!

4. Außer sich vor Freude

Wohl denen, die sich mit verhängtem Zügel und mit geschlossenen Augen dem *Vater der Barmherzigkeit und dem Gott allen Trostes* in die Arme werfen!, wie Sankt Paulus redet (2. Korinther 1,3): Alsdann wünscht man nichts als zu wissen, was man Gott schuldig ist, und man fürchtet nichts mehr als das, was er fordert, nicht genug zu wissen. So wie man ein neues Licht in seinem Gesetz entdeckt, ist man außer sich vor Freude, wie ein Geiziger, der einen Schatz gefunden hat.

Der wahre Christ, was für ein Unglück auch die Vorsehung über ihn verhängt, will alles, was ihm begegnet, und er will nichts von dem, was er nicht hat; je mehr er Gott liebt, desto zufriedener ist er; und die höchste Vollkommenheit belastet ihn so wenig, dass sie vielmehr sein Joch leichter macht.

5. Flügel, auf seinen Weg zu fliegen

Welche Torheit, dass einer fürchtet, Gott zu viel ergeben zu sein! Das heißt fürchten, dass man zu glücklich sei; heißt fürchten, dass Gottes Wille auf Erden geschehe wie im Himmel; heißt fürchten, dass man zu viel Mut in den mancherlei Leiden, die wir nicht vermeiden können, habe, und zu viel Beruhigung und Trost in der Liebe Gottes, und zu frei sei von den Leidenschaften, die uns elend machen.

Lasset uns denn die Dinge der Erde verachten, um ganz Gottes zu sein. Ich sage nicht, dass wir sie durchaus verlassen sollen; denn, wenn man schon ein anständiges und regelmäßiges Leben führt, so darf nur der Grund des Herzens in und durch Lieben verändert werden, und wir können beinahe die nämlichen Sachen tun, die wir bis dahin taten: Denn Gott stößt keineswegs die Stände der Menschen um, noch die Verrichtungen, die er daran geknüpft hat; aber wir tun dann, um Gott zu dienen, was wir nun tun, um der Welt zu dienen und zu gefallen und um uns selbst zu befriedigen. Der Unterschied ist nur der, dass wir, anstatt von unserm Stolz, von unsern tyrannischen Leidenschaften und dem lieblosen Urteil der Welt gerissen und geplagt zu werden, wir dann im Gegenteil mit Freiheit, mit Mut, mit Hoffnung auf Gott handeln: Das Vertrauen wird uns beseelen; die Erwartung ewiger Güter, die sich nähern, indes diese Welt-Güter uns verlassen, wird uns mitten in der Mühseligkeit aufrecht halten; die Liebe, die wir zu Gott haben und die uns seine Liebe zu uns kennen lehrt, wird uns Flügel geben, auf seinen Weg zu fliegen und uns über all unser Elend zu erheben. Wer es nicht glauben kann, den wird die Erfahrung davon überzeugen: (Psalm 34,9) Kommet und sehet und schmecket, sagt David, wie freundlich der Herr ist.

6. Der Geist der Liebe, der alles leicht macht

Der Sohn Gottes sagt im Allgemeinen zu allen Christen ohne Ausnahme: Wer mein Jünger sein will, der nehme sein Kreuz auf sich und folge mir nach (Matthäus 16,24). Der breite Weg führt ab zum Verderben: Man muss dem engen Wege folgen, den wenige gehen. Nur die sich Gewalt tun, reißen das Himmelreich zu sich. Man muss wiedergeboren werden, muss sich verleugnen, sich hassen, ein Kind werden, geistlich arm sein, Leid tragen, um getröstet zu werden, nicht von der Welt sein, die verflucht ist ihrer Ärgernisse halben.

Diese Wahrheiten setzen viele Leute in Angst und Schrecken und das deswegen, weil sie bloß wissen, was die Religion getan haben will, ohne zu wissen, was sie unter ihrem Flügel trägt, und weil sie den Geist der Liebe, der alles leicht macht, nicht kennen. Sie wissen nicht, dass diese Religion zu der höchsten

Vollkommenheit führt, indem sie durch ein Liebe-Prinzip, das alles Unangenehme versüßet, Frieden gibt.

Die Gott ungeteilt anhangen, sind allezeit glücklich. Sie erfahren, dass das Joch Jesu Christi sanft und leicht ist (Matthäus 11,29-30); dass man in ihm Ruhe für seine Seele findet und dass er die erquickt, die mühselig und beladen sind, wie er selbst versprochen hat.

7. Die Ewigkeit rückt heran, uns zu empfangen

Aber wie übel sind die unmännlichen und furchtsamen Seelen daran, die zwischen Gott und der Welt geteilt sind! Sie wollen und sie wollen nicht. Sie werden gemartert, beides zugleich, durch ihre Leidenschaften und durch ihre Gewissensbisse; sie fürchten die Urteile Gottes und die Urteile der Menschen; sie haben Abscheu vor dem Bösen und schämen sich des Guten; haben das Leid der Tugend, ohne ihre Freude zu kosten. Ah, hätten sie doch nur etwas Mut, sich über das leere Geschwätz, über die frostigen Spöttereien und den frechen Tadel der Menschen wegzusetzen, welchen Frieden würden sie in dem Schoß Gottes schmecken!

Wie gefährlich ist es für die Seligkeit, wie unwert ist es Gottes und unser selbst, wie schädlich selbst ist es für die Ruhe unsers Herzens, immer auf dem Fleck, wo man ist, bleiben wollen. Das ganze Leben ist uns nur gegeben, um uns zur ewigen Freude bereitzumachen und mit großen Schritten unserm himmlischen Vaterlande entgegenzugehen. Diese Welt entfliehet wie ein trieglicher (trügerischer) Schatten und die Ewigkeit rückt heran, uns zu empfangen. Warum zögern wir doch zu gehen, während das Licht des Vaters aller Barmherzigkeit uns noch leuchtet? Lasset uns eilen, einzukommen zum Reiche Gottes.

8. Seine eifersüchtige Liebe

Das erste Gebot des Gesetzes allein ist genug, allen Vorwand zu nehmen, als ob man mit Gott auf Bedingungen und Vorbehalt handeln könne: *Du sollst lieben den Herrn deinen Gott von deinem ganzen Herzen, von deiner ganzen Seele, aus allen deinen Kräften und aus allen deinen Gedanken.*

Sehet, wie viele Ausdrücke der Heilige Geist hier zusammengehäuft hat, um allem Vorbehalten zuvorzukommen, das die Seele zum Nachteil jener eifersüchtigen Liebe möchte geltend machen wollen; und nicht allein aus der ganzen Fülle und Kraft seines Herzens, sondern auch mit aller Anwendung seines Gedankens. Wie kann man denn glauben, dass man ihn liebe, wenn man sich nicht entschließen kann, sein Gesetz vor Augen zu nehmen und dann zu streben, seinen heiligen Willen zu erfüllen?

9. Mit einem edelmütigen Herzen nachkommen

Wer sich fürchtet, zu deutlich zu sehen, was diese Liebe fordert, der ist von dieser wachen und geflissenen Liebe noch weit entfernt.

Es gibt nur eine Art Gott zu lieben, und die besteht darin: keinen Schritt als mit ihm und für ihn zu tun und allem dem, was er eingibt, mit einem edelmütigen Herzen nachzukommen.

Die Leute, die in Enthaltungen leben, die aber noch der Welt Wohl ein wenig genießen möchten, meinen, dass daran wenig verloren sei: Indes laufen sie Gefahr, in die Zahl jener Lauen zu fallen, von denen gesagt ist (Offenbarung 3,16), dass Gott sie ausspeien wird.

Gott mag die feigen Seelen nicht, die bei sich selbst sagen: Bis dahin will ich gehen und nicht weiter. Kommt es dem Geschöpf zu, seinem Schöpfer vorzuschreiben? Was würde ein Herr von einem Knecht oder ein König von Untertanen sagen, die ihnen dienen, die ihnen aber nur nach ihrer Weise dienen wollten, die bange wären, sich ihren Dienst und ihr Interesse zu nahe zu nehmen, und die sich schämten, vor den Augen der Welt ihre Anhänger zu sein? Was wird dann aber der König der Könige sagen, wenn wir es wie jene Feigen machen? (...)

10. Die uneigennützige Liebe

Warum sähe man lieber die Gnadengaben Gottes an sich als an einem andern, wenn es nicht die Anhänglichkeit an sich selbst täte? Wer sie lieber an sich als an andern sieht, wird sich auch grämen, sie an andern vollkommner als an sich zu sehen, und da haben wir den Neid. Was hat man dann zu tun? Man muss sich freuen, dass Gott seinen Willen in uns geschehen lässt und in uns regiert, nicht sowohl um unsrer Seligkeit und unsrer Vollkommenheit willen, insoweit sie die unsre ist, als um des Wohlgefallens Gottes und um seiner Ehre willen allein.

Bemerken Sie hierbei (...): dass alles dieses keine nichts bedeutenden Spitzfindigkeiten sind, denn Gott, der die Seele, um sie vollkommen zu machen, von sich selbst entkleiden und ohne Nachlass bis zu der reinsten Liebe treiben will, lässt sie wirklich durch diese Prüfungen ihrer selbst gehen und lässt ihr keine Ruhe, bis er der Eigenliebe alle Rückkehr und allen Trost in sich selbst genommen hat. Nichts ist so eifersüchtig, so strenge und so zart als dies Prinzip der reinen Liebe. Es kann tausend Dinge nicht leiden, davon wir in einem gewöhnlichen Zustand ganz und gar nichts wissen, und das, was der große Haufe gottesfürchtiger Personen Spitzfindigkeit nennt, scheint für die Seele, die Gott von sich selbst losmachen will, eine wesentliche Sache. So reinigt sich das Gold im Tiegel; das Feuer verzehrt alles, was nicht reines Gold ist. Und so muss auch gleichsam eine allgemeine Schmelzung des Herzens geschehen, auf dass die göttliche Liebe gereiniget werde.

Bibeltext: 1. Petrus 4,1-6

Zum Nachdenken

Die folgenden Fragen können in der kleinen Gruppe diskutiert werden. Sie können aber auch dem Einzelnen als Anregung dienen, sich – wenn möglich schriftlich – Gedanken zu machen.

1. Welche innere Haltung hält Fénelon für nötig, damit der Glaube nicht traurig, sondern fröhlich macht?

2. Wer sich Gott hingibt, schreibt Fénelon in Abschnitt 3, wird von »unzähligen Übeln« befreit. Wovon hat Gott Sie freigemacht?

3. Innerlich gespalten sind die Menschen, die schwach und

zaghaft sind und am liebsten auf dem Fleck bleiben wollen, wo sie sind (Abschnitt 7). Schildern Sie eine Zeit in Ihrem Leben, in der Sie dort bleiben wollten, wo Sie waren, obwohl Gott Sie zum Weitergehen aufforderte.

4. Im angegebenen Bibeltext erinnert Petrus seine Leser an ihre Vergangenheit. Denken Sie an Ihre eigene Vergangenheit und beantworten Sie die folgende Frage: Wie weit sieht Ihr Leben aufgrund Ihres Glaubens heute anders aus?

5. Petrus kommt auch auf das Problem des »Anpassungsdrucks« zu sprechen, der auch heute ein Problem ist. Seine Zuhörer waren noch nicht lange zum Glauben gekommen und wurden von den Menschen, die sie vorher gekannt hatten, ausgelacht. Wie gehen die Menschen, die Sie kannten, bevor Sie Christ wurden, mit Ihnen um?

Übungen

Die folgenden Vorschläge sind für den Einzelnen gedacht. Sie können aber auch im Rahmen einer geistlichen Zweierschaft oder in einer kleinen Gruppe aufgenommen werden. Wählen Sie einen oder mehrere aus.

1. Nehmen Sie sich in dieser Woche vor, eine Haltung der völligen Hingabe zu üben. Suchen Sie in allem, was Sie tun, nach Gott. Halten Sie sich Fénelons Rat vor Augen: Tun Sie keinen einzigen Schritt ohne Gott.

2. Fénelon schreibt in Abschnitt 9: »Gott mag die feigen Seelen nicht, die bei sich selbst sagen: ‚Bis hierhin will ich gehen und nicht weiter.‘« Überlegen Sie einmal, wie Ihre »Sicherheitszone« aussieht. Wie weit reicht Ihr Gehorsam? Fragen Sie sich selbst, warum Sie nur »bis hierhin und nicht weiter« gehen wollen.

3. Fénelon sagt in Abschnitt 5 und 6, wir hätten oft Angst, uns Gott zu sehr hinzugeben, weil wir fürchten, wir könnten zu glücklich werden. Es klingt zwar seltsam, aber diese Angst gibt es wirklich. Nehmen Sie sich Ihr Tagebuch vor und suchen Sie eine Antwort auf die Frage: Warum habe ich Angst davor, glücklich zu sein?

4. Petrus ermahnt die junge Gemeinde: »Weil nun Christus im Fleisch gelitten hat, so wappnet euch auch mit demselben Sinn …« Stärken auch Sie sich in dieser Woche mit dem Gedanken, wie viel Christus für Sie gelitten hat. Wenn Probleme Sie belasten, denken Sie an die große Liebe unseres Erlösers, der bereit war, auch für Sie zu leiden.

Ein paar Gedanken

Mir gefällt, wie Fénelon den Schwerpunkt auf die Dinge legt, die wir gewinnen, wenn wir Gott treu nachfolgen. Wer die Nachfolge von außen betrachtet, der sieht nur, was er verlieren könnte. Ihm entgeht, welche Freiheit der Glaube bringt: Freiheit vom ewigen Kreisen um sich selbst; Freiheit vom Zwang, den anderen immer um eine Nasenlänge voraus sein zu müssen; Freiheit von den Ängsten und Leidenschaften dieser Welt. Und von so vielen anderen Dingen.

Noch mehr gefällt mir aber, wie Fénelon die Freude am Leben im Glauben beschreibt: die Freude, dass man immer mehr Kraft erhält, das Rechte zu tun; die Freude eines ruhigen Gewissens; die Freude, »das Licht immer in seinem Herzen wachsen zu sehen« (Abschnitt 1). Hören wir, was er an einer anderen Stelle einmal sinngemäß gesagt hat: Gott ist so gut, dass er nur auf unsere Wünsche wartet, um uns mit seinen Gaben zu überschütten, und diese Gabe ist er selbst. Wenn wir uns selbst von Jesus Christus und seinem Wort ernähren, dann sind wir wie ein Schiff mit vollen Segeln und bei vollem Wind. Da möchte man sich doch am liebsten Hals über Kopf in den Gehorsam stürzen, nicht wahr?

Zur Vertiefung

Gisbert Kranz, Politische Heilige und katholische Reformatoren, Band 3, 1963

Fénelons Persönlichkeit und Werk. Festschrift zur 300. Wiederkehr seines Geburtstages, hrsg. v. Johannes Kraus/Josef Calvet, 1953

Ganze Hingabe
Augustin (354-430)

Über den Autor

Aurelius Augustinus, Bischof von Hippo in Nordafrika, war vielleicht der größte Theologe der Alten Kirche. Er kam 354 in Nordafrika als Sohn eines heidnischen Vaters und einer tief gläubigen christlichen Mutter zur Welt. Von ihr wurde er im christlichen Glauben erzogen. Im Alter von sechzehn Jahren ging er nach Karthago, um sich dem Studium der Rechte zu widmen. 375 verlagerte sich sein Interesse auf die Philosophie und er wandte sich von seinem christlichen Erbe ab. Dem begabten Redner wurde in Rom eine Stelle als Lehrer angeboten. Dort gründete er auch eine eigene Rhetorik-Schule.

In Mailand setzte er sich mit der Philosophie Platons auseinander und geriet unter den Einfluss der Predigten des dortigen Bischofs Ambrosius. Nach langen inneren Kämpfen sagte er sich von seinen bisherigen philosophischen Überzeugungen los und bekehrte sich zum christlichen Glauben. Er kehrte nach Afrika zurück und gründete dort eine Gemeinschaft von Klerikern. Im Jahr 391, als die Vandalen die Stadt Hippo überfielen, wurde er (gegen seinen Willen) Presbyter, im Jahr 396 Bischof.

Er schrieb eine Vielzahl von Büchern und war bekannt für seine Eloquenz, sein klares Denken und seinen Glaubenseifer. In den Auseinandersetzungen der frühen Kirche kämpfte er leidenschaftlich dafür, dass Gottes Heil ganz und gar ein Gnadengeschenk ist. Gegen den Schicksalsglauben von häretischen Strömungen vertrat er den freien Willen des Menschen. Seine Lehre von der Erbsünde enthielt allerdings auch die Überzeugung, dass die Erbsünde durch die Geschlechtslust weitergegeben werde. Das führte zu einer negativen Sicht der Kirche von Sexualität.

Seine Theologie hat nicht nur seine eigene Zeit geprägt, sondern das christliche Denken aller nachfolgenden Jahrhunderte bis heute, unter anderem das Mönchtum, Luther und Calvin.

Die folgenden Abschnitte sind seiner Autobiographie *Bekenntnisse* entnommen. Er berichtet hier von seiner Bekehrung und beleuchtet dabei den Kampf des eigenen Willens und seiner Hingabe an Jesus Christus.

Auszüge aus: Bekenntnisse

1. Gefangen in der Gewohnheit

Mein Wollen hielt der Feind gebunden und daraus hatte er die Kette mir geschmiedet und mich damit geschnürt. Denn aus verkehrtem Willen ward die Lust, und da der Lust ich diente, kam es zur Gewohnheit, und da nun der Gewohnheit ich nicht widerstand, ward sie zum Zwang. So waren's Ringe, in sich selbst gefügt – und darum nannte ich es eine Kette –, mit denen mich die harte Knechtschaft nun gefangen hielt.

Der neue Wille aber, der sich in mir regte, dass ich frei dir diente, Gott, und deiner nun genießen wollte, du einzig sichre Lust, der war nicht stark genug, den alten wurzeltief gewordnen zu besiegen. So waren nun in mir zwei Willen, der eine alt, der andre neu; der eine fleischlich und vom Geist der andre. Die stritten miteinander und zerrissen mir in ihrem Streit die Seele. (...)

2. Geteilter Wille

Woher dies Rätselwesen und warum dies? Die Seele gebietet dem Leib und er gehorcht sogleich; die Seele gebietet sich selbst und findet Widerstand. Es gebietet die Seele, dass die Hand sich bewege, und es geschieht so leicht, dass vom Vollziehn sich der Befehl kaum unterscheidet. Und die Seele ist doch Seele, die Hand aber Leib. Es gebietet die Seele, dass die Seele wolle, und ist die gleiche doch und tut's doch nicht.

Woher dies Rätselwesen und warum dies? (...) Weil sie selbst nicht aus dem Ganzen will, gebietet sie drum auch nicht aus dem Ganzen. Denn sie gebietet nur, so viel sie will, und das nur, was ihr Wille ist, wenn sie gebietet, wird getan.

Denn es gebietet nur der Wille, dass ein Wille sei, er und kein andrer. Und wo er nicht gebietet aus der Fülle, geschieht es nicht, was er gebietet. Denn wäre er in seiner Fülle, so brauchte er nicht zu gebieten, dass er sei, was er schon ist.

So also ist's kein Rätselwesen, halb zu wollen, halb nicht zu wollen, nein, eine Seelenkrankheit ist's; denn von der Wahrheit aufgerichtet vermag sie doch nicht ganz sich zu erheben, von der Gewohnheit allzu schwer gemacht. So also sind's zwei Willen und keiner ist doch ganz, und was dem einen fehlt, das hat der andre. (…)

3. In mir selbst zerrissen

Damals, als ich mit mir zu Rate ging, dass ich dem Herrn dienen wolle, meinem Gott, wie ich mir vorgenommen, da auch war ich es, der da wollte, war ich es, der nicht wollte. Und ich war ich. Doch ich wollte nur halb und halb nur wollte ich nicht. Und darum stritt ich mit mir selbst und ward in mir zerrissen. Und dies Zerreißen zwar geschah mir wider Willen, doch war es nicht das Zeichen einer fremden Seele, sondern nur das Zeichen meiner Strafe. Und so war ich es nicht, der's tat, die *Sünde* war's, *die in mir wohnte* (Römer 9,17) zur Strafe einer Sünde, die ich freien Willens tat, ein Sohn des Adam. (…)

Wie nun aber, wenn einer von den Unsern überlegte und zwischen beiden Willen schwankte (…)? (…) So also, wenn sie nun sehen, dass zwei Willen sich im Menschen streiten, sollen sie nicht sagen, es seien zwei verschiedne Seelen von verschiednem Wesen und verschiedner Herkunft, die stritten miteinander, die eine gut, die andre böse!

Denn du, du Gott der Wahrheit, strafst sie Lügen, überführst und widerlegst sie. Sind es doch stets zwei böse Willen, wenn einer überlegt, ob (…) er dies fremde Grundstück an sich reiße, ob ein andres, da beides ihm nicht möglich ist; ob er mit seinem Geld sich Lust und Wollust kaufen oder ob er es in Habsucht hüten soll; ob er (…), wenn sich zur gleichen Zeit Gelegenheit ihm gibt, im fremden Haus zu stehlen; (…) ob er ehebrechen soll, wenn dazu auch die Möglichkeit sich bietet; und wenn dies alles also zu einem und demselben Zeitpunkt lockt und alles gleicherweise heiß ersehnt wird und doch zu gleicher Zeit sich nicht erreichen lässt. Dann zerreißen sie die Seele, im Streite miteinander, vier böse Willen und noch mehr bei all den vielen Dingen des Begehrens. (…)

4. Mit ganzem Willen

Und ebenso ist's auch beim guten Willen. Denn frage ich, was besser ist, sich in der Lesung des Apostels zu erquicken, oder besser, sich an ruhig schönen Psalmen zu erfreuen, oder besser, das Evangelium zu erläutern, so wird auf jedes mir die Antwort werden: Gut ist's. Und wie nun, wenn dies alles in gleichem Maße und zu gleicher Zeit die Seele uns erquickt, sind es dann nicht verschiedene Willen, die an unserm Herzen ziehen, wenn wir überlegen, wonach wir lieber greifen? Und gleich gut ist das alles und streitet doch mit sich, bis wir das eine auserwählt, das dann zum Ganzen wieder den zerrissnen Willen fügt. Und so ist's auch, wenn Ewigkeit von droben lockend ruft und hier auf Erden uns die irdsche Lust zurückhält: Die gleiche Seele ist es, die nur nicht mit gleichem ganzen Willen dies will oder jenes. Und darum leidet sie die böse Qual der Wahl: Das eine zieht sie vor, der Wahrheit wegen, das andre lässt sie nicht, um der Gewohnheit willen.

5. Ganz nah am Entschluss

So war ich krank und arg gequält und klagte selbst mich an, viel bittrer noch als je zuvor, und wand und wälzte mich in meinen Fesseln, dass sie nun endlich völlig von mir fallen sollten. Denn noch immer hielten sie mich, wenn sie mich auch nur locker noch umschlossen hielten. Und du auch, Herr, du packtest mit erbarmungsvoller Strenge mich drin, tief drin in tiefster Seele und trafst mich mit der zweigeflochtnen Geißel Furcht und Scham, dass ich nicht wieder lässig würde, und diese letzte leichte, schwache Fessel unzerbrochen wieder Kraft gewänne und mich fester schnürte als zuvor.

Und drin sprach ich zu mir: Sieh, gleich wird's geschehn, gleich wird's geschehn! Schon war mit Worten der Entschluss gefasst, schon tat ich's beinah, doch ich tat's noch nicht. Doch glitt ich auch nicht wieder in die alte Schwäche: Ganz nahe stand ich, und ich fasste Atem. Und wiederum versuchte ich's. Und immer näher kam ich und immer näher kam ich, und beinah packt ich's schon und hielt's. Doch noch war ich nicht dort und packte es noch nicht und hielt's noch nicht und zauderte noch immer, dem Tod zu sterben und zum Leben neu zu leben.

Das lieb gewohnte Böse vermochte mehr in mir als all das ungewohnte selige Glück. Und jetzt im letzten spitzen Augenblick, da ich ein andrer werden sollte, je näher der mir kam, so wilder war der Schrecken, den er durch meine Seele trieb. Doch trieb er mich nicht rückwärts und jagte mich nicht weg; er hielt mich bange schwebend festgebannt.

6. Mein Zaudern

Und aller Torheit Torheit und aller Eitelkeiten Eitelkeit, die hielten mich zurück, sie meine alten Freundinnen, und zupften mich am Kleide meines Fleischs und flüsterten mir zu: Willst uns wegschicken? So werden wir von heut an nimmer bei dir sein, in alle Ewigkeiten nimmer! Und darfst von heut an dies und jenes nimmer tun, in alle Ewigkeiten nimmer! Und ach, was war's, das sie in meine Seele bliesen mit diesem Dies und Jenes, du mein Gott, was war's? Nimm's weg von mir, Barmherziger, nimm's weg vom Herzen deines Knechts! Was war es Schmutz! Was war es Schande!

Doch sieh, schon hörte ich sie weniger noch als halb, und nicht, als wagten sie es, offen und mit Widerspruch mir zu begegnen! Nur so von hinten raunten sie mir's zu und stichelten mich heimlich, da ich weiterschritt, dass ich mich wenden und nach ihnen schauen sollte. So hielten sie mir doch den zaudernd schwachen Fuß, dass ich mich weg von ihnen risse und sie von mir stieße und dorthin eilte wie mit einem Sprung, wo man mich rief. Und die Gewohnheit, stark und herrisch, sprach zu mir: Glaubst du, dass du wirst leben können ohne sie?

7. Mit Zittern

Doch nur mehr matt und leise sprach sie es. Und von dort, wohin ich meine Augen wandte und wohin zu gehen ich noch zitterte, erschien mir nun in reiner Würde das Bild der Keuschheit und Enthaltsamkeit, heiter und doch nicht ausgelassen lustig, mir lieb und freundlich winkend, dass ich doch kommen und nicht länger säumen solle, und streckte nach mir, um mich aufzunehmen und in ihren Arm zu schließen, die frommen Hände, voll der Herden guten Beispiels. (…) Die Keuschheit (…) lächelte mir zu. Mir aber war's als wollte sie mit freundlich leisem Spott mir sagen: Und du kannst nicht, was alle diese konnten? Und konnten sie es denn in sich, und nicht im Herren, ihrem Gott? Der Herr, ihr Gott, war's, der sie mir gegeben hat. Was stehst du auf dir selbst und stehst doch nicht? Wirf dich auf ihn! Und fürchte nicht, er wird nicht weichen und dich fallen lassen! Nein, wirf dich ruhig auf ihn; er fängt dich auf und wird dich heilen.

Da schämt ich mich gar sehr, dass ich noch immer Torheit und Eitelkeit mir flüstern hörte und noch immer zaudernd stand. Und wiederum die Keuschheit, so als sagte sie: Verschließe deine Ohren wider das, was schmutzig ist an deinen Gliedern hier auf Erden, dass es sterbe! *Es spricht dir wohl von Freuden, aber nicht wie das Gesetz des Herrn und deines Gottes!* (Psalm 118,35). (…)

8. Warum nicht jetzt?

Jetzt aber, da ein grübelndes Betrachten aus tief verborgnem Grund mein ganzes Elend vorgezerrt und vor die Augen meines Herzens mir gestellt, da zog durch meine Seele ein gewaltger Sturm und führte Regengüsse mit sich unermesslich reicher Tränen. (…) Ich aber warf mich nieder unter einem Feigenbaum, ich weiß nicht wie, und ließ die Zügel meinen Tränen, und aus den Augen stürzten mir die Ströme, dir zum lieben Opfer. Und vieles sprach ich zu dir, nicht mit diesen Worten, doch dem Sinne nach: *Und du, o Herr, wie lange noch? Wie lange noch, o Herr? Zürnst du bis zum Ende? Ach, denke nicht der alten Missetaten*! (Psalm 6,4; 78,5+8) Denn ich fühlte, wie noch immer die mich festgebunden hielten, und laut jammernd schrie ich: Wie lange noch? Wie lange noch? Morgen und immer wieder morgen? Warum nicht heute, warum nicht jetzt zu dieser Stunde das Ende meiner Schmach?

So sagte ich und weinte in der bittersten Zerknirschung meines Herzens. Und sieh, da hör ich eine Stimme vom Nachbarhaus herüber, singenden Tons, die Stimme wie von einem Knaben oder Mädchen, die immer wieder rief: Nimm, lies! Nimm, lies! Da änderte sich meine Miene, ich begann achtsam mich zu besinnen, ob Kinder so etwa bei irgendeinem Spiel zu singen pflegten. Doch ich entsann mich nicht, es je einmal gehört zu haben.

Da staute sich der Ansturm meiner Tränen, und ich stand auf. Ich dachte nichts andres, als dass mir Gott befehle, ein Buch zu öffnen und zu lesen, worauf zuerst mein Auge stoße. (...)

So ging ich schnell zum Platz zurück. (...) Dort hatte ich einen Band, die Briefe des Apostels, liegen lassen, da ich aufgestanden und weggegangen war. Ich griff danach, ich öffnete, und schweigend las ich die Stelle, auf die zuerst mein Auge fiel: *Nicht in Fressen und Saufen, nicht in Kammern und Unzucht, nicht in Zank und Streit, sondern ziehet den Herrn Jesum Christum an und pflegt das Fleisch nicht zur Erregung eurer Lüste* (Römer 13,13f).

Ich wollte nicht weiterlesen und brauchte nicht weiter zu lesen. Denn kaum, da ich den Satz zu Ende gelesen, kam's in mein Herz, ein Licht der Zuversicht und der Gewissheit, und alle Nacht des Zweifels war zerstoben. Ich legte meinen Finger oder irgend sonst ein Zeichen in das Buch, schloss es. (...)

Nun hattest du mich ja zu dir gewandt, dass ich kein Weib mehr suchte noch irgendeine Hoffnung dieser Welt. Nun stand ich auf dem Richtscheit deines Glaubens. (...)

Bibeltext: Römer 7,14-25

Zum Nachdenken

Die folgenden Fragen können in der kleinen Gruppe diskutiert werden. Sie können aber auch dem Einzelnen als Anregung dienen, sich – wenn möglich schriftlich – Gedanken zu machen.

1. Augustin spricht von dem Zwiespalt zwischen dem Willen des Körpers und dem Willen des Geistes. Haben Sie diesen Zwiespalt auch schon erlebt? Beschreiben Sie kurz Ihre Erfahrung.

2. Die Gewohnheit, schreibt Augustin in Abschnitt 2, ist eine starke Kraft, die uns beschwert und den inneren Zwiespalt aufrechterhält. Welche Rolle haben Ihre Gewohnheiten bei Ihrer Bekehrung gespielt?

3. In Römer 7,19 bekennt Paulus, dass er nicht in der Lage ist, das zu tun, was er will und was er für gut und richtig hält,

sondern stattdessen das tut, was er nicht will und eigentlich auch als falsch und böse erkannt hat. Inwiefern ist Jesus Christus die Lösung des Problems?

4. Augustin schreibt in Abschnitt 6-7 vom Flüstern der alten Gewohnheiten und wie sie ihn zu überreden versuchten, bis ihre Stimme dann immer schwächer wurde. Welche Gewohnheit würde bei Ihnen am lautesten aufschreien, wenn Sie versuchen würden, von ihr loszukommen?

5. Im letzten Abschnitt fragt Augustin sich selbst: »Wie lange noch, wie lange dieses: ›Morgen, ja morgen‹? Warum nicht sofort? Warum soll meine Schande nicht in dieser Stunde enden?« Was würden Sie auf diese Frage antworten?

Übungen

Die folgenden Vorschläge sind für den Einzelnen gedacht. Sie können aber auch im Rahmen einer geistlichen Zweierschaft oder in einer kleinen Gruppe aufgenommen werden. Wählen Sie eine oder mehrere aus.

1. Nehmen Sie sich für diese Woche vor, mit einer Ihrer schlechten Gewohnheiten aufzuhören. Beschließen Sie, sich niemand anders unterzuordnen als Gott allein. Lassen Sie sich von Augustin Mut machen. Versuchen Sie nicht, allein mit der Gewohnheit fertig zu werden. Verlassen Sie sich auf Gottes Kraft.

2. Im Laufe seines inneren Kampfes begegnet Augustin der Enthaltsamkeit (Abschnitt 7). Sie stärkt ihn, indem sie ihm zeigt, wie andere Menschen vor ihm die Versuchung überwunden haben. Lesen Sie in dieser Woche einmal die Biographie eines Menschen wie Jim Elliot, Dietrich Bonhoeffer, Corrie ten Boom oder anderen, aus deren Leben Sie Mut schöpfen können.

3. Die Enthaltsamkeit forderte Augustin auch auf, die Ohren gegen unreines Geflüster zu verschließen. Wenn Ihnen in dieser Woche eine Versuchung begegnet, dann versuchen Sie, Ihre Aufmerksamkeit ganz bewusst davon abzulenken. Richten Sie Ihre Gedanken stattdessen auf andere Dinge, die »wahrhaftig, ehrbar, liebenswert« sind.

4. Lassen Sie es zu, dass Christus Sie von dem inneren Zwiespalt erlöst, wie er es bei Paulus getan hat. Geben Sie nicht auf, aber geben Sie nach und lassen Sie Christus Ihre inneren Kämpfe lösen.

Ein paar Gedanken

Nur wenige Theologen haben sich so bahnbrechend mit ethischen Fragen auseinander gesetzt wie Augustin und sind zu so tief greifenden Erkenntnissen gekommen. Im obigen Text breitet er den Zwiespalt des Willens vor uns aus, den wir auch kennen. Wir sind mit uns selbst uneins und stecken in einem Dilemma. Weil Gott uns sein Bild aufgeprägt hat, sehnen wir uns nach dem Guten, Wahren, Schönen. Doch weil wir in einer Welt leben, die sich dem Bösen zugewandt hat, verlangt es uns nach Dingen, die nur ein verzerrtes Abbild von Gottes guter Schöpfung sind. Mit reiner Willenskraft bemühen wir uns, dem Guten nachzustreben. Aber wir schaffen es nicht, weil unser Wille mit sich selbst im Widerstreit liegt und Erlösung braucht.

Nur Gutes zu denken oder das Gute zu wollen, reicht nicht aus. Was wir brauchen – wie Augustin und Paulus vor ihm –, das ist die verwandelnde Kraft Jesu Christi, der lebt und bei uns ist. Wenn er unseren Willen seiner göttlichen Herrschaft unterstellt, finden wir Frieden.

Zur Vertiefung

Aurelius Augustinus, Liebe und tu, was du willst, ausgew. u. m. einem Vorwort von Michael Trebian, Frankfurt 1998

Aurelius Augustinus, Spät habe ich dich geliebt. Gebete meines Lebens, hrsg. v. Josef Sudbrack, München 1993

Aurelius Augustinus, Der Gottesstaat, lat.-deutsch, übers. v. Carl J. Perl, Paderborn 1979

Aurelius Augustinus, Die Unruhe zu Gott, Mainz 2000

Johan Bouman, Gut ist, der mich erschaffen hat. Worte aus dem Leben von Aurelius Augustinus, Gießen 1996

Peter Brown, Augustinus von Hippo. Eine Biographie, München 2000

Ein vom Gebet erfülltes Leben

Die Tradition der Kontemplation, das vom Gebet erfüllte Leben, richtet die Aufmerksamkeit vor allem auf den liebenden Gott. »Das echte, wahre Gebet ist nichts als Liebe«, sagt Augustin. In jedem der folgenden Texte geht es deshalb in der einen oder anderen Form um das Gebet. Es ist interessant, auf wie viele verschiedene Arten sich die Verfasser dem Thema annähern. Da ist Juliana von Norwich, die uns einlädt, »um der Güte Gottes willen« zu beten, neben Douglas Steere, der uns daran erinnert, uns der »leisen Stimme« und dem »zarten Wispern« zu öffnen. George Buttrick gibt uns »eine einfache Anweisung für das persönliche Gebet« und Jochen Klepper zeigt uns, wie wir in der Bitte um Vergebung unserer Schuld zu Gott wie zu uns selbst kommen und zur Ruhe finden.

Bei den Texten von Sören Kierkegaard handelt es sich um geschriebene Gebete. Wir spüren etwas von dem Geist der völligen Abhängigkeit, der diese Gebete durchzieht, und die Bedeutung der Liebe Gottes.

Achten wir auch einmal darauf, wie Martin Luther im sechzehnten und Thomas Merton im zwanzigsten Jahrhundert, jeder auf seine Weise, zum Ausdruck bringen, dass wir uns davor hüten sollten, Gott mit unseren Gebeten zu manipulieren. Manchmal sündigen wir »auf der rechten Seite« durch eine starre, gesetzliche Haltung (Luther), manchmal versuchen wir Gott mit ein paar »Tricks« nachzuhelfen (Merton).

Zwischen zwei der geistlichen Autoren wird manchmal eine Art Verwandtschaft gesehen, obwohl sie aus verschiedenen Jahrhunderten stammen und in völlig unterschiedlichen Verhältnissen lebten. Das sind Bruder Lorenz und Frank Laubach. Der Vergleich ist durchaus berechtigt, denn beiden ging es darum, allezeit im Bewusstsein der Gegenwart Gottes zu leben.

Henri Nouwen lädt uns ein, die Stille und Einsamkeit zu suchen, in der wir in unseren Herzen Raum schaffen für Gottes Wirken.

Das meditative Gebet

Thomas Merton (1915-1968)

Über den Autor

Thomas Merton wurde in Prades in Frankreich als Sohn von Artisten geboren. Er verlebte eine schwere Kindheit. Seine Mutter starb, als er sechs, sein Vater (der ständig unterwegs war und den kleinen Thomas oft allein ließ), als er sechzehn Jahre alt war. Als Heranwachsender und auch noch als junger Erwachsener führte Merton ein ausschweifendes Leben, immer auf der Suche nach Erfüllung.

Doch mit Mitte zwanzig erlebte er bei einem Studienaufenthalt an der Universität von Columbia in den Vereinigten Staaten eine tiefe Bekehrung. Kurz darauf trat er zur katholischen Kirche über. Mit sechsundzwanzig trat er in die Gethsemani-Abtei in Kentucky ein, wo er bis zu seinem Tod als Trappistenmönch lebte.

1948 veröffentlichte Merton unter dem Titel *Der Berg der sieben Stufen* seine Autobiographie. Das Buch wurde schnell zu einem internationalen Bestseller. Merton schrieb noch zahlreiche andere Bücher, welche die Spiritualität der westlichen Welt entscheidend prägten. Durch seine Tagebücher, seine Meditationsschriften und seine Sozialkritik übt er auch heute noch einen vielfältigen Einfluss aus.

Mertons Versuch, die Kluft zwischen östlichem und westlichem Denken zu verstehen, und die Schlüsse, die er daraus zog, wurden verschiedentlich kritisiert. Die zentrale Bedeutung einer persönlichen Beziehung zu Gott durch Jesus Christus stellte er jedoch nie in Frage. Es gelang ihm, das fragile Gleichgewicht zwischen dem inneren und dem äußeren Leben zu bewahren – zwischen der Kontemplation und der Aktion. Gerade darum wurde seine Stimme nicht nur von der Kirche, sondern auch in der Welt gehört.

Er starb bei einem Unfall in Thailand 1968. Seine Gedanken aber leben weiter. Die folgenden Texte sind einem kleinen

Buch entnommen, das er für seine Mitbrüder schrieb. Der Schatz an Weisheiten, den es enthält, kann jedem Christen eine Hilfe sein, der sich nach einem tieferen geistlichen Leben sehnt.

Auszüge aus: Das kontemplative Gebet

1. Magische Methoden

Wenn wir meditieren, sollten wir nicht nach einer »Methode« oder einem »System« Ausschau halten, sondern eher eine »Haltung«, eine »Einstellung« üben. Glaube, Offenheit, Aufmerksamkeit, Ehrerbietung, Erwartung, Bitte, Vertrauen, Freude – all das wird unser Wesen für Gottes Liebe öffnen, wenn wir durch den Glauben erkennen, dass wir uns in der Gegenwart Gottes befinden, dass wir in Christus leben, dass wir im Geist Gott, den Vater, »sehen«, ohne ihn zu »sehen«. Wir kennen ihn, ohne ihn zu »kennen«. Der Glaube ist das Band, das uns mit ihm vereint, in dem Geist, der uns Licht und Liebe schenkt.

Sicher, manche Menschen haben zweifellos die spontane Gabe des meditativen Gebets. Doch das ist heute eher ungewöhnlich. Die meisten müssen erst lernen zu meditieren. Und es gibt auch verschiedene *Arten* der Meditation. Aber wir sollten nicht darauf hoffen, irgendwelche magischen Methoden zu finden, die dafür sorgen, dass sich alle Schwierigkeiten und Hindernisse in Luft auflösen.

2. Not beim Beten

Das meditative oder betrachtende Gebet kann manchmal sehr schwierig sein. Wenn wir die Not beim Beten jedoch ertragen und geduldig auf die Zeit der Gnade warten, dann können wir durchaus entdecken, dass Meditation und Gebet auch Freude machen. Wir sollten den Wert einer Meditation allerdings nicht daran messen, wie wir uns fühlen. Eine schwere und scheinbar fruchtlose Meditation kann einen viel größeren Wert haben als eine, die uns leicht fällt, die uns froh macht, uns erhellt und anscheinend ein großer Erfolg war.

Es gibt beim betrachtenden Gebet eine »Bewegung«, die den »Passa«-Rhythmus des Glaubenslebens aufgreift, den Übergang vom Tod zum Leben in Christus. Ja, das betrachtende Gebet, die Meditation oder Kontemplation ist manchmal »Tod« – eine Art Abstieg in die eigene Nichtigkeit, das Erkennen der eigenen Hilflosigkeit, der Enttäuschung, Untreue, Verunsicherung und Unwissenheit. Denken wir nur daran, wie häufig dieses Thema in den Psalmen vorkommt (siehe zum Beispiel Psalm 39 oder 56).

Alle Anstrengung, alles Opfer sollten zum Ziel haben, dass wir in Gottes Reich gelangen. Die Ergebnisse werden uns reichlich für unser Opfer belohnen, selbst dann, wenn sie für uns nicht klar erkennbar sind. Aber eine Anstrengung ist nötig, eine *unvoreingenommene, zielgerichtete, ausdauernde* Anstrengung.

3. Der gute Wille

Wir wollen uns nun einem der Probleme im Gebetsleben zuwenden, dem Problem nämlich, wie wir erkennen, ob unsere Anstrengungen vom Geist geleitet und zielgerichtet sind und wann sie lediglich unseren konfusen Einfällen und unreifen Wünschen entspringen. Es wäre ein Fehler zu meinen, der gute Wille sei in sich selbst schon eine Garantie dafür, dass unsere Anstrengungen letztlich zu einem guten Ergebnis führen müssten. Auch mit dem besten Willen kann man die größten Fehler begehen.

Gewisse Versuchungen und Täuschungen sind also normale Erscheinungen im Gebetsleben. Doch wenn wir meinen, wir hätten bei der Kontemplation ein gewisses Können erreicht, dann kann es durchaus sein, dass wir plötzlich alle möglichen seltsamen Ideen bekommen. Vielleicht klammern wir uns sogar an ihnen fest und sind überzeugt, es handele sich um besondere Gnadengaben und Zeichen dafür, dass Gott unser Bemühen segnet. Dabei zeigen sie in Wirklichkeit nur, dass wir auf Abwege geraten und unter Umständen sogar in ernster Gefahr sind.

4. Den Anfänger leiten

Aus diesem Grund sind Demut und die Bereitschaft, auch einmal einen guten Rat anzunehmen, für das Gebetsleben sehr wichtig. Auch wenn eine geistliche Begleitung im normalen Christenleben nicht unbedingt nötig ist und selbst ein Mönch bis zu einem gewissen Grad ohne sie auskommen kann (viele müssen es sogar!), wird sie für jeden, der sein Gebetsleben vertiefen möchte, zu einer Notwendigkeit.

Ein geistlicher Begleiter ist jemand, der fähig ist, dem Anfänger zu zeigen, wie er beten kann, und der alle Anzeichen für fehlgeleiteten Eifer oder verdrehtes Bemühen erkennt. Auf ihn sollte man hören und ihm gehorchen, vor allem wenn er vor dem Gebrauch gewisser Methoden und Praktiken warnt, die er in einem bestimmten Fall für unangebracht oder schädlich hält, oder wenn er bestimmte »Erfahrungen« nicht für einen Fortschritt halten will.

5. Gott widerstehen

Der rechte Einsatz der Bemühungen hängt davon ab, was Gott uns in seiner Gnade als seinen Willen zeigt. Wenn man einfach Gott gehorcht, dann kommt man schon mit wenig Bemühen sehr weit. Wenn man sich ihm jedoch widersetzt (auch wenn man behauptet, nichts anderes im Sinn zu haben, als seinem Willen zu folgen), dann reicht alles Bemühen nicht aus, um zu einem guten Ergebnis zu kommen.

Im Gegenteil – wenn man sich Gott trotz immer deutlicherer Hinweise auf seinen Willen hartnäckig widersetzt, ist das ein Zeichen dafür, dass man geistlich gesehen in großer Gefahr ist. Gerade bei uns selbst können wir das oft nicht erkennen. Auch das ist ein Grund, warum ein geistlicher Begleiter nötig sein kann.

Die Aufgabe des geistlichen Begleiters besteht nicht so sehr darin, uns eine geheime, narrensichere Methode zu zeigen, wie wir zu einer spirituellen Erfahrung kommen können. Vielmehr sollte er uns zeigen, wie wir die Gnade und den Willen Gottes erkennen, wie wir demütig und geduldig werden, wie wir erkennen, wo unsere eigenen Probleme liegen, und wie wir die

Dinge aus dem Weg räumen, die uns daran hindern, ein Mensch des Gebets zu werden.

6. Die »Tricks« des geistlichen Lebens

Diese Hindernisse mögen tief in unserem Wesen verwurzelt sein; vielleicht werden wir sogar erkennen, dass ein ganzes Leben kaum ausreicht, um sie auszureißen. So meinen zum Beispiel manche Leute, die ein paar natürliche Gaben und ein wenig Geschick haben, dank ihrer eigenen Klugheit müsste es ihnen doch leicht fallen, die Methoden – oder sollte man lieber sagen »Tricks« – des geistlichen Lebens zu erlernen.

Das Problem ist nur, dass es im geistlichen Leben keine Tricks oder Abkürzungen gibt. Wer meint, er könnte ein paar geistliche Mätzchen entdecken und dann für sich umsetzen, der fragt meistens nicht nach dem Willen und der Gnade Gottes. Er ist überheblich und selbstgefällig. Er nimmt sich vor, etwas Bestimmtes zu erreichen, und will selbst bestimmen, wie sein Leben der Kontemplation aussehen soll.

Bis zu einem gewissen Grade mag er damit sogar erfolgreich scheinen. (...) Die wirklichen Probleme des Gebetslebens und der Meditation werden sich uns aber erst dann erschließen, wenn wir uns zunächst damit begnügen, Anfänger zu sein und uns als einen Menschen zu erleben, der wenig oder gar nichts weiß und erst einmal die einfachsten Grundlagen lernen muss. Wer von Anfang an meint, er »wüsste Bescheid«, der wird überhaupt nichts lernen.

7. In sich selbst gefangen

Menschen, die auf einer für sie zu hohen Stufe zu beten und zu meditieren versuchen, die zu schnell einen »höheren Grad des Gebets« erreichen wollen, entfernen sich von der Wahrheit und der Wirklichkeit. Indem sie sich selbst beobachten und sich von ihren Fortschritten zu überzeugen suchen, werden sie zu ihren eigenen Gefangenen. Wenn sie dann erkennen, dass die Gnade sie verlassen hat, werden sie von ihrer eigenen Leere und Sinnlosigkeit eingeholt und bleiben hilflos. *Acedia* (eine geistliche Trägheit oder Apathie) folgt dem begeisterten Stolz und der geistlichen Eitelkeit. Hier kann nur ein langer Kurs in Demut und Reue Abhilfe schaffen!

Wir sind nicht gerne Anfänger. Aber wir sollten es uns eingestehen, dass wir nie etwas anderes sein werden.

8. Ein tapferer, aber absurder Versuch, der Wirklichkeit auszuweichen

Ein anderes Hindernis, und vielleicht das häufigste, ist die geistliche Bewegungslosigkeit, *inertia*, eine innere Verunsicherung, Kälte oder mangelndes Vertrauen. Es mag vor allem bei denen auftreten, die zunächst verheißungsvoll beginnen, dann aber jene Enttäuschung erleben, die unweigerlich eintritt, wenn das Leben der Kontemplation ernst wird.

Was zunächst leicht und lohnend schien, wird auf einmal völlig unmöglich. Die Gedanken wollen nicht folgen. Man kann sich auf nichts mehr konzentrieren. Phantasie und Gefühle schweifen ab. Manchmal drehen sie durch. An diesem Punkt, vielleicht mitten im Gebet, das uns trocken und trostlos scheint und nur widerstrebend geschieht, übernehmen unbewusste Phantasien das Kommando. Sie können unangenehm, ja beängstigend sein. Öfter jedoch wird das innere Leben einfach zur Wüste und alles Interesse versiegt.

Sicher kann man sagen, das sei nur eine vorübergehende Anfechtung. Aber wir müssen uns eingestehen, dass es oft ernster ist. Vielleicht haben wir falsch begonnen und es ist zu einer Blockade gekommen, bei der das »innere Leben« vom Rest unseres Lebens abgespalten wurde. Dann ist dieses vermeintlich »innere Leben« unter Umständen nichts anderes als der tapfere, aber absurde Versuch, die Wirklichkeit völlig auszuklammern.

9. Fest im Leben verwurzelt

Unter dem Vorwand, das, was »in uns« ist, sei in Wirklichkeit das Echte, Geistliche, Transzendente usw., pflegt man die Vernachlässigung und Verachtung des »Äußeren« als weltlich, sinnlich, materiell und gegen die Gnade. Das ist schlechte Theologie und schlechte Askese. Ja, es ist schlecht in jeder

Beziehung, weil wir damit die Wirklichkeit nicht so akzeptieren, wie sie ist, sondern sie ablehnen, um mit abstrakten Idealen eine Art vollkommenen Raum zu schaffen, der aber selbst völlig unwirklich ist.

Die Trägheit und der Widerwille, welche das so genannte geistliche Leben so vieler Christen kennzeichnen, könnten vielleicht geheilt werden, wenn man der konkreten Wirklichkeit des Alltags etwas mehr Respekt entgegenbringen würde, der Natur, dem Körper, der Arbeit, den Freunden, der Umgebung usw.

Eine falsche Vorstellung von Transzendenz, die meint, das Transzendente sei ein Bereich, der von einer Art abstrakter Wesen bevölkert werde (wie zum Beispiel Platon es tat) und mit der konkreten Welt der Natur nichts zu tun habe, ja sogar im Gegensatz zu ihr stehe, ist keine Hilfe für ein echtes Leben der Meditation und des Gebets. Meditatives Gebet ist sinn- und zwecklos, wenn es nicht fest im Leben verwurzelt ist.

Bibeltext: Psalm 39

Zum Nachdenken

Die folgenden Fragen können in der kleinen Gruppe diskutiert werden. Sie können aber auch dem Einzelnen als Anregung dienen, sich – wenn möglich schriftlich – Gedanken zu machen.

1. Schildern Sie Ihre bisherigen Erfahrungen mit der Meditation.

2. Merton wendet sich vehement gegen alle, die versuchen, sich Gott mit einem System oder einer Methode zu nähern. Wie haben Sie versucht, Gott mit »magischen Methoden« zu manipulieren?

3. Natürliche Gaben wie Klugheit oder Geschick, schreibt Merton, können für das geistliche Leben zum Problem werden, wenn wir meinen, wir könnten damit »Tricks« oder »Abkürzungen« finden. Warum ist es falsch, auf diese Weise nach geistlichem Wachstum zu streben?

4. Merton war der Ansicht, Psalm 39 sei ein gutes Beispiel dafür, wie unser Leben »eine Art Abstieg in die eigene Nichtigkeit, das Erkennen der eigenen Hilflosigkeit, der Enttäuschung, Untreue, Verunsicherung und Unwissenheit« werden könnte (Abschnitt 2). Haben Sie in Ihrem geistlichen Leben je ein Gefühl der Hilflosigkeit oder Enttäuschung erlebt?

5. Anstrengung und eigenes Bemühen, meint Merton, sind im geistlichen Leben nur dann eine Hilfe, wenn wir uns von Gott leiten lassen. Wenn wir uns dagegen seinem Willen widersetzen, dann »reicht alles Bemühen nicht aus, um zu einem guten Ergebnis zu kommen«. Wenn Thomas Merton Ihr geistlicher Begleiter wäre und Sie ihm Ihre Bemühungen schildern würden, was würde er über Sie sagen? Sind Sie jemand, der sich leiten lässt, oder versuchen Sie selbst zu sagen, wo es langgeht? Warum?

Übungen

Die folgenden Vorschläge sind für den Einzelnen gedacht. Sie können aber auch im Rahmen einer geistlichen Zweierschaft oder in einer kleinen Gruppe aufgenommen werden. Wählen Sie einen oder mehrere aus.

1. Reservieren Sie sich jeden Tag eine Viertelstunde für die Stille und das meditative Gebet. Lassen Sie Stress und Hektik von sich abfallen und versuchen Sie einfach, in Gottes Gegenwart zur Ruhe zu kommen.

2. Merton meint, wir müssten vor Gott eine bestimmte »Haltung« üben. Er nennt acht solcher Haltungen, die uns für Gott öffnen: Glaube, Offenheit, Aufmerksamkeit, Ehrerbietung, Erwartung, Bitte, Vertrauen und Freude. Suchen Sie sich für Ihre Zeit der Stille eine dieser Haltungen aus und denken Sie über ihre Bedeutung nach. Machen Sie daraus ein kurzes Gebet. Beim *Glauben* sagen Sie zum Beispiel: »Herr, ich glaube an dich. Ich weiß, dass du alles tun kannst …«

3. Überlegen Sie einmal, welche geistlichen »Tricks« Sie kennen oder anwenden. Auf welche »magischen Methoden« haben Sie sich in der Vergangenheit verlassen? Wie haben Sie

versucht, Gott zu manipulieren? Nehmen Sie sich vor, nicht mehr mit einem solchen falschen Gefühl der Sicherheit zu Gott zu kommen. Bekennen Sie ihm, wo Sie aus der Beziehung zu ihm eine reine Formsache gemacht haben.

4. Der Psalmist gelobt: »Ich habe mir vorgenommen: Ich will mich hüten, dass ich nicht sündige mit meiner Zunge; ich will meinem Mund einen Zaum anlegen, solange ich den Gottlosen vor mir sehen muss.« Nehmen Sie sich etwas Ähnliches vor, zum Beispiel dass Sie heute für eine bestimmte Zeit nichts sagen wollen. Das Schweigen befreit Sie von dem Zwang, über andere Menschen bestimmen zu wollen.

Ein paar Gedanken

Ich freue mich immer wieder darüber, wie sehr Mertons Schriften auch der nichtklösterlichen Welt, in der die meisten von uns ja leben, etwas zu sagen haben. Was er über das meditative Gebet sagt, ist praktisch und »mundgerecht«. Auch ich kann es tun. Und die Schwierigkeiten, die er erwähnt, geben ziemlich genau wieder, was auch ich erlebt habe.

Darüber bin ich froh, denn fürs Beten sollten wir jede Hilfe, die uns geboten wird, in Anspruch nehmen. Beim Beten betreten wir heiligen Boden und müssen unsere geistliche Armut unumwunden zugeben. Keine Konfession, keine Kirche oder Gruppierung besitzt hier so viel von der Wahrheit, dass sie auf Dauer ohne den Kontakt zum Rest der Christenheit bestehen kann. Wir brauchen den Reichtum an Erfahrung und Erkenntnis all jener, die Jesus Christus nachfolgen und sein Freund werden wollen.

Zur Vertiefung

Thomas Merton, Keiner ist eine Insel. Betrachtungen über die Liebe, durchges. u. hrsg. v. Manfred Beaumotte, Düsseldorf 1997

Thomas Merton, Der Berg der sieben Stufen. Autobiographie eines engagierten Christen, Düsseldorf, 8. Auflage 1999

Die höchste Form des Gebets

Juliana von Norwich (1343-1413)

Über die Autorin

Juliana ist wohl die bekannteste englische Mystikerin. Sie lebte als Benediktinerin in Norwich neben der Kirche St. Julian, von der sie vermutlich ihren Namen abgeleitet hat. Aus ihrem Leben ist wenig bekannt, obwohl sie bereits von ihrer Zeitgenossin Margery Kempe erwähnt wird.

Mit ihrem Buch *Offenbarungen der Liebe Gottes (Revelations of Divine Love)* wurde sie zur ersten großen geistlichen Autorin in englischer Sprache. Auch wenn sie selbst von sich behauptete, keine Begabung zum Schreiben zu haben, so verstand sie es doch, einen ganz eigenen, lebendigen Erzählstil zu entwickeln. Ihre Schriften lassen auf fundierte biblische und theologische Kenntnisse schließen.

Anlass und Ausgangspunkt ihres Werkes waren Visionen, die sie mit dreißig Jahren während einer schweren Krankheit hatte. In ihrem Leiden betete sie um eine Offenbarung des Leidens Christi. Während einer Gebetszeit hörte sie dann die Worte: »Ich bin das Fundament deiner Gebete.« Ihr geistliches Leben wurde von dieser Erfahrung entscheidend geprägt. Immer betonte sie die Güte und Liebe Gottes und die Geborgenheit des Menschen bei ihm, der für sie zu einem Licht in der Dunkelheit geworden war, lebte sie doch in einer Zeit sozialer Unruhe und großer Angst vor der Pest, dem »Schwarzen Tod«.

Freude ist der Grundton ihrer Schriften. Von ihr stammt der berühmte Ausspruch: »Alles wird gut, alles wird gut und alle Dinge werden gut.« In der folgenden Auswahl kommt sowohl etwas von ihrer starken Sehnsucht wie von ihrem vernünftigen Denken zum Ausdruck. Sicher werden wir uns heute kaum mehr mit ihren »Offenbarungen« identifizieren können. Dennoch enthalten sie wesentliche Erkenntnisse, von denen wir etwas lernen können.

Auszüge aus: Offenbarungen der göttlichen Liebe

1. Ich wollte immer noch mehr

Im Jahr 1373, am 14. Mai, schenkte Gott mir eine dreifache Offenbarung. Es war seine gnädige Antwort auf meinen Wunsch, ihn besser kennen zu lernen.

Die erste war eine gnädige Versenkung in die Passion. Die zweite war eine körperliche Krankheit. Die dritte bestand darin, drei Wunden von Gott als Geschenk zu erhalten.

Was die erste angeht, so schien mir, dass ich zwar schon etwas von dem Leiden Christi spürte. Aber doch sehnte ich mich, noch stärker mitzuleiden durch die Gnade Gottes. Ich wünschte mir, ich hätte bei Magdalena und den anderen sein können, die Christus liebten, damit ich mit meinen eigenen Augen das Leiden hätte sehen können, das unser Herr für uns ertrug, und damit ich mit ihm hätte leiden können wie die anderen, die ihn liebten. Einen anderen Anblick und eine andere Offenbarung Gottes habe ich mir nie gewünscht.

2. Geläutert durch die Gnade Gottes

Was die zweite Gnade angeht, so trug ich in meinen Gedanken den Wunsch, durch Gottes Güte eine Krankheit zu bekommen. Sie sollte so ernst sein, dass sie mich dem Tode nahe brachte. Das wünschte ich mir, damit ich die Sakramente der Kirche bekommen und wirklich denken könnte, ich müsste sterben. Ich wollte, körperlich und geistlich, jeden Schmerz erleben, den ich hätte, wenn ich wirklich sterben müsste – jede Angst und Versuchung. Denn ich wollte durch Gottes Barmherzigkeit geläutert werden und danach wegen dieser Krankheit noch mehr zu seiner Ehre leben.

Dies beides, das Leiden und die Krankheit, wollte ich von ihm unter einer Bedingung, denn mir schien, als wäre mein Gebet sonst nicht das rechte. Darum betete ich: »Herr, du weißt, was ich wünsche. Wenn es dein Wille ist, dass ich es bekomme, oder wenn es nicht dein Wille ist, gnädiger Gott, sei nicht ungehalten über mein Gebet, denn ich will nichts, was du nicht willst.«

3. Drei Wundmale

Was das Dritte angeht, so empfing ich durch die Gnade Gottes und die Lehre der Kirche den heftigen Wunsch, in meinem Leben drei Wundmale zu erhalten, nämlich: das Wundmal echter Reue; das Wundmal der Nächstenliebe und das Wundmal, mich mit meinem ganzen Willen nach Gott zu sehnen.

Auch wenn ich um die anderen beiden Dinge unter einer Bedingung bat, dieses dritte erflehte ich ohne Bedingung. Die beiden ersten Wünsche vergaß ich wieder, der dritte aber war ständig wach.

4. Leben, um Gott mehr lieben zu können

Als ich dreißig Jahre alt war, schickte Gott mir eine Krankheit, die mich drei Tage und Nächte ans Bett fesselte. In der dritten Nacht empfing ich die Sakramente der Kirche und rechnete nicht mehr damit, den nächsten Morgen zu erleben.

Danach blieb ich noch zwei Tage im Bett, und in der sechsten Nacht dachte ich, und auch die, die bei mir waren, ich würde sterben. Und doch fühlte ich ein großes Widerstreben, nicht weil mich irgendetwas auf dieser Erde hielt oder aus Angst oder wegen der Schmerzen, denn ich vertraute der Barmherzigkeit Gottes. Es war vielmehr, weil ich noch länger leben wollte, um Gott mehr und länger zu lieben.

Ich erkannte, dass all die Zeit, die ich gelebt hatte, im Vergleich zu den Freuden des ewigen Lebens im Himmel nur sehr kurz war. Ich dachte: »Lieber Herr, kann ich nicht länger leben, um dich zu ehren?« Mit dem ganzen Willen meines Herzens wollte ich ganz Gott gehören.

5. Das Bild unseres Herrn

Ich blieb so bis zum siebten Tag, und dann war mein Leib von der Mitte nach unten gefühllos. Es wurde nach dem Pfarrer geschickt, damit er bei meinem Sterben dabei war. Ehe er den Raum betrat, wurde mein Blick nach oben gelenkt, aber ich konnte nicht sprechen. Er hielt mir das Kreuz vors Gesicht und sagte: »Ich habe dir das Bild unseres Heilandes gebracht. Sieh es an und empfange von ihm Trost.«

Ich fühlte mich so wohl, denn mein Blick war noch immer nach oben gerichtet und ich hoffte, ich sollte nach oben in den Himmel gehen. Dennoch lenkte ich dann meine Blicke auf das Angesicht des Kruzifixes. Ich tat es, aber bald danach schwand mir das Augenlicht und der Raum um mich herum wurde finster. Während meine Augen auf das Kreuz blickten, erschien mir alles rundherum so hässlich, als wären überall Furcht erregende Teufel.

Danach begann der obere Teil meines Körpers abzusterben. Ich konnte nichts mehr fühlen. Den größten Schmerz verursachte mir die Atemnot. Dann glaubte ich wirklich, ich sei gestorben. Da, plötzlich, in einem Augenblick, wurde aller Schmerz von mir genommen und mir ging es wieder gut, so gut wie je zuvor. Aber mir war unwohl, als wünschte ich, ich wäre von dieser Welt erlöst worden, um bei Gott zu sein, so wie mein Herz es ersehnte.

6. Warm und strömend

Dann kam es mir plötzlich in den Sinn, dass ich um die erste Gnade bitten sollte, dass mein Leib mit der Erinnerung an das Leiden Christi erfüllt würde. Mir schien, ich könnte jetzt auch die Wundmale empfangen, um die ich gebetet hatte. Aber ich habe nie um irgendeine Offenbarung oder Vision von Gott gebetet – ich wollte nur die Liebe spüren, die eine liebende Seele für Jesus empfindet, wenn sie an seinem Leiden teilhat.

Es war in diesem Augenblick, dass ich sah, wie unter der Krone rotes Blut hervorquoll, warm und strömend, so wie es unter der Dornenkrone gewesen sein muss, die auf seinem Kopf drückte. In jenem Augenblick erkannte ich, dass es Jesus war, ganz Gott und ganz Mensch, der für mich gelitten hatte. Jetzt wusste ich es, ohne dass es mir jemand sagen musste.

In derselben Offenbarung erfüllte plötzlich die Dreieinigkeit mein Herz mit der größten Freude, und ich begriff, dass solche Freude ewig sein wird im Himmel für alle, die dahin kommen. Denn die Dreieinigkeit ist Gott und Gott ist die Dreieinigkeit. Die Dreieinigkeit ist unser Schöpfer, sie ist unser Erhalter, sie ist unsere ewige Liebe, unsere endlose Freude und unsere Seligkeit, durch und in unserem Herrn Jesus Christus.

Wo Jesus erscheint, da offenbart sich auch die heilige Dreieinigkeit. Mit lauter Stimme sagte ich: »Gelobt sei der Herr!« Ich war erstaunt, dass unser Gott, den wir fürchten und anbeten sollen, einer so sündigen Kreatur wie mir so nahe kam.

7. Nicht größer als eine Haselnuss

Als ich dieses blutende Haupt vor mir sah, schenkte mir unser guter Herr auch eine geistliche Sicht auf seine vertraute Liebe. Ich sah, dass er für uns alles ist, was gut ist und uns tröstet und hilft. Er ist unser Kleid, das uns voll Liebe umhüllt, das uns umschließt und schützt in seiner Liebe, die so tief ist, dass er uns nie verlässt. Und so erkannte ich, dass er alles für uns ist, was gut ist, soweit ich es verstehe.

Gleichzeitig zeigte er mir etwas Kleines, nicht größer als eine Haselnuss. Es lag in meiner Hand, so wenigstens schien es mir, und es war rund wie eine Kugel. Ich betrachtete es mit den Augen meines Verstandes und dachte: Was kann das sein? Ich staunte, dass es dort blieb. Denn weil es so klein war, meinte ich, es müsse sich plötzlich auflösen. Und in meinem Verstand erhielt ich die Antwort: Es bleibt und wird immer bleiben, denn Gott liebt es. Und so hat alles Bestand durch die Liebe Gottes.

In diesem kleinen Ding erkannte ich drei Eigenschaften. Erstens: Gott schuf es. Zweitens: Gott liebt es. Drittens: Gott bewahrt es. Aber was sah ich darin? Dass Gott der Schöpfer, der Erhalter und der Liebende ist. Denn solange ich nicht in meinem Wesen mit ihm vereinigt bin, kann ich keine vollkommene Ruhe und kein wahres Glück finden, das heißt solange ich nicht so eng mit ihm verbunden bin, dass nichts Geschaffenes zwischen meinen Gott und mich treten kann.

Und unser guter Herr offenbarte mir auch, dass es ihm sehr gefällt, wenn eine einfache Seele ganz nackt und bloß und offen zu ihm kommt. Und voller Liebe bete ich zu dir, o Gott, gib mir in deiner Güte dich selbst, denn du bist genug.

Und diese Worte von der Güte Gottes sind der Seele sehr teuer und kommen dem Willen unseres Herrn sehr nahe.

Denn seine Güte erfüllt alle seine Geschöpfe und alle seine gesegneten Werke. Denn er ist ewig, und er hat uns allein für sich erschaffen und uns durch sein kostbares Leiden geheilt und bewahrt uns immer in seiner gesegneten Liebe. Und das alles wegen seiner Güte.

8. Die höchste Form des Gebets

Diese Offenbarung wurde meinem Geist geschenkt, damit ich unsere Seelen lehren konnte, sich an die Güte Gottes zu klammern. Gleichzeitig kamen mir unsere Gebetsgewohnheiten in den Sinn, und wie wir daran gewöhnt sind, bei unseren Gebeten viele Mittler anzurufen, weil wir seine Liebe nicht kennen. In diesem Augenblick erkannte ich, dass es Gott mehr Ehre und Freude bringt, wenn wir im Glauben zu ihm selbst um seine Güte flehen, anstatt dass wir uns all die Mittler schaffen, die sich ein Herz ausdenken mag. Warum? Weil seine Güte vollkommen ist und nichts in ihr fehlt.

Wir beten zu Gott, um sein Leiden, seinen Tod und seine Auferstehung zu begreifen – die aus seiner Güte entspringen.

Wir beten zu Gott, um die Kraft zu empfangen, die von seinem Kreuz kommt – die auch aus seiner Güte entspringt. Alle Kraft, die aus dem Gebet kommen mag, kommt von der Güte Gottes, denn er ist die Güte selbst.

Denn die höchste Weise des Gebets richtet sich an die Güte Gottes. Sie kommt zu uns herab, zu unserer geringsten Not. Sie erquickt unsere Seele, schenkt ihr Leben und lässt sie in der Gnade und Tugend wachsen. Sie ist der Menschheit am nächsten, sie ist schnell bereit zur Gnade, denn es ist dieselbe Gnade, die unsere Seele sucht und immer suchen wird.

9. Unermessliche Liebe

So wie unser Körper durch die Kleider bedeckt wird und das Fleisch durch die Haut, so werden wir, Seele und Leib, von der Güte Gottes umhüllt. Die Kleider und die Haut werden vergehen, aber die Güte Gottes wird ewig bleiben und uns näher bleiben als unser eigenes Fleisch.

Gott wünscht sich nur, dass unsere Seele sich mit aller Kraft an ihn klammert und dass wir uns immer mehr an seine Güte halten. Denn von allem, was unser Herz sich nur denken kann, gefällt dies Gott am besten und ist unserer Seele am heilsamsten.

Denn wir werden von Gott so innig geliebt, dass wir es nicht einmal begreifen können. Kein erschaffenes Wesen kann je wissen, wie sehr und mit welcher Liebe und Zärtlichkeit Gott uns liebt. Nur mit Hilfe seiner Gnade können wir vor ihm in der Stille verweilen, voller Staunen über seine große, alles übersteigende, unermessliche Liebe, die unser Herr in seiner Güte für uns hat.

Deshalb dürfen wir auch in Ehrfurcht vor der Liebe unseres Gottes alles erbitten, was wir wünschen. Denn es ist unsere Natur, uns nach ihm zu sehnen, und es ist sein Wesen, sich nach uns zu sehnen. Und wir können nie aufhören, ihn zu lieben.

In dieser segensreichen Vision lernte ich viel über die Liebe. Denn die Anbetung und die Liebe zum Schöpfer ließ meine Seele in ihren eigenen Augen weniger erscheinen und erfüllte sie mit Ehrfurcht und wahrer Milde und mit viel Liebe für meine Brüder und Schwestern im Glauben.

Bibeltext: Psalm 8

Zum Nachdenken

Die folgenden Fragen können in der kleinen Gruppe diskutiert werden. Sie können aber auch dem Einzelnen als Anregung dienen, sich – wenn möglich schriftlich – Gedanken zu machen.

1. Haben Sie je etwas Ähnliches erlebt wie das, was Juliana hier eine »Offenbarung« nennt? Wenn ja, versuchen Sie es zu beschreiben. Wenn nicht, überlegen Sie, ob Sie solche Erfahrungen für real halten oder nicht.

2. Julianas Gebet war, wie sie selbst sagt, kein normales Gebet. Deshalb fügte sie an: »Wenn es nicht dein Wille ist …« Gibt es Dinge, nach denen Sie sich sehnen, bei denen Sie aber doch eine gewisse Hemmung empfinden, Gott darum zu bitten, weil Sie sich nicht sicher sind, ob es Gottes Willen entspricht?

3. Warum wünschte sich Juliana eine Krankheit? Was bedeutete sie für ihr geistliches Leben? Hat bei Ihnen oder einem Menschen, den Sie kennen, eine Krankheit je zu einer tieferen Erkenntnis Gottes geführt?

4. Was, meinen Sie, bedeutet es, von der »Güte Gottes« her zu beten, wie Juliana es hier beschreibt? Wie würden sich Ihre Gebete verändern, wenn Sie die Güte Gottes als Ausgangspunkt hätten?

5. Was lehrt uns Psalm 8 über das Wesen Gottes? Über das Wesen und die Bedeutung des Menschen?

Übungen

Die folgenden Vorschläge sind für den Einzelnen gedacht. Sie können aber auch im Rahmen einer geistlichen Zweierschaft oder in einer kleinen Gruppe aufgenommen werden. Wählen Sie einen oder mehrere aus.

1. Juliana hatte schon in jungen Jahren den Wunsch, Gott um drei bestimmte Dinge zu bitten. Nehmen Sie sich etwas Zeit, über die folgende Frage nachzudenken: Welche drei Dinge wünsche ich mir am meisten von Gott? Machen Sie diese Dinge in dieser Woche zu Ihrem Gebetsanliegen.

2. Am Leiden oder dem Tod Jesu teilzuhaben war ein zentraler Wunsch für Juliana. Über die Jahrhunderte hinweg haben sich Christen immer wieder darin vertieft. Konzentrieren Sie sich in dieser Woche in Ihrer Gebetszeit auf das Leiden Jesu. Nehmen Sie sich jeden Tag einen anderen Aspekt seines Sterbens vor.

3. In der Meditation über die »Haselnuss« (Abschnitt 7) wurde Juliana deutlich, dass Gott der eine ist, der alles erschafft, der liebt und erhält. Machen Sie einen Spaziergang durch die Natur. Staunen Sie über die Schöpfung, darüber, wie es Gott gefallen hat, die einzelnen Bäume zu erschaffen, jeden einzelnen Grashalm, und wie er in seiner Gnade die gesamte Schöpfung bewahrt und erhält.

4. Juliana schreibt: »Das Denken über seine [Gottes] Güte gefällt ihm am besten.« Konzentrieren Sie sich diese Woche auf die Güte Gottes. Nutzen Sie jede Gelegenheit, mit Ihren Freunden über seine Güte zu sprechen, und versuchen Sie, bei allem, was Sie tun, an Gottes Güte zu denken.

Ein paar Gedanken

Ist Ihnen aufgefallen, dass Julianas verschiedene Erfahrungen letztlich dazu dienten, Gottes Güte tiefer zu verstehen? Ja, sie nennt die Erfahrung der Güte Gottes die »höchste Form des Gebets«.

Das ist für uns moderne Menschen nur schwer zu erfassen. Uns wurde beigebracht, dass ein »gutes Leben« von allem und jedem kommt, nur nicht von Gott. Nachfolge, das Kreuz, Gehorsam – das sind Worte, die wir kaum mit dem Begriff Güte in Zusammenhang bringen. Und weil wir nicht sehen, dass das Richtige auch gut ist, sehen wir auch so wenig von der Güte Gottes. Aber vielleicht, vielleicht können wir uns von Juliana – und dem Psalmisten – einen kleinen Tipp geben lassen, um selber zu »schmecken und (zu) sehen, wie freundlich der Herr ist«.

Zur Vertiefung

Juliana von Norwich. Mein Herz schmilzt wie Eis am Feuer, in: Die religiöse Frauenbewegung des Mittelalters in Porträts, hrsg. v. Johannes Thiele, 1988, S. 237-51

Allzeit in Gottes Gegenwart

Bruder Lorenz / Nicholas Herman (1614-1691)

Über den Autor

Nicholas Herman, der später als Bruder Lorenz oder Lorenz von der Auferstehung bekannt wurde, stammte aus Lothringen und wuchs in ärmlichen Verhältnissen auf. Er wurde zunächst Soldat. Später arbeitete er als Knecht. Dennoch stammt von ihm eine der klassischen Abhandlungen über ein Leben der Hingabe.

1640 wurde er Laienbruder im Orden der Unbeschuhten Karmeliten in Paris. Er arbeitete dort in der Küche und nannte sich »einen Diener der Diener Gottes«. Bis zu seinem Tod im Alter von achtzig Jahren blieb er dort im Kloster. In seinem eigenen Leben hatte er sich vorgenommen, jeden Augenblick »in der Gegenwart Gottes« zu bleiben.

Bruder Lorenz war keine Arbeit zu gering. Selbst bei den einfachsten Küchenarbeiten erlebte er den Himmel. Wie bei Benedikt oder Bernhard von Clairvaux gingen Arbeit und Gebet bei ihm ineinander über. Er beeindruckte viele seiner Zeitgenossen durch seinen einfachen, demütigen Glauben, auch Fénelon. Mit seinen Schriften übte er später einen entscheidenden Einfluss auf Gerhard Tersteegen aus.

Die folgenden Texte sind einem Buch entnommen, das nach seinem Tod zusammengestellt wurde. Sein Abt, Joseph de Beaufort, sammelte nicht nur Lorenz' Briefe und Notizen, sondern bewahrte auch Aufzeichnungen der Gespräche auf, die er mit Bruder Lorenz geführt hatte. Die Texte wurden später in Beauforts Zelle gefunden. Ich kenne keine andere christliche Schrift, in der die Freude über ein Leben in der Gegenwart Gottes so schlicht und schön zum Ausdruck gebracht wird.

Auszüge aus: Texte und Gespräche über die Übung der Gegenwart Gottes

1. Ein Zustand der Gegenwart Gottes

Da Sie es so eindringlich wünschen, dass ich Ihnen die Methode mitteile, deren ich mich bediente, um in diesen Zustand der Gegenwart Gottes zu gelangen, in die mich zu versetzen es unserem Herrn in seiner Barmherzigkeit gefallen hat, kann ich Ihnen nicht verhehlen, dass ich nur recht widerwillig auf Ihr Drängen eingehe, und auch bloß unter dieser Bedingung, dass Sie meinen Brief niemandem zeigen. Wenn ich wüsste, dass Sie ihn dennoch jemanden sehen lassen, könnte mich selbst der ganze Wunsch, den ich bezüglich Ihrer Vervollkommnung habe, nicht dazu bewegen. Das ist es, was ich Ihnen dazu sagen kann.

2. Gott ganz gehören

Nachdem ich in mehreren Büchern unterschiedliche Methoden, um zu Gott zu gelangen, und verschiedene Übungen des geistlichen Lebens gefunden hatte, glaubte ich, dass diese meinem Geist eigentlich mehr Hindernis als Hilfe bei dem seien, wonach ich strebte und was ich suchte, nämlich nichts anderes als ein Mittel, um Gott ganz zu gehören.

Das bewog mich, alles auf eine Karte zu setzen. So verzichtete ich, nachdem ich mich Gott zur Genugtuung für meine Sünden ganz geschenkt hatte, aus Liebe zu ihm auf alles, was nicht er ist, und ich begann so zu leben, als ob es auf der Welt nichts außer ihm und mir gäbe.

Manchmal erachtete ich mich vor ihm als ein armer Missetäter zu Füßen seines Richters, andere Male betrachtete ich ihn in meinem Herzen als meinen Vater, meinen Gott. Dort betete ich ihn an, so oft ich konnte, bewahrte meinen Geist in seiner heiligen Gegenwart und rief diese, so oft ich ihn zerstreut fand, ebenso oft wieder zurück.

3. Die Schwierigkeiten, die mir begegneten

Diese Übung bereitete mir nicht wenig Mühe, doch ich machte trotz aller Schwierigkeiten, die mir dabei begegneten, weiter, ohne mich daran zu stoßen oder mich darüber zu beunruhigen, da ich ja zerstreut war, ohne es zu wollen. Ich befasste mich während des Tags nicht weniger damit als während der Gebetszeiten. Denn zu jeder Zeit, zu jeder Stunde und in jedem Augenblick, selbst wenn es bei der Arbeit hoch herging, hielt ich von meinem Geist alles fern, was mich von dem Gedanken an Gott hätte abhalten können.

4. Vertraut sein mit Gott

Dies (…) ist meine tägliche Übung, seit ich im Ordensstand bin. Obwohl ich sie bloß mit viel Nachlässigkeit und Unvollkommenheit geübt habe, gewann ich daraus dennoch großen Nutzen. Ich weiß wohl, dass ich ihn der Barmherzigkeit und Güte des Herrn zuschreiben muss, da wir nichts ohne ihn vermögen – und ich noch weniger als alle anderen. Aber wenn wir uns treu in seiner Gegenwart aufhalten, ihn immer vor uns sehen, so wird uns diese Art, ihn zu betrachten, eine heilige Freiheit schenken, ihn um die Gnaden zu bitten, derer wir bedürfen; abgesehen davon, dass es uns daran hindert, ihn zu beleidigen und etwas zu tun, das ihm missfallen könnte, zumindest willentlich.

Und schließlich werden uns diese Akte, wenn wir sie wiederholen, vertrauter werden, und die Gegenwart Gottes wird uns ganz natürlich. Danken Sie ihm, bitte, mit mir für seine große Güte, die er mir erweist und die ich wegen der zahlreichen Gnaden, die er einem so elenden Sünder wie mir geschenkt hat, nicht genug bewundern kann. (…)

5. Antwort auf Gottes Liebe

Vor einigen Tagen sagte mir eine fromme Person bei einem Gespräch, dass das geistliche Leben ein Leben aus der Gnade wäre, das bei der knechtischen Furcht beginne, mit der Hoffnung auf das ewige Leben wachse und mit der reinen Liebe ende; dass jeder eine andere Stufe erreiche, von der aus er schließlich zu dieser glücklichen Vollendung gelange.

Ich habe all diese Methoden nicht befolgt; im Gegenteil, ich weiß nicht, was mir an ihnen eigentlich Angst machte. Der Grund für meinen Eintritt ins Kloster war, dass ich den

Entschluss fasste, mich aus Genugtuung für meine Sünden Gott ganz zu schenken und aus Liebe zu ihm allem zu entsagen, was nicht er ist.

6. Der Glaube allein

Während der ersten Jahre befasste ich mich in meinen Gebeten normalerweise mit den Gedanken an den Tod, das Gericht, die Hölle, das Paradies und meine Sünden. So habe ich es einige Jahre gehalten und mich sorgfältig während des übrigen Tages, selbst während meiner Arbeit, um die Gegenwart Gottes bemüht, den ich immer bei mir wusste, oft sogar in der Tiefe meines Herzens, was mir eine so hohe Wertschätzung von Gott eingab, dass der Glaube allein fähig war, mich in dieser Hinsicht zufrieden zu stellen. In gleicher Weise verhielt ich mich, ohne es zu merken, während meiner Gebete, was mir große Wonnen und Tröstungen brachte.

7. Gegenstand und Quelle meiner Übel

Damit also habe ich begonnen. Trotzdem muss ich Ihnen sagen, dass ich während der ersten zehn Jahre viel gelitten habe. Die Erkenntnis, dass ich Gott nicht so angehörte, wie ich es gewünscht hätte, meine früher begangenen Sünden, die mir immer vor Augen standen, und die großen Gnaden, die Gott mir erwies, waren Gegenstand und Quelle all meiner Übel.

Während dieser ganzen Zeit fiel ich oft und stand sogleich wieder auf. Mir schien, dass die Geschöpfe, die Vernunft und selbst Gott gegen mich waren und dass allein der Glaube für mich war. Manchmal wurde ich vom Gedanken geplagt, der Folge meiner Vermessenheit ist, auf einmal dort sein zu wollen, wo andere nur mit Mühe hingelangen, und andere Male wieder, dass ich mit Sicherheit verdammt wäre und es für mich kein Heil mehr gäbe.

8. Schweigendes, verborgenes Gespräch mit Gott

Als ich schon dachte, dass ich meine Tage in diesen Verwirrungen und Unruhen (…) beenden würde, fand ich mich schlagartig verwandelt. Und meine Seele, die bis dahin immer in Verwirrung war, verspürte einen tiefen inneren Frieden, als ob sie in ihrer Mitte und am Ort ihrer Ruhe wäre.

Seit dieser Zeit handle ich vor Gott einfach im Glauben, mit Demut und mit Liebe, und ich bemühe mich gewissenhaft, nichts zu tun, nichts zu sagen und nichts zu denken, was ihm missfallen könnte. Ich hoffe, dass, wenn ich tue, was ich kann, er mit mir machen wird, was ihm gefällt.

Wenn ich Ihnen sagen soll, was gegenwärtig in mir vorgeht, so kann ich es nicht ausdrücken. Ich empfinde weder eine Sorge noch einen Zweifel bezüglich meines Zustandes, da ich keinen anderen Willen habe als den Willen Gottes, den ich in allem zu erfüllen versuche und dem ich mich so sehr unterwerfe, dass ich nicht einmal einen Strohhalm entgegen seiner Anordnung vom Boden aufheben möchte, oder aus einem anderen Grund als aus reiner Liebe zu ihm.

Ich habe alle meine Andachtsübungen und Gebete aufgegeben, die nicht verpflichtend sind, und ich befasse mich nur damit, mich immer in seiner heiligen Gegenwart aufzuhalten, in der ich mich durch ein einfaches Aufmerken und einen liebevollen, ganz auf Gott gerichteten Blick halte, was ich mit *ständiger* Gegenwart Gottes bezeichnen möchte, oder um es besser auszudrücken, als ein schweigendes und verborgenes Gespräch der Seele mit Gott, das eigentlich niemals endet; was mich bisweilen ganz zufrieden macht und innerlich, ja oft sogar äußerlich, mit so großen Freuden erfüllt, dass ich sie mäßigen und daran hindern muss, nach außen hin sichtbar zu werden, so dass ich mich gezwungen sehe, nach außen hin etliche Kindereien aufzuführen, die eher einen Beigeschmack von Dummheit als von Andacht haben.

9. Voller Güte und Erbarmen

So kann ich keinesfalls daran zweifeln, (…) dass meine Seele seit mehr als dreißig Jahren mit Gott ist. Ich übergehe vieles, um Sie nicht zu langweilen, indessen halte ich es für wesentlich, Ihnen zu zeigen, wie ich mich vor Gott sehe, den ich als meinen König betrachte.

Ich halte mich für den elendsten aller Menschen, von Wunden zerfressen, voller Gestank, einen Menschen, der alle Arten von Verbrechen gegen seinen König begangen hat. Voll aufrichtiger Zerknirschung bekenne ich ihm alle meine Bosheiten; ich bitte ihn deswegen um Verzeihung, ich überlasse mich seinen Händen, damit er an mir handelt, wie es ihm gefällt.

Dieser König voll Güte und Erbarmen ist weit davon entfernt, mich zu züchtigen, sondern nimmt mich liebevoll in seine Arme, lässt mich an seinem Tisch essen und bedient mich eigenhändig, gibt mir die Schlüssel zu seinen Schätzen und behandelt mich in allem wie seinen Günstling; er unterhält sich mit mir und pflegt unaufhörlich mit mir mannigfachen Umgang, ohne von meiner Vergebung zu sprechen oder mich von Grund auf zu ändern. Obwohl ich ihn bitte, mich nach seinem Willen umzugestalten, komme ich mir immer schwächer und elender vor und doch von Gott immer mehr geliebt. So also ergeht es mir manchmal in seiner heiligen Gegenwart.

10. Unsagbare Süßigkeit

Meine Haltung ist normalerweise dieses einfache Aufmerken und dieser umfassende und liebevolle Blick auf Gott, bei dem ich oft von solcher Wonne und von noch größerer Freude erfüllt werde, als sie ein Kind an den Brüsten seiner Mutter erfährt. Auch würde ich, wenn ich diesen Begriff gebrauchen darf, diesen Zustand gern »Brüste Gottes« nennen, wegen der unsagbaren Süßigkeiten, die ich dort koste und erfahre.

Wenn ich mich manchmal aus Notwendigkeit oder Schwäche abwende, werde ich bald von einer so wunderbaren und köstlichen inneren Unruhe aufgerüttelt, dass ich nicht weiß, wie ich davon sprechen soll. Ich bitte Sie, (...) eher über mein großes Elend nachzudenken, über das Sie hinlänglich Bescheid wissen, als über diese großen Gnaden, mit denen Gott meine Seele begünstigt, da ich doch ihrer so unwürdig und so undankbar bin.

11. Ein Stein vor einem Bildhauer

Was meine Gebetsstunden betrifft, so sind sie nur eine Fortsetzung dieser selben Übung. Manchmal komme ich mir dabei vor wie ein Stein vor einem Bildhauer, der aus ihm eine Statue machen möchte; wenn ich so vor Gott stehe, bitte ich ihn, in meine Seele sein vollkommenes Abbild zu prägen und mich ihm ganz ähnlich zu machen.

Andere Male fühle ich, sobald ich mich darum bemühe, wie mein ganzer Geist und meine ganze Seele sich ohne mein Zutun und ohne Anstrengung emporheben, und so bleibt sie gewissermaßen aufgehängt und befestigt in Gott als ihrer Mitte und einem Ort der Ruhe.

Ich weiß, dass manche diesen Zustand als Müßiggang, Täuschung und Eigenliebe betrachten. Ich gestehe, dass dies ein heiliger Müßiggang und eine glückliche Eigenliebe ist, wenn die Seele in diesem Zustand dazu fähig wäre; denn wenn sie in dieser Ruhe ist, kann sie in der Tat durch die Akte, die sie vorher vollbrachte und die ihr Halt waren, nicht mehr gestört werden; diese würden ihr eher schaden als helfen.

Was ich allerdings nicht dulden kann, ist, dass man diesen Zustand Täuschung nennt, da die Seele, die sich hier an Gott erfreut, nichts will als ihn allein. Wenn es eine Täuschung meinerseits ist, liegt es an ihm, hier Abhilfe zu schaffen; er möge mit mir tun, was ihm gefällt, ich will nur ihn und will ganz ihm gehören. (…)

Bibeltext: Psalm 108

Zum Nachdenken

Die folgenden Fragen können in der kleinen Gruppe diskutiert werden. Sie können aber auch dem Einzelnen als Anregung dienen, sich – wenn möglich schriftlich – Gedanken zu machen.

1. Bruder Lorenz spricht in Abschnitt 2 davon, wie verwirrt er über die unterschiedlichen Methoden war, um zu Gott zu gelangen, von denen er in den Büchern las, bis er schließlich beschloss, sich Gott so zu nähern, wie es für ihn am einfachsten war. Wie fällt es Ihnen persönlich am leichtesten, sich Gott zu nähern?

2. Bei seinen ersten Versuchen, sich die Nähe Gottes bewusst zu machen, wurde Bruder Lorenz von seinen umherwandernden Gedanken abgelenkt. Was hilft Ihnen, mit diesem Problem fertig zu werden?

3. In Abschnitt 8 bekennt Bruder Lorenz, dass er an den Punkt kam, wo er aufgeben wollte: »Als ich schon dachte, dass ich meine Tage in diesen Verwirrungen und Unruhen beenden würde …« Was geschah in diesem Augenblick und hat sein Leben für immer verändert?

4. Bruder Lorenz gab alle seine »Andachtsübungen und Gebete« auf, weil er sein ganzes Leben in einer Haltung des Gebets verbringen wollte und nicht nur eine Stunde hier oder da. Können Sie das nachvollziehen? Wie könnte es Ihnen helfen, »das Bleiben in der Nähe Gottes« zu üben?

5. Der Psalmist verkündet die Treue Gottes und dankt ihm für seine Gnade. Welche Eigenschaften Gottes wecken in Ihnen den Wunsch, ihn zu loben und anzubeten?

Übungen

Die folgenden Vorschläge sind für den Einzelnen gedacht. Sie können aber auch im Rahmen einer geistlichen Zweierschaft oder in einer kleinen Gruppe aufgenommen werden. Wählen Sie einen oder mehrere aus.

1. Üben Sie in dieser Woche, in der Gegenwart Gottes zu bleiben. Versuchen Sie sich anzugewöhnen, mitten in Ihrer jeweiligen Beschäftigung zu Gott zu kommen.

2. Bruder Lorenz schrieb diese Gedanken an einen Freund, um ihm zu helfen, Gott näher zu kommen. Vielleicht schreiben Sie diese Woche einen Brief an einen Freund oder eine Freundin und berichten darin, was Ihnen in Ihrem Glauben geholfen hat.

3. Probieren Sie einmal eine Woche lang, die festen Gebetszeiten aufzugeben und sich darin zu üben, ständig im Bewusstsein der Gegenwart Gottes zu leben, wie Paulus den Christen in Thessaloniki schrieb: »Betet ohne Unterlass« (1. Thessalonicher 5,17).

4. Lernen Sie Psalm 108 auswendig. Wiederholen Sie ihn bei der Arbeit und versuchen auch Sie, Gott mit allem, was Sie tun, zu verherrlichen.

Ein paar Gedanken

Es ist erstaunlich, wie ein so einfacher Mensch ein so außergewöhnliches Buch schreiben konnte. Lorenz nannte sich selbst den »Herrn der Töpfe und Pfannen«. Selbst die einfache Arbeit in der Küche wurde für ihn zu einer Gelegenheit, Gott zu erfahren.

Ich hoffe, das macht uns Mut. Für die wenigsten Menschen ist der Beruf mit Glanz, Status oder Prestige verbunden. Unsere täglichen Entscheidungen haben nur selten einen Einfluss auf das Weltgeschehen. Und doch können auch wir es üben, die ganze Zeit in der Gegenwart Gottes zu bleiben. Und das ist vielleicht das Wichtigste überhaupt in diesem Leben.

Zur Vertiefung

Bruder Lorenz von der Auferstehung, Allzeit in Gottes Gegenwart. Briefe, Gespräche und Schriften, übers. u. m. einer Lebensbeschreibung versehen von Gerhard Tersteegen, Metzingen, 3. Auflage 1993

Für andere Menschen beten

Douglas V. Steere (geboren 1901)

Über den Autor

Douglas Steere studierte Anfang des zwanzigsten Jahrhunderts an der Universität von Michigan, in Harvard und Oxford. Er war ein brillanter Denker und Autor vieler guter Andachtsbücher. Die meiste Zeit seines Lebens verbrachte er als Professer für Philosophie am Haverford College.

Bei ihm verbanden sich wissenschaftliche Seriosität mit geistlicher Echtheit. Gleichzeitig gelang es ihm, das Gleichgewicht zwischen der Kontemplation (dem inneren Leben) und dem Handeln (dem äußeren Leben) zu wahren. In seiner Theologie betonte er die Bedeutung der Gemeinschaft für das eigene geistliche Wachstum. Als Mitglied des amerikanischen Komitees der Quäker war er häufig mit seiner Frau zu Missionsreisen in Afrika, Europa und Asien unterwegs.

Die folgende Auswahl ist einem Buch entnommen, das zum ersten Mal 1938 unter dem Titel *Gebet und Gottesdienst (Prayer and Worship)* erschien. Dabei geht es um »Fürbitte«, um das Gebet für Menschen und/oder bestimmte Anliegen. Steere lädt uns ein, uns diesem wichtigen Gebet zu widmen, darüber aber nicht zu vergessen, dass Gott uns auch zum Handeln ruft.

Auszüge aus: Gebet und Gottesdienst

1. Die inneren Quellen des Gebets

Das Gebet für andere stellt an den Glauben einer egoistischen Generation, die den Sinn für die innere Gemeinschaft weitgehend verloren hat, große Ansprüche. Und doch kommen wir den inneren Quellen des Gebets nirgends so nahe wie hier.

Denn wenn wir das Leben eines anderen Menschen vor Gott bringen, wenn wir es der Liebe Gottes aussetzen, wenn wir darum beten, dass es von seiner Schläfrigkeit befreit wird, dass es innerlich gesunden kann, dass es die Kraft erhält, von einer schlechten Gewohnheit zu lassen, dass es wieder die Gemeinschaft mit seinen Brüdern suchen, dass es der Versuchung widerstehen kann und den Mut erhält, auch gegen starken Widerstand das zu bleiben, was es ist – dann, und nur dann spüren wir, was es heißt, an Gottes Werk und an seinen Sorgen Anteil zu haben. Nur dann fallen die Mauern, die uns von anderen trennen, und wir spüren, dass wir im Grunde alle zu einer einzigen großen Familie gehören.

2. Keine größere Nähe

Es gibt keine größere Nähe zu einem anderen Menschen als die, die da entsteht, wo wir ihn im Gebet vor Gott bringen. Das enge Band zwischen Johann Friedrich Oberlin und seiner Gemeinde wurde jeden Morgen in der Stunde gelegt, in der er für jedes seiner Gemeindeglieder betete. Uns wird berichtet, dass die Leute, wenn sie zu jener Morgenstunde an seinem Haus vorübergingen, still waren, weil sie wussten, was drinnen geschah.

Jemand schrieb einmal, wenn er einem Freund wirklich helfen wolle, dann bete er lieber eine halbe Stunde in der Stille für ihn, als dass er sich eine ganze Stunde mit ihm unterhalte.

3. Die Kraft der Erneuerung

Ein Ungläubiger bat Katharina von Siena einmal spöttisch, für seine Seele zu beten. Das tat sie Tag und Nacht, und die Kraft der Erneuerung entwaffnete ihn und brachte ihn auf die Knie. Ich habe von einem Mädchen in Japan gehört, dessen Vater die Probleme über den Kopf wuchsen, so dass er im Alkohol Zuflucht suchte. Sie betete Stunde um Stunde für ihn, und schließlich kam der Augenblick, wo er vom Trinken ließ, sein Leben der Liebe Gottes übergab, die er selbst erfahren hatte, und mit der Hilfe und der Liebe seiner gläubigen Familie ein neues Leben begann.

4. Bevor wir bitten

Es geht nicht darum, Gottes Sinn zu ändern oder irgendeinen Zauber oder magischen Einfluss auf das Leben eines anderen auszuüben. Bevor wir mit Beten beginnen, dürfen wir schon wissen, dass die Liebe des Einen, dem so viel daran liegt, jeden Menschen zu seiner wahren Mitte zu rufen, bereits da ist. Wir müssen sie nicht herbeiziehen.

Wir wirken vielmehr mit der Liebe Gottes zusammen, die das Leben oder neue Bereiche im Leben eines anderen oder einer Situation einnehmen will. Wenn du für etwas anderes betest, das nicht in Einklang mit dieser Liebe ist, betest du gegen den Strich. Und wenn du weiter betest und aufmerksam bist, dann wirst du das erkennen und es ändern wollen. Wie bei aller Fürbitte muss der, der betet, bereit sein, sich zu korrigieren.

5. Du bist berufen

Du betest vielleicht dafür, dass ein Bereich im Leben eines Freundes befreit wird, und stellst fest, dass du berufen bist, in deinem eigenen Leben etwas in Ordnung zu bringen, das für ihn zum Anstoß wurde. Du betest vielleicht, dass dein Freund den Mut erhält, gewisse Nöte zu ertragen, und stellst fest, dass du dein Bündel packen und zu ihm gehen oder dein Taschengeld für den nächsten Monat geben oder den Lohn von zwei Wochen oder einem ganzen Monat nehmen sollst, um ihm zu helfen. Bei der Fürbitte endet man nur selten da, wo man begonnen hat.

6. Leise Stimmen, zartes Wispern

Bei diesen aktiven Formen der Stille, der Umkehr, der Läuterung, der Vereinfachung und Erquickung, der Bitte und der Fürbitte bekommen wir, wenn wir offen sind und darauf hören, häufig klare Hinweise auf das, was wir tun sollen. Oft kommen sie in der Zeit des stillen Wartens, wenn wir unsere eigenen Anliegen ausgebreitet haben und nun nichts anderes tun, als auf Wegweisung zu warten. Vielleicht kommen sie aber auch während des Tages und drängen sich zwischen Ereignisse, die auf den ersten Blick gar nichts mit ihnen zu tun haben.

Diese Erkenntnisse sind sehr kostbar, und wir sollten ihnen folgen, wenn wir so leben wollen, wie wir es in unseren Gebeten auch erbitten. Wo es um echte Korrekturen geht, deren Umsetzung uns einiges kostet, sprechen die Quäker von *Anliegen*. Es fehlt ihnen ein Wort für die leise Stimme, das zarte Wispern, das genauso wichtig ist und vielleicht ein Vorläufer dieser Anliegen.

7. Die Freiheit des betenden Menschen

»Beten ist der Beginn des Handelns«, und diese Hinweise sind die Linien, an denen entlang die Freiheit des betenden Menschen in Form gegossen wird. »Achte auf das Licht«, heißt es auf der Inschrift einer Sonnenuhr. Komm unter den heiligen Gehorsam.

Hier sind die Schritte, die in den zwischenmenschlichen Beziehungen als nötig erkannt werden – Briefe, die geschrieben, Freunde, die besucht, die Reise, die unternommen werden sollte; die Leidenden, denen man zu essen, denen man Pflege oder Freundschaft geben sollte. Hier ist das gesellschaftliche Übel, dem widerstanden werden muss; die Deutung, die vorzunehmen ist; der Befehl, »meine Gemeinde zu bauen«; der Artikel, der zu schreiben ist; das Vergehen, das vergeben werden muss; der Groll, den man loslassen soll; die Beziehung, die wieder in Ordnung gebracht werden muss; die Bereitschaft, Gott im Heiligtum mit klarem, ehrlichem Denken zu dienen, und die Erkenntnis meiner Weigerung, schäbige Arbeit zu leisten.

8. In der Kraft gefestigt

Und doch brauchen wir mehr als solche Andeutungen. Wir brauchen geistliche Tragkraft, um sie auch auszuführen. (...)

Hier, in der Stille, wo die Kraft sich sammelt, ist es gut, sich dann auch mit den Schwierigkeiten auseinander zu setzen, die einem begegnen werden, wenn man diese Sorgen angehen will. Hier in der Stille ist es gut zu erkennen, dass die Brücke, die wir abbrennen wollen, sich nicht leicht entzünden lässt. Es ist gut, sich der Trägheit, den Widerständen, dem amüsierten Grinsen der Freunde zu stellen; der Kühle und dem mangelnden Verständnis der vielen, die sich nicht gern auf ihre soziale Verantwortung hinweisen lassen; den erstickenden Zweifeln, die uns selbst kommen. (...) Diesen Dingen muss man sich stellen und sie in der Stille überwinden.

9. Eine wirkungsvolle Kette

Wenn wir diese Führungen ignorieren, vergiften sie unsere zukünftigen Gebete. Katherine Mansfield schrieb: »Ich ging nach oben und versuchte zu beten, aber ich konnte nicht, denn ich hatte noch nichts getan.« Wenn wir sie ignorieren, wird auch die wirkungsvolle Kette unterbrochen, die sie sonst vielleicht in Bewegung gesetzt hätten. Wenn wir anfangen zu beten, gliedern wir uns in diese Kette ein. Wenn wir es nicht tun, muss Gott auf einen anderen warten. »Warst du treu? Hast du nachgegeben?«

Es gibt nichts Größeres als diese ständige Treue. »Die Welt geht weiter«, schrieb Harold Gray, der im Krieg wegen Dienstverweigerung im Gefängnis saß, »weil im Anfang ein Mann oder ein paar dem Licht, das sie sahen, treu blieben und damit anderen halfen, auch zu sehen.« Es geht um den Gehorsam gegenüber den Erkenntnissen und Sorgen, die kommen können und vielleicht auch anhalten und die zu dem Weg gehören, den Gott in seiner Liebe mit uns gehen will. Dieser Gehorsam ist nicht nur die aktive Seite des Gebets, sondern die einzig richtige Vorbereitung für alles weitere Beten.

10. Wiederlieben

Das Gebetsleben ist nicht vollständig, wenn es nicht an den Punkt zurückkehrt, an dem wir begonnen haben – zu dem Gebet als Antwort auf die überströmende Liebe und Fürsorge, mit der Gott jeden Menschen gewinnen will. Die direkteste Form dieser Antwort nennt man *Anbetung*. Anbetung heißt »wiederlieben«. Denn in der Anbetung lieben wir Gott um seiner selbst willen, für das, was er ist, für seine strahlende Freude.

Bibeltext: 5. Mose 9,11-21

Zum Nachdenken

Die folgenden Fragen können in der kleinen Gruppe diskutiert werden. Sie können aber auch dem Einzelnen als Anregung dienen, sich – wenn möglich schriftlich – Gedanken zu machen.

1. Was tun Sie am ehesten, wenn ein Freund/eine Freundin mit einem Problem zu Ihnen kommt? Beten Sie für sie oder ihn? Helfen Sie? Tun Sie beides?

2. Steere sagt, wenn wir für andere Menschen beten, dann werde uns in vielen Fällen auch bewusst, womit wir ihnen ganz praktisch helfen sollen. Wie erkennen Sie, ob Gott mehr von Ihnen erwartet als beten?

3. Steere sagt auch, beim Beten werde uns oft gezeigt, dass wir in unserem eigenen Leben etwas ändern müssen, bevor wir um etwas Bestimmtes bitten. Inwieweit entspricht diese Aussage Ihrer eigenen Erfahrung?

4. Steere beschreibt in Abschnitt 4 das Beten als Zusammenwirken mit der Liebe Gottes. Warum ist es so wichtig, dass wir uns dieser Tatsache bewusst sind?

5. Mose sagt den Israeliten in 5. Mose 9,19, sein Gebet habe sie vor der Vernichtung bewahrt. Wo haben Sie die Macht des Gebets erlebt? Wo konnten Sie beobachten, dass sich in einer ganz bestimmten Situation tatsächlich etwas änderte?

Übungen

Die folgenden Vorschläge sind für den Einzelnen gedacht. Sie können aber auch im Rahmen einer geistlichen Freundschaft oder in einer kleinen Gruppe aufgenommen werden. Wählen Sie einen oder mehrere aus.

1. Steere erzählt, wie Johann Friedrich Oberlin jeden Morgen für die Glieder seiner Gemeinde betete. (Oberlin war ein lothringischer Pfarrer, der durch seinen tätigen Glauben berühmt wurde; er lebte von 1740-1826.) Nehmen auch Sie sich jeden Morgen Zeit, um für die Mitglieder Ihrer Gemeinde zu bitten, egal ob Sie es von Berufs wegen tun sollten oder nicht.

2. Steere berichtet auch von Katharina von Siena und einem japanischen Mädchen, die beide für andere Menschen beteten und dramatische Veränderungen erlebten. Beten Sie in dieser Woche ganz gezielt für einen bestimmten Menschen, von dem Sie wissen, dass er Gottes Liebe braucht.

3. Horchen Sie beim Beten auf die »leisen Stimmen, das zarte Wispern« Gottes. Seien Sie offen und bereit, auf das zu hören, was Gott in der Situation, für die Sie beten, unter Umständen auch von Ihnen erwartet.

4. Leben Sie in dieser Woche Ihre Gebete. Schreiben Sie zum Beispiel einen Brief. Bringen Sie jemandem zu essen. Machen Sie einen Krankenbesuch. Bringen Sie Ordnung in eine Beziehung. Vielleicht werden Sie damit für einen anderen Menschen zur Gebetserhörung.

Ein paar Gedanken

Nichts bringt uns näher zum Herzen Gottes als das Gebet. Und kein Gebet führt uns konkreter zurück ins praktische Leben als die Fürbitte. Und so soll es auch sein. Die Liebe zu Gott führt automatisch zur Nächstenliebe. Es handelt sich hier nicht um zwei Gebote, sondern um eins.

Wenn wir lernen, andere zu lieben – wirklich zu lieben –, dann wächst in uns auch der Wunsch, mehr für sie zu tun, als in unserer Macht steht, und das treibt uns noch mehr in die Fürbitte. Aber es gilt auch das Gegenteil: Je mehr wir für einen Menschen beten, desto mehr werden wir ihn lieben. Hieran lässt sich ablesen, wie es mit unserer Frömmigkeit steht. Wie können wir behaupten, dass wir andere lieben, wenn wir nicht für sie beten – wirklich für sie beten?

Die Stille ins Leben holen

Henri J. M. Nouwen (1932-1996)

Über den Autor

Henri Nouwen wurde in Nijkerk in Holland geboren. Nach dem Studium der Theologie und Psychologie ging er 1964 in die Vereinigten Staaten und unterrichtete dort an verschiedenen renommierten Universitäten, unter anderem in Yale und Harvard. Von seinen mehr als zwanzig Büchern sind viele auch in deutscher Sprache weit verbreitet, darunter *Ich hörte auf die Stille*, *Geheilt durch seine Wunden*, *Nimm sein Bild in dein Herz*, *Du bist der geliebte Mensch* und *Nachts bricht der Tag an.*

In den achtziger Jahren führte ihn sein Weg in die von Jean Vanier gegründete »Arche«-Bewegung. Nach einem Jahr in Trosly in Frankreich lebte er seit 1986 in der »Arche« in Daybreak, im kanadischen Bundesstaat Ontario, als deren geistlicher Leiter. Die »Arche« ist eine weltweite Kommunität; dort leben geistig behinderte und nichtbehinderte Menschen gleichberechtigt in einer christlichen Gemeinschaft zusammen und versuchen, das Evangelium ganz praktisch umzusetzen. Die Nichtbehinderten sorgen nicht nur für das leibliche, sondern auch das geistliche Wohl der ihnen Anvertrauten – sie kochen und putzen, sie ermutigen und beten.

Henri Nouwen hatte eine feine Art, geistliche Erkenntnisse auszudrücken, und was er sagte und schrieb, war erfrischend und prophetisch zugleich. Er gilt als einer der bedeutendsten geistlichen Autoren der Gegenwart. Die folgenden Texte laden uns ein, die Nähe Gottes zu suchen und die Stille einzuüben.

Auszüge aus: In ihm das Leben finden

1. Harte Arbeit

Das geistliche Leben wird uns geschenkt. Es wird uns geschenkt vom Heiligen Geist, der uns in das Reich der Liebe Gottes versetzt. Aber wenn man sagt, in das Reich der Liebe Gottes versetzt zu werden sei ein reines Geschenk von Gott her, so bedeutet das nicht, dass wir untätig warten sollen, bis uns dieses Geschenk zuteil wird.

Jesus weist uns an, unser Herz auf das Himmelreich zu richten. Um sein Herz gezielt auf etwas auszurichten, bedarf es nicht nur eines ehrlichen Wollens, sondern auch einer festen Entschlossenheit. Das geistliche Leben stellt an den Menschen den Anspruch, sich Mühe zu geben. Die Kräfte, die uns immer wieder in ein sorgenerfülltes Leben zurückzerren wollen, sind alles andere als leicht zu überwinden.

»Wie schwer«, ruft Jesus aus, »werden die Reichen in das Reich Gottes hineingelangen!« (Markus 10,23). Um uns von der Notwendigkeit intensiver Anstrengung zu überzeugen, sagt er: »Wenn einer mir nachfolgen will, verleugne er sich selbst, nehme sein Kreuz auf sich und folge mir nach« (Matthäus 16,24).

2. Die sanfte, leise Stimme

Wir rühren hier an die Frage der Disziplin im geistlichen Leben. Es gibt kein geistliches Leben ohne Disziplin. Disziplin gehört wesentlich zur Jüngerschaft. Die Übung geistlicher Disziplin schärft unser Wahrnehmungsvermögen für die leise, sanfte Stimme Gottes.

Dem Propheten Elija hat sich Gott nicht im mächtigen Sturmwind oder im Erdbeben oder im Feuer offenbart, sondern im leisen Säuseln eines Windhauchs (1. Könige 19,9-13). Uns einer geistlichen Disziplin unterwerfen heißt: unser Gehör für diesen leisen Windhauch schärfen und zur Antwort bereit sein, wenn wir ihn hören.

3. Von einem absurden zu einem gehorsamen Leben

Unser sorgenerfülltes, voll gestopftes Leben, wie ich es geschildert habe, ist gewöhnlich von so viel innerem und äußerem

Lärm umgeben, dass es sehr schwierig ist, unseren Gott wirklich zu hören, wenn er zu uns spricht. Oft sind wir ganz taub geworden; wir können gar nicht ausmachen, wann Gott uns ruft, und wir erfassen nicht, in welche Richtung er uns ruft.

Unser Leben ist dadurch buchstäblich absurd geworden. Im Wort »absurd« steckt ja das lateinische Wort *surdus*, und das bedeutet »taub«. Ein geistliches Leben bedarf der Disziplin, denn das Hören auf Gott muss man mühsam lernen. Gott spricht ständig zu uns; aber wir hören selten auf ihn.

Wenn wir allmählich horchen lernen, wird unser Leben ein Leben des Gehorsams. Im Wort *Gehorsam* steckt das Wort »hören«. Geistliche Disziplin ist notwendig, damit nach und nach aus unserem absurden Leben ein gehorsames Leben wird; aus unserem mit geräuschvollen Sorgen angefüllten Leben ein Leben, in dem es einen inneren Freiraum gibt, wo wir auf unseren Gott hören und uns seiner Führung anvertrauen können.

Das Leben Jesu war ein Leben des Gehorsams. Er hörte ständig auf den Vater, achtete ständig auf seine Stimme, war ständig bereit, seinen Weisungen zu folgen. Jesus war »ganz Ohr«. Darin besteht das Eigentliche des Gebets: ganz Ohr für Gott sein. Den innersten Kern allen Betens stellt dieses Hören dar, dieses gehorsame Stehen in der Gegenwart Gottes.

4. Konzentriertes Bemühen

Geistliche Disziplin ist deshalb das konzentrierte Bemühen, in unserem Leben den nötigen inneren und äußeren Raum für die Verwirklichung dieses Gehorsams zu schaffen. Ein geistlich disziplinierter Mensch schiebt der Welt einen Riegel vor, damit sie sein Leben nicht derart ausfüllt, dass darin kein Raum mehr für das Hören bleibt. Die geistliche Disziplin setzt uns für das Gebet frei oder, besser gesagt, ermöglicht es dem Geist Gottes, in uns zu beten. (…)

5. Raum und Zeit

Wenn man nie allein ist, ist es praktisch unmöglich, ein geistliches Leben zu führen. Nur wer allein ist, findet Zeit und Platz für Gott, und zwar für Gott allein. Wenn wir wirklich glauben, dass Gott nicht bloß existiert, sondern auch aktiv in unserem Leben anwesend ist – dass er uns heilt, belehrt und führt –, dann müssen wir auch unbedingt eine Zeit und einen Raum vorsehen, wo wir ihm unsere ungeteilte Aufmerksamkeit schenken. Jesus sagt: »Geh in deine Kammer, wenn du betest, und schließ deine Tür zu und bete zu deinem Vater im Verborgenen« (Matthäus 6,6).

6. Inneres Chaos

Eine unserer wichtigsten, aber auch schwierigsten Aufgaben besteht darin, ein Stück Alleinsein in unser Leben zu bringen. Merkwürdigerweise empfinden wir eine gewisse Beklemmung, wenn wir uns wirklich an einen Ort und in eine Zeit des Alleinseins begeben, und das selbst dann, wenn wir ein tiefes Bedürfnis nach wirklichem Alleinsein verspüren. Sobald wir allein sind, und kein Mensch ist zum Reden da, kein Buch zum Lesen, kein Fernsehgerät zum Hineinschauen, kein Telefon zum Anrufen, macht sich in uns ein inneres Chaos bemerkbar.

Dieses Chaos kann so verwirrend und beschämend sein, dass wir kaum die Zeit abwarten können, bis es endlich wieder allerhand zu tun gibt. Deshalb heißt in eine Kammer gehen und die Tür schließen noch lange nicht, dass wir auch sofort hinter allen unseren inneren Zweifeln, Sorgen, Ängsten, unguten Erinnerungen, ungelösten Konflikten, grimmigen Gefühlen und drängenden Süchten die Tür schließen. Im Gegenteil: Haben wir endlich unsere äußeren Zerstreuungen abgestreift, so stellt sich oft heraus, dass dann erst recht unsere inneren Zerstreuungen in voller Stärke ans Licht kommen.

Oft gebrauchen wir ja die äußeren Zerstreuungen dazu, um unsere innere Unruhe zu überspielen. Es ist dann kein Wunder, wenn für uns das Alleinsein zu einer kritischen Zeit wird. Es kann unerträglich schmerzvoll sein, nun plötzlich unverhüllt seinen inneren Konflikten ausgeliefert zu sein.

Die Einübung in das Alleinsein wird von daher nur desto wichtiger. Ein voll gestopftes, sorgenerfülltes Leben hat nicht von sich aus den Zug zum Alleinsein. Im Gegenteil: Es findet mehr als genug Gründe, dem Alleinsein aus dem Weg zu gehen. Deshalb müssen wir bewusst einen Anfang setzen, in dem wir sorgfältig ein Stück Alleinsein in unserem Alltag vorsehen.

7. Schwarz auf weiß

Vielleicht sind zunächst fünf oder zehn Minuten täglich das Höchstmaß, das wir ertragen können. Vielleicht schaffen wir es jeden Tag eine Stunde, jeden Monat einen Tag oder jedes Jahr eine Woche. Der Zeitumfang wird bei jedem anders sein, je nach Temperament, Alter, Beruf, Lebensstil und Reife.

Aber es heißt das geistliche Leben nicht ernst nehmen, wenn man nicht ein bestimmtes Maß an Zeit dafür reserviert, mit Gott allein zu sein und auf ihn zu hören. Vielleicht ist es hilfreich, diese Zeit schwarz auf weiß in unseren täglichen Terminkalender einzutragen, damit niemand sonst diese Zeit in Beschlag nehmen kann. Wir können dann unseren Freunden, Nachbarn, Studenten, Klienten oder Patienten die Auskunft geben: »Es tut mir Leid, aber um diese Zeit habe ich schon eine Verabredung, die ich nicht verschieben kann.«

8. Von tausend Gedanken bombardiert

Haben wir es uns zur festen Gewohnheit gemacht, regelmäßig einige Zeit dem Alleinsein zu widmen, so werden wir allmählich wacher für Gottes Stimme in uns. Im Anfang, während der ersten Tage, Wochen oder sogar Monate kann es sein, dass wir das Gefühl haben, lediglich unsere Zeit zu vergeuden. Die Zeit, in der wir bewusst allein sind, mag sich zunächst kaum von der Zeit unterscheiden, in der wir von unzähligen Gedanken und Gefühlen bombardiert werden, die aus den verborgenen Gründen unseres Herzens aufsteigen.

Einer der frühen christlichen Schriftsteller sagt, auf der ersten Stufe des Gebets in der Einsamkeit sei es so, wie wenn jemand jahrelang bei offenen Türen gelebt hat und eines Tages alle seine Türen schließt. Die Besucher, die seither nach Lust und Laune bei ihm ein und aus gegangen waren, pochen nun an diese Türen und fragen sich verwirrt, weshalb sie plötzlich nicht mehr eingelassen werden. Erst nach und nach dämmert ihnen, dass sie unerwünschte Gäste sind, und daher kommen sie mit der Zeit immer seltener.

Diese Erfahrung macht jeder, der den Entschluss fasst, sich nach einem Leben ohne viel geistliche Disziplin in den Raum des Alleinseins zu begeben. Zunächst melden sich die vielen Zerstreuungen weiterhin hartnäckig zu Wort. Später, wenn sie immer weniger Aufmerksamkeit erfahren, ziehen sie sich nach und nach zurück.

9. Die Versuchung, zu fliehen

Am Anfang kommt es vor allem darauf an, sein Vorhaben treu durchzuhalten. Zunächst scheint das Alleinsein genau das Gegenteil dessen zu bewirken, was wir erwartet hatten, und wir sind ständig versucht, daraus wegzulaufen. Das Weglaufen kann sich so äußern, dass man in den Tag hineinträumt oder einfach eindöst. Aber wenn wir uns konsequent an diese Übung halten, und zwar in der Überzeugung, dass Gott auch dann bei uns ist, wenn wir ihn noch nicht hören, dann wird uns diese Zeit des Alleinseins mit Gott allmählich zu einer Gewohnheit, die wir nicht mehr missen möchten. Obwohl wir während unseres Alleinseins nicht viel Befriedigung spüren, geht uns dennoch auf, dass ein Tag ohne dieses Alleinsein weniger »geistlich« ist als die Tage, in denen dieses Alleinsein seinen Platz hatte.

10. Das erste Anzeichen des Gebets

Wir wissen intuitiv, dass es wichtig ist, Zeit im Alleinsein zu verbringen. Allmählich warten wir sogar, bis diese merkwürdige Zeitspanne der Nutzlosigkeit wieder kommt. Eine solche Sehnsucht nach dem Alleinsein ist oft die erste Regung des Gebets, das erste Anzeichen, dass sich der in uns gegenwärtige Geist Gottes bemerkbar macht.

In dem Maß, in dem wir uns unserer vielen Sorgen entledigen, erfassen wir nicht nur mit unserem Verstand, sondern auch mit unserem Herzen, dass wir nie wirklich allein sind, sondern dass Gottes Geist schon immer bei uns gewesen ist. Uns geht der Sinn dessen auf, was Paulus an die Römer schreibt: »Die Drangsal bewirkt Geduld, die Geduld Bewährung, die Bewährung Hoffnung. Die Hoffnung aber lässt nicht zuschanden werden, weil die Liebe Gottes in unseren Herzen ausgegossen ist durch den Heiligen Geist, der uns geschenkt wurde« (Römer 5,4-6).

11. Wegbereiter der Hoffnung

Wenn wir allein sind, lernen wir den Geist kennen, der uns schon gegeben ist. So werden die Bedrängnisse und Kämpfe, denen wir in unserem Alleinsein ausgeliefert sind, zum Weg der Hoffnung; denn unsere Hoffnung gründet nicht auf etwas, was sich erst einstellt, wenn alle unsere Bedrängnisse vorbei sind, sondern sie nährt sich von der wirklichen Gegenwart des heilenden Gottesgeistes mitten *in* diesen Bedrängnissen.

Die Übung des Alleinseins ermöglicht es uns, nach und nach mit dieser Hoffnung schenkenden Gegenwart Gottes in unserem Leben in Berührung zu kommen. Sie lässt uns schon jetzt anfanghaft die Freude und den Frieden des neuen Himmels und der neuen Erde verkosten.

Die Einübung ins Alleinsein, wie ich sie hier beschrieben habe, ist eine der wirksamsten Übungen, um ein Leben zu entwickeln, in dem das Gebet seine ihm gebührende Rolle spielt. Sie ist ein einfacher, obwohl nicht leichter Weg, uns aus der Versklavung an unsere Beschäftigungen und ängstlichen Sorgen zu lösen und damit anzufangen, auf die Stimme zu hören, die alles neu macht.

Bibeltext: 1. Könige 19,9-13

Zum Nachdenken

Die folgenden Fragen können in der kleinen Gruppe diskutiert werden. Sie können aber auch dem Einzelnen als Anregung dienen, sich – wenn möglich schriftlich – Gedanken zu machen.

1. Henri Nouwen spricht in Abschnitt 1 von den zwei Aspekten des geistlichen Lebens: Es ist einerseits Geschenk, andererseits müssen auch wir etwas tun. Wo erscheint Ihnen Ihr Glaube wie ein Geschenk? Wo ist er harte Arbeit?

2. Geistliche Disziplin, schreibt Nouwen, bewahrt uns davor, unser Leben von der Welt so in Beschlag nehmen zu lassen, dass kein Platz zum Hören bleibt (Abschnitt 4). Wovon wird Ihr Leben zurzeit am meisten in Beschlag genommen, so dass Sie Gottes Stimme nicht mehr hören können?

3. Das Alleinsein schafft nach Nouwen Raum für Gott (siehe Abschnitt 5). Es nimmt uns aber auch die Ablenkungen weg, mit denen wir uns sonst oft schützen, und zwingt uns, uns dem Chaos in unserem Inneren zu stellen. Warum macht das die Stille für uns nur noch wichtiger?

4. Die Gedanken, die uns in den Zeiten der Stille bombardieren, können mit Besuchern verglichen werden, die nicht länger willkommen sind. Wie versucht Nouwen uns mit diesem Beispiel Mut zu machen, den Kampf mit den Ablenkungen aufzunehmen?

5. Gott hätte mit Elia im starken Wind, im Erdbeben oder im Feuer reden können. Stattdessen sprach er durch ein sanftes, stilles Sausen. Wann hat Gott die Stille gewählt, um mit Ihnen zu reden?

Übungen

Die folgenden Vorschläge sind für den Einzelnen gedacht. Sie können aber auch im Rahmen einer geistlichen Zweierschaft oder in einer kleinen Gruppe aufgenommen werden. Wählen Sie einen oder mehrere aus.

1. Tun Sie diese Woche den Schritt vom »absurden« zu einem gehorsamen Leben und suchen Sie Gott ganz bewusst in der Stille. Schieben Sie alles, was Sie ablenken will, zur Seite und üben Sie sich im Stillewerden.

2. Laufen Sie nicht vor den Dingen davon, die Sie ablenken wollen, sondern machen Sie vielmehr auch daraus ein Gebet. Legen Sie Papier und Stift bereit, wenn Sie still werden. Wenn ein Gedanke auftaucht, der Sie ablenken will, schreiben Sie ihn auf und beten Sie darüber.

3. Halten Sie sich Termine für Gott frei. Nouwen schlägt vor, dass wir die Zeiten der Stille tatsächlich in unseren Terminkalender eintragen. Das kann uns helfen, sie auch wirklich einzuhalten, und bewahrt uns davor, diese wichtigen Zeiten zu verpassen.

4. Stehen Sie am nächsten Sonntag etwas früher auf und gehen Sie, noch bevor der eigentliche Gottesdienst beginnt, in die Kirche, um dort vor Gott still zu werden. Nehmen Sie sich eine Stunde Zeit, um auf ihn zu hören und für die Menschen zu beten, die nachher mit Ihnen den Gottesdienst feiern werden.

Ein paar Gedanken

Die Stille im Alleinsein ist eine der wichtigsten Disziplinen des geistlichen Lebens, denn hier wird unser Wunsch, geschätzt und geachtet zu werden, gekreuzigt. Jeder – im Anfang sogar wir selbst – wird die Stille für Zeitverschwendung halten. Wir sind aus dem Trubel herausgenommen, wo »etwas läuft«. Doch genau das ist es, was wir brauchen. In der Stille und Einsamkeit wird Gott uns langsam, aber sicher von unserer Ichsucht frei machen.

Mit der Zeit erkennen wir dann auch, dass sich die wirklich wichtigen Dinge in der Stille ereignen. Wenn wir erst einmal erlebt haben, was Gott in unserer Seele tut, erscheint uns der Lärm der Welt nur noch wie ein schwaches, fernes Echo. Und erst dann sind wir wirklich frei, uns wieder ins Gedränge und in die Geschäftigkeit des modernen Lebens hineinzubegeben.

Zur Vertiefung

Henri J. M. Nouwen, Ich hörte auf die Stille. Sieben Monate in einem Trappistenkloster, Freiburg, Neuauflage 2001

Henri J. M. Nouwen, Nachts bricht der Tag an. Tagebuch eines geistlichen Lebens, Freiburg, 4. Auflage 1999
Henri J. M. Nouwen, Du bist der geliebte Mensch. Religiöses Leben in einer säkularen Welt, Freiburg, 10. Auflage 2000

Henri J. M. Nouwen, Nimm sein Bild in dein Herz. Geistliche Deutung eines Gemäldes von Rembrandt, Freiburg, 10. Auflage 2000

Einfache Anleitung für das persönliche Gebet
George A. Buttrick (1892-1980)

Über den Autor

George Buttrick wurde 1892 in England geboren und studierte am Independent College in Lancaster. Später ging er nach Amerika und wurde 1915 von der kongregationalistischen Kirche ordiniert. 1927 wurde er Pastor der Presbyterianergemeinde in der Madison Avenue in New York, wo er bis zu seinem Tode blieb.

Buttrick hielt zahlreiche Vorträge und sprach an Universitäten und Colleges auf der ganzen Welt. Daneben war er ein begabter Autor. Sein Hauptthema war das geistliche Leben. Sein Buch *Gebet* (*Prayer)* gilt als eine besonders gründliche und verständliche Arbeit. In der folgenden Auswahl geht es um die praktischen Aspekte des Gebets. Der Leser erhält, um mit Buttrick selbst zu reden, eine »präzise Anweisung«. Möge Gott diese »Hinweise«, wie Buttrick sie nannte, gebrauchen, um zu einem besseren Gebetsleben zu helfen.

Auszüge aus: Gebet

1. Eine einfache Anleitung zum persönlichen Gebet

Wir wollen nun versuchen, eine klare und präzise Anweisung für das persönliche Gebet zu geben. Es kann hier keine Regeln geben, schon gar keine verbindlichen, sondern nur Hinweise. Und doch muss keiner orientierungslos bleiben. Die Heiligen sind unsere Lehrer; und andere Menschen, die im Gebet geübt sind, aber entsetzt wären, wenn man sie Heilige nennen würde. Jesus selbst aber ist *der* Lehrer schlechthin.

Gebet ist Freundschaft mit Gott. Freundschaft ist nichts Förmliches, sie ist aber auch nicht formlos. Sie braucht Pflege, sie kennt ein bestimmtes Verhalten, Verpflichtungen, ja sogar eine Art Disziplin. Durch Nachlässigkeit geht sie zugrunde. Wir wollen hier also gewissermaßen als einen Reiseführer, nicht als eine Fessel, eine einfache Anleitung zum persönlichen Gebet geben.

2. Geordnete Stille

Das Gebet beginnt nicht mit dem Bitten, sondern mit einer *stillen inneren Vorbereitung.* Wir sollten nicht in Gottes Gegenwart hasten. Wir sollten die Kirche unserer persönlichen Andacht in einer geordneten Stille durch die Eingangshalle betreten. Das geschieht am besten als ein Nebenprodukt, wenn der Sinn sich auf Gott ausrichtet. Wir sagen: »Sein Licht erfüllt die Welt. Es erfüllt diesen Raum.«

Der nächste Schritt ist ein *Schritt des Glaubens,* den Jesus immer wieder betonte: »Alles, was ihr bittet im Gebet, wenn ihr glaubt, so werdet ihr's empfangen.« In dieser anfänglichen Stille im Gebet sagen wir zu uns selbst, dass alles uns gehört, was wir »in Christi Sinn« erbitten, wenn wir es in unserem Gebet und Leben auch ernst meinen. Dem Gebet muss immer ein Glaubensschritt vorausgehen. Wir lassen uns von dem beraten, was wir wissen, nicht von unseren Zweifeln oder Ängsten.

3. Die umfangreiche Gnade

Beim Gebet selbst gibt es keine festgelegte Ordnung. Unser erster Impuls und die Erfahrung betender Menschen zeigen aber, dass die erste Stufe meist der *Dank* ist.

Ein Mann, der vor einer Gruppe von Geschäftsleuten einen Vortrag hielt, zeigte ihnen ein weißes Blatt, auf dem sich ein einzelner Fleck befand. Er fragte sie, was sie sähen. Alle erwiderten: »Einen Fleck.« Der Test war unfair. Er verleitete förmlich zu einer falschen Antwort. Dennoch, der Mensch neigt von Natur aus zur Undankbarkeit, die ihn eher die dunkle Entstellung bemerken lässt als die umfangreiche Gnade.

Wir müssen uns das Schöne auf unserem Weg bewusst vor Augen halten. Vielleicht sollten wir einmal versuchen, jeden Tag aufzuschreiben, was er Gutes gebracht hat. Wir könnten wohl anfangen, aber wir würden kein Ende finden. Alle Stifte und alles Papier in dieser Welt würde nicht ausreichen. Der Versuch würde uns an unseren »großen Reichtum« erinnern.

4. Im Leben nach dem Leben verwurzelt

Das Dankgebet sollte darum möglichst konkret sein. »Ich danke dir für *diese* Freundschaft, für *diese* gnädig abgelaufene Bedrohung, für *dieses* Zeichen der Gnade.« »Für alle deine Wohltat« ist eine gute Formulierung für ein öffentliches Gebet, nicht aber, um den persönlichen Dank zum Ausdruck zu bringen. Wenn wir »dankbar in allen Dingen« sind, dann sind wir am Ende womöglich für nichts mehr dankbar.

Der Dank sollte auch in die Tiefe gehen und fragen: »Was hat in diesem Leben *Bestand*?« So würde unsere Dankbarkeit davor bewahrt, sich nur um irdische Dinge und Umstände zu drehen, und im ewigen Leben wurzeln. Erinnere dich daran, was Gott dir Gutes getan hat, heißt es in Psalm 103. Dieses Gebet sollte in den frohen, feierlichen Schluss münden: »Herr, lass diese Dankbarkeit sich auf meinem Gesicht ausdrücken, in meinen Worten, meiner Sorge für die Nachbarn, meinem ganzen Denken und Tun.«

5. Nägel mit Köpfen machen

Danach kann das Gebet zum *Sündenbekenntnis* werden. Eine natürliche Reaktion sagt uns, dass dies eine gute Reihenfolge ist: »Gott war überaus freundlich, und ich habe ihm statt Liebe meine Selbstsucht gebracht.« Echte Beichte ist weder Selbstkasteiung – »mit allen, auch mit sich selbst, unbarmherzig sein, ist keine Tugend« – noch nachlässige Ausflucht. Zu große Gewissenhaftigkeit kann krank machen, zu wenig macht gleichgültig und faul.

Auch das Bekennen von Schuld gegenüber Menschen, denen wir Unrecht getan haben, kann manchmal nötig werden. Aber nicht immer ist es angebracht. Es gibt Situationen, wo es die Wunde nur vergrößern und verschlimmern würde. Das Bekenntnis gegenüber Gott, dem wir in viel größerem Maße Unrecht getan haben, ist aber nie verkehrt – er ist voller Verständnis und Liebe.

Unsere Sünde richtet sich gegen sein lebendiges Gebot, und wir haben weder inneren Frieden noch innere Kraft, solange wir nicht im Gebet Buße getan haben. Wie der Dank sollte auch das Bekenntnis konkret sein. Nicht unbarmherzig, aber auch nicht entschuldigend. Es sollte Nägel mit Köpfen machen. »Ich bekenne *dieses* harte Urteil, *diese* Eifersucht, *diese* Feigheit, *diese* Bindung an schlechte Gewohnheiten, *diesen* Anteil am Bösen in der Welt.«

6. Neue Freiheit in seiner Gnade

Umkehr und Reue sind keine leichten Sachen, sondern eher mit einer Operation zu vergleichen. Wie diese hat sie ihren Sinn nicht in sich selbst. Das rechte Sündenbekenntnis führt immer dazu, dass wir Gottes Gnade in Anspruch nehmen ... Gott will nicht, dass wir uns an unsere Sünde erinnern. Sie soll uns höchstens an unsere Abhängigkeit mahnen. Denn er ist bereit, alles zu vergessen.

Es mag klug sein, sich an diesem Punkt des Gebets von den Knien zu erheben als Zeichen dafür, dass wir Gottes Vergebung angenommen haben, dass wir uns seiner Absolution und der neuen Freiheit in seiner Gnade gewiss sind. Das aufrechte Stehen kann auch ein Symbol dafür sein, dass wir Wiedergutmachung leisten wollen, wo es in unserer Macht steht; dass wir unser Vergehen korrigieren und uns ernsthaft von der Sünde abwenden möchten.

Ohne einen solchen Entschluss ist das Bekenntnis unvollständig. Unser Wille, so schwach er auch sein mag, muss sich ganz klar dem neuen Leben zuwenden. Sonst wird selbst unsere Umkehr zur Selbsttäuschung und zu einem Missbrauch der Güte Gottes. Ein echtes Sündenbekenntnis dagegen reinigt die Seele.

7. Die Liebe sieht Gesichter

Dann kann die *Fürbitte* folgen, ohne die auch das ernsteste Gebet zum Egoismus verkommen mag. Das *Vaterunser* erinnert uns in fast jedem Satz an unseren Nächsten: »Vater *unser* ... *unser* tägliches Brot ... *unsere* Schuld.«

Auch die persönliche Fürbitte sollte konkret sein. »Wir bitten dich für alle Menschen, in welcher Lage sie auch sind«, mag für das öffentliche Gebet angemessen sein, das alle Gottesdienstbesucher mit einbeziehen und ihnen eine Form bieten will, in die jeder in der Stille seine eigenen Anliegen einbringen kann – für das persönliche Gebet ist dieser Satz jedoch nicht passend.

Echte Liebe sieht Gesichter vor sich, nicht die Masse. Der gute Hirte kennt seine Schafe mit Namen. Fürbitte ist mehr als konkret. Sie denkt nach. Sie verlangt, dass wir die Last der Menschen, für die wir beten, auf unserem eigenen Herzen tragen.

8. Das Begehren des Herzens

Wessen Name sollte zuerst kommen? Vielleicht der Name unserer Feinde. Der Befehl Jesu ist klar: Betet für die, die euch hassen. Er lehrte uns, dass unser Gottesdienst vergeblich ist, wenn wir verbittert sind, und dass es besser ist, wenn wir unsere Gabe vor dem Altar lassen und zuerst Frieden mit unserem Nächsten schließen, bevor wir beten. Erst dann können wir wirklich anbeten. Die erste Bitte lautet also: »Segne Soundso, den ich in meiner Torheit für einen Feind halte. Segne Soundso, dem ich Unrecht getan habe. Bewahre sie in deiner Gnade. Nimm die Bitterkeit von mir weg.«

Die Fürbitte nennt auch die führenden Persönlichkeiten aus Politik, Medizin, Erziehung, Kultur und Kirche; die Armen dieser Welt; unsere Freunde bei Arbeit und Spiel und die Menschen, die wir lieben. Ein gewisses Gefühl der Verantwortung mag uns drängen, eine Fürbitteliste anzulegen, damit wir Tag für Tag ernsthaft auf die Nöte der Welt eingehen können und niemanden vergessen oder vernachlässigen, der unsere Gebete braucht.

Echte Fürbitte ist also konkret und überlegt. Sie ist auch mutig. Sie trägt die Krisen der Welt auf ihrem Herzen. Echtes Gebet, das in der Liebe geschieht, ist nie umsonst.

9. Vor den ewigen Augen

Das vierte Element bei unserem Gebet mag die *Bitte* sein. Sie kommt zuletzt. Nicht, weil sie am wichtigsten ist, sondern weil sie die anderen Elemente als Absicherung braucht. Wir sollten uns nicht scheuen, auch unsere irdischen Anliegen vor die Augen des Ewigen zu bringen, denn wir leben in seiner ewigen Liebe.

Doch wir sollten uns fürchten vor dem Vordringen eines selbstsüchtigen Denkens. Unser Bitten wird vor dieser Bedrohung bewahrt, wenn wir zuerst danken, unsere Sünden bekennen und für unsere Nächsten beten. Dann hat auch die Bitte für uns selbst ihren Raum.

Manchmal, wenn wir Kummer haben, bedrängt sind oder hilflos, kann es sich um den verzweifelten Schrei der Kreatur handeln – ein Hämmern an die Himmelstür, im Dunkeln und mit schmerzenden Fingern. Manchmal ist es ein freundschaftliches Gespräch mit Gott über die alltäglichen Anliegen. Beide Gebete werden von Christus angenommen. Die Jünger schrien in ihrer Not: »Herr, hilf uns«, und Tag für Tag redeten sie mit ihm über ihre Kämpfe, ihre Probleme und die Freuden, die sie auf ihrem Weg erlebten.

Das Bittgebet vereiteln, hieße die menschliche Natur verleugnen. Das Neue Testament weiß es besser: »Sorgt euch um nichts, sondern in allen Dingen lasst eure Bitten in Gebet und Flehen mit Danksagung vor Gott kundwerden!« Die Bitte sollte aber in der Gnade wachsen, damit wir »nach den größeren Gaben trachten«, und sie sollte immer einräumen, dass wir nur unklar sehen und unsere Motive nicht lauter sind. Sie sollte immer mit dem Satz enden: »Nicht, was ich will, sondern was du willst!«

10. Ehrfürchtige Freundschaft

Die Pausen zwischen diesen vier Gebeten sollten erfüllt sein vom *meditativen Gebet.* Nach dem Danken sollten wir über Gottes überströmende Güte nachdenken und auf ein Wort von ihm warten. Nach dem Bekenntnis sollten wir darüber staunen, dass uns in Christus die vergebende Liebe gezeigt wurde, und auf seine Weisung hören. Nach der Fürbitte sollten wir eine Pause machen und versuchen, die Not der Welt so zu sehen, wie Christus sie vom Kreuz aus sah. Und nach dem Bitten sollten wir erneut warten und über seinen Willen nachdenken.

Beten ist Hören – genauso wie Reden, Empfangen oder Bitten; und seine Grundhaltung ist ein Gefühl der ehrfürchtigen Freundschaft. Deshalb sollte das tägliche Gebet enden, wie es begonnen hat – in der Anbetung. (…) Das Wort »Amen« ist nicht überflüssig. Es bedeutet: »Es möge geschehen.« Es ist unser Entschluss, treu so zu leben, wie wir gebetet haben, und ein Zeichen dafür, dass wir auf die Macht Gottes vertrauen.

Bibeltext: Lukas 6,27-36

Zum Nachdenken

Die folgenden Fragen können in der kleinen Gruppe diskutiert werden. Sie können aber auch dem Einzelnen als Anregung dienen, sich – wenn möglich schriftlich – Gedanken zu machen.

1. Buttrick rät uns, unser Gebetsleben nicht zu förmlich, aber auch nicht formlos zu gestalten. Welcher Haltung neigen Sie eher zu?

2. Wir vergessen leicht die »umfangreiche Gnade Gottes«, sagt Buttrick in Abschnitt 7, und drehen uns stattdessen um unsere persönlichen Probleme. Wie kann sein Rat, sich fürs Danken Zeit zu nehmen, Ihnen helfen, mehr von dem »weißen Blatt« zu erkennen und weniger den schwarzen Fleck darauf zu sehen?

3. Buttrick fordert uns auf, bei allen vier Aspekten des Gebets konkret zu sein. Warum ist das so wichtig?

4. Haben Sie manchmal Schuldgefühle, wenn Sie für sich selbst beten? Was würde George Buttrick dazu sagen?

5. Wen müssten Sie ab heute in Ihre Fürbitte einschließen, wenn Sie Jesu Gebot folgen und für Ihre Feinde beten wollten?

Übungen

Die folgenden Vorschläge sind für den Einzelnen gedacht. Sie können aber auch im Rahmen einer geistlichen Zweierschaft oder in einer kleinen Gruppe aufgenommen werden. Wählen Sie einen oder mehrere aus.

1. Halten Sie sich in dieser Woche an Buttricks Gebetsführer. Bereiten Sie sich zunächst innerlich vor. Gehen Sie dann weiter zum Dank, zum Sündenbekenntnis, zur Fürbitte und zur Bitte für sich selbst.

2. Wenn Sie sich nicht an Buttricks Anleitung halten wollen, dann beherzigen Sie doch zumindest seinen Rat, möglichst konkret zu beten. Geben Sie Ihrem Dank sichtbaren Ausdruck, indem Sie alles aufschreiben, wofür Sie dankbar sind. Geben Sie der Fürbitte Gestalt, indem Sie sich beim Beten einzelne Gesichter vor Augen halten und nicht nur die Masse sehen.

3. Beten Sie in dieser Woche für Ihre Feinde, für alle, die Ihnen Unrecht getan haben. Machen Sie diese Menschen zu einem zentralen Anliegen Ihrer Fürbitte. Sie werden merken, wie schwer es ist, für jemanden zu beten und weiter einen Groll gegen ihn zu hegen.

4. Jesus mahnt uns, nicht nur für unsere Feinde zu beten, sondern auch Gutes zu tun, und zwar nicht nur den Menschen, die auch zu uns nett sind, sondern auch jenen, die es nicht sind. Tun Sie diese Woche jemandem etwas Gutes, den Sie gar nicht kennen oder der noch nie etwas für Sie getan hat.

Ein paar Gedanken

Buttricks Worte über das Beten helfen mir. Nicht so sehr, weil er mir neue Erkenntnisse über das Gebet vermittelt – das meiste habe ich in der einen oder anderen Form schon früher gehört. Vielmehr möchte ich am liebsten sofort mit dem Beten anfangen, wenn ich ihn lese. Viele Autoren helfen mir zu verstehen, was Beten ist. Nur wenige helfen mir, selbst zu beten.

Ich bin dankbar für diesen Grundzug bei Buttrick, denn ich brauche ständig Bestärkung, damit ich am Beten dranbleibe. Viel zu schnell beginne ich immer wieder zu analysieren und zu diskutieren, anstatt die Gegenwart Gottes selbst zu erfahren. Vielleicht kennen Sie das auch.

Um Vergebung bitten
Jochen Klepper (1903-1942)

Über den Autor

Jochen Klepper wird in Beuthen an der Oder als Sohn eines Pfarrers geboren. Er studiert Theologie in Breslau und Erlangen, geht in die kirchliche Presse- und Rundfunkarbeit und arbeitet als freier Schriftsteller. Ein großer Erfolg wird sein Roman *Der Vater* über den Soldatenkönig (1937), der als tröstliches Gegenbild gegen das Staats- und »Führer«-Bild des Nationalsozialismus verstanden wird. Er gilt als einer der herausragenden Geschichtsromane der deutschen Literatur.

1931 heiratet Klepper die verwitwete Jüdin Hanni Stein, die ihre Tochter Renate mit in die Ehe bringt. Mit ihnen geht er von Breslau nach Berlin und findet eine Anstellung im Funkhaus. 1933 wird er wegen seiner Ehe mit einer Jüdin entlassen.

Da er sich nicht scheiden lassen will, ist Klepper in den folgenden Jahren mehr und mehr den Repressalien der nationalsozialistischen Behörden ausgesetzt, die ihm das Leben immer unerträglicher machen. Er kämpft einen harten, aber aussichtslosen Kampf um seine Ehe und seine Arbeit als freier Autor. Schließlich bemüht er sich vergeblich um die gemeinsame Übersiedlung nach Schweden. Vor dem unmittelbar drohenden Abtransport ins KZ scheidet die Familie Klepper im Advent 1942 freiwillig aus dem Leben. Nur die Tochter Brigitte überlebt die Nazizeit in England.

Klepper hat diese neun Jahre des Kampfes und der Bedrückung, des Hoffens und Bangens in seinem Tagebuch aufgezeichnet, das 1956 mit dem Titel *Unter dem Schatten deiner Flügel* veröffentlicht wird. Hier beschreibt er sowohl seine persönlichen Erlebnisse als auch die kirchlichen Nöte dieser finsteren Zeit und deutet sie in tiefem Glauben an die gnadenvolle Allmacht Gottes, des wahren Weltenherrschers. Von ihr wusste er sich auch in der Todesstunde getragen. Jochen Klepper hinterließ bedeutende Werke der christlichen Dichtung und eine Sammlung von Kirchenliedern, die als richtungweisende Glaubenszeugnisse bis heute gesungen werden (*Die Nacht ist vorgedrungen, Er weckt mich alle Morgen* und andere). Auf dem Hintergrund seines Lebens und Sterbens erhalten die folgenden Auszüge über die Bitte um Vergebung eine besondere Bedeutung.

Auszüge aus: Und vergib uns unsere Schuld, wie wir vergeben unsern Schuldigern

1. Im Bitten Gott und uns selbst erkennen

Diese Bitte ist's, die alle anderen Bitten des Vaterunsers erst ermöglicht. Diese Bitte ist's aber auch, die uns der Erfüllung aller anderen gewiss macht. In ihr erkennen wir erst völlig den, zu welchem wir beten. In ihr werden wir uns klar über die, welche da bitten. In ihr erfahren wir, wie nahe uns der sei, der sie uns vorgebetet hat und in dessen Namen wir sie beten. In ihr waltet und wirkt der Geist, den er verhieß. In ihr ordnet sich unser ganzes Verhältnis zu Gott und Menschen. In ihr werden wir selig.

Die Bitte um Vergebung unserer Schuld knüpft Jesus Christus unmittelbar an die Bitte um das tägliche Brot. Vergebung tut uns Not wie Nahrung. Ohne die Bitte um Vergebung müsste es sonst geschehen, dass Gott uns alle unsere vorangegangenen und folgenden Bitten versagt. So oft haben wir den Namen unseres Vaters im Himmel entheiligt. So selten haben wir etwas dazu getan, dass sein Reich komme. So sehr haben wir uns seinem Willen widersetzt, der auf Erden geschehen soll wie im Himmel. So wenig haben wir es verdient, dass er uns erhalte mit täglichem Brot. (…)

2. Gott zeigt uns, wer wir sind

Dieser »Gott schaut vom Himmel auf der Menschen Kinder, dass er sehe, ob jemand klug sei und nach Gott frage. Aber sie sind alle abgewichen und allesamt untüchtig; da ist keiner, der Gutes tue, auch nicht einer«. Dieser Gott hat uns verheißen: »Sie sollen mich alle kennen, beide, klein und groß. Denn ich will ihnen ihre Missetat vergeben und ihrer Sünde nimmermehr gedenken.«

Wir alle sollen ihn kennen! Er aber kennt uns. Sein Urteil über uns lautet: Missetäter und Sünder. (…)

3. Gott zeigt uns, wer er ist

Gott offenbart sich uns, indem er uns weist, wer wir sind im Lichte seines Angesichts. Indem wir erfahren, wer wir sind, wird uns die göttliche Offenbarung zuteil. Gott lässt uns das menschliche Wesen und Leben mit seinen Augen sehen; sonst blieben wir in Blindheit und Finsternis. Erst wo Gottes Glanz aufgeht und er sein Antlitz über uns leuchten lässt, vermag der Mensch zu erkennen und zu bekennen: »Denn unsere Missetaten stellst du vor dich, unsere unerkannte Sünde ins Licht vor deinem Angesicht. Ich hatte von dir mit den Ohren gehört; aber nun hat mein Auge dich gesehen. Darum spreche ich mich schuldig und tue Buße.«

4. Vergib uns unsere Schuld

So wissen wir nun einen, der einer Vergebung bedarf, und einen, der vergibt. Nur in der Vergebung ist Klarheit. In ihr gewinnen wir Anteil an der Klarheit – der Reinheit und Wahrheit – Gottes und Klarheit über uns selbst. (…) Indem wir uns begreifen, ergreift uns Gott. Und lässt uns nicht mehr. Seine Hand kann nicht anders handeln als gnädig. Aber wir machen es ihm schwer, uns seine Gnade zu schenken.

Die Bitte »Und vergib uns unsere Schuld« umschließt einen Vorgang, der alles weit hinter sich lässt, was der menschliche Geist in Tragödie und Drama gestaltet und behandelt. Schuld und Sühne, Unordnung und Ordnung sind das immer wiederkehrende Thema des Dramas, über dem das Menschenherz und der Menschengeist nicht zur Ruhe kommen. In der Bitte »Und vergib uns unsere Schuld« beginnt Gott sichtbar an uns zu handeln. Und wir kommen zur Ruhe.

5. Damit Gott uns heilen kann

Freilich: Um unserer Verlorenheit willen beginnt es in so schwerer Erschütterung und so furchtbarer Aufgewühltheit, dass wir wohl verzagen möchten. Tief muss Gott schneiden, will er uns heilen. Tief muss Gott uns hinabführen, sollen wir festen Grund finden in ihm. »Der Anfang göttlicher Wirkung«, bezeugt uns Martin Luther, »ist dieser, dass er sein Angesicht von den Seinen abwendet und lässt sich ansehen, dass er nicht Gott, sondern der Teufel sei.« Gott muss uns, sollen wir wirklich um ihn und um uns wissen, auch erfahren lassen, was wir sind ohne ihn und seine Vergebung, die alle Gaben in sich begreift.

Auch wenn er sich wieder zu uns wendet und uns zu sich kehrt, bleibt es noch bitterschwer. Es ist noch keiner von Gott aufgefordert worden, der nicht meinte, vergehen zu müssen. (...) Wie vermöchte es auch nur einer zu ertragen, wenn Gottes Licht auf ihn fällt? »Denn unsere Missetat ist über unser Haupt gewachsen, und unsere Schuld ist groß bis in den Himmel.« (...)

Gott nimmt sich den, dem er vergibt. Das ist seine Gabe. Der Mensch will's nicht fassen. Zu tiefe Abgründe der Schuld sind durchschritten, und der Mensch verzweifelt: »Meine Sünde ist größer, denn dass sie mir vergeben werden möge.« (...) Eine unüberbrückbare Kluft hat zwischen Gott und Mensch sich aufgetan, und nur noch die Beugung bleibt dem Menschen. (...) Aus so tiefer Not kommt unsere Bitte: »Und vergib uns unsere Schuld.« (...) Luther hat ihr eine noch viel kürzere Auslegung gegeben, als wir sie in seinem Katechismus haben, eine Auslegung in vier Worten: *Cors accusator, deus defensor.* Das Herz ist der Ankläger, Gott der Verteidiger.

6. Seine selig machende Barmherzigkeit

In dieser Auslegung werden alle Prophetenworte und Bußpsalmen des Alten Testaments auf Jesus Christus bezogen, obwohl sein heiliger Name, in dem unser Heil ist, nicht fällt. In der Erwartung dieses Versöhners darf bereits der Mensch des Alten Bundes dem richterlichen Gotte danken: »Dein aber, unser Gott, ist die Barmherzigkeit und Vergebung. Siehe, um Trost war mir sehr bange. Du aber hast dich meiner Seele herzlich angenommen, dass sie nicht verdürbe; denn du wirfst alle meine Sünden hinter dich zurück.«

Immer wieder gründet sich die Bitte »Und vergib uns unsere

Schuld« auf dieses mächtige »Denn« unerschütterlicher Gewissheit und seliger Erfahrung. Dieses »Denn« ist ein unausweichlicher Hinweis, der uns aus allen Träumen der Selbsterlösung und eigenen Rechtfertigung reißt. (...) »Denn Gott zürnt nicht wie ein Mensch, dass er sich nicht versöhnen lasse.« Gott hat sich versöhnen lassen. Er, der Richter, konnte zum Verteidiger gegen die – von ihm erweckte – Anklage unseres Gewissens werden. (...)

»Denn Gott war in Christo und versöhnte die Welt mit ihm selber und rechnete ihnen ihre Sünden nicht zu und hat unter uns aufgerichtet das Wort der Versöhnung. (...) Denn Gott hat seinen Sohn nicht gesandt in die Welt, dass er die Welt richte, sondern dass die Welt durch ihn selig werde. Wer an ihn glaubt, der wird nicht gerichtet.« (...) Auf dieses »Denn« berufen wir uns, wenn wir Gott um Vergebung unserer Schuld anrufen. Auf diesem »Denn« stehen wir; durch dieses bestehen wir. (...) Wir dürften an der Vergebung und Rechtfertigung durch Jesus Christus nun und nimmer zweifeln – »und ob wir am Tage tausendmal hurten und mordeten«. So unerschütterlich, unbeirrbar und uneingeschränkt müsse die Vergebung unserer Schuld geglaubt sein. (...)

7. Der Geist der Vergebung gibt uns neues Leben

Der Geist der Vergebung ist es, der uns neuen Odem gibt zu neuem Leben. Gott hat uns sich versöhnen lassen. Gottes Sohn hat uns zu Gottes Söhnen und Kindern gemacht, seinen Brüdern. Das ist der Sinn des Wortes »Versöhnung«. Von der Versöhnung handelt unsere Vater-unser-Bitte. Zeit und Ewigkeit, Vergangenheit, Gegenwart und Zukunft schrecken uns nicht mehr. In der Bitte »Und vergib uns unsere Schuld« wird alle Last von uns genommen und das Erbteil des Sohnes Gottes uns gegeben.

Das macht bereits unsere Gegenwart reich. Nur der Christ kann ganz in der Gegenwart leben. Denn die Vergangenheit ist ihm durchgestrichen, und die Zukunft ist ihm gewiss. Das ist, weil Gottes Geist weht und er uns Odem macht, uns, die wir des Todes schuldig sind. Wir bitten um Verzeihung unserer Schuld, und uns wird in dieser Bitte die Gabe des Heiligen Geistes und in ihr das ewige Leben gewährt. (...)

8. Gottes Gnade gibt es nur geschenkt

Unmöglich ist es, Gott eine seinen Geschenken gleichwertige Gabe darzubringen und eine seinen Taten ebenbürtige Leistung vorzuweisen oder auch nur einen Gedanken Gottes ohne Entstellung durch Menschliches nachzudenken. (…) Wir können uns außer durch die Berufung auf das Opfer Jesu Christi die Erfüllung unserer Bitte um Vergebung nicht verdienen. Wir können ihrer Gewährung anders als durch die Rechtfertigung durch Jesus Christus nicht wert sein. Wir müssen ja um Vergebung bitten nicht nur für begangene, von uns verdammte und abgetane Sünde, sondern auch in dem Bewusstsein, dass wir unvermeidlich weiter sündigen werden bis zum Tode, der »der Sünde Sold« ist. (…)

Buße, so erfüllt sie ist von Dank, weiß von keiner Gegenleistung. Nicht, weil wir Gott versprechen: »Wie wir vergeben unsern Schuldigern«, vergibt uns Gott. Er tut es allein um dessen willen, der uns diese Bitte vorgelebt hat. (…) Kein menschliches Werk erwirbt durch sich selbst ein Verdienst vor Gott, sondern lediglich durch den, auf den es blickt. Auch alles Verzeihen und Vergeben der Menschen untereinander in seiner Unvollkommenheit muss zu Jesus Christus aufsehen, in dem die vollkommene Vergebung Wirklichkeit wurde. (…)

9. Unser Leben ist ein Gleichnis der Güte Gottes

Was Gott in Jesus Christus an uns tat, ist Liebe so über alles Bitten und Verstehen, dass uns nur im täglich neu durchlebten Gleichnis ihre Tiefe, Macht und Fülle in Bewusstsein und Gefühl dringen kann. Dieses Gleichnis beginnt jeden Tag von neuem: »Wie wir vergeben unseren Schuldigern.« Im täglichen Vergeben an uns begangenen Unrechts – wir mochten einen Anlass geben oder uns schuldlos fühlen – vermögen wir einen Blick in den unergründlichen Abgrund des göttlichen Erbarmens zu tun und zu ahnen, »dass Gott größer ist denn unser Herz«. Da wird keiner mehr dem Wahn verfallen, es könne ein Zeitpunkt kommen, zu dem wir im Vergeben genug getan hätten! Wissen wir doch auch, dass wir selbst täglich angewiesen sind auf göttliche Vergebung und menschliches Verzeihen. Als Gottes Licht auf unser Leben fiel, ist es uns klar geworden, dass »hier kein Unterschied ist« und wir und alle Menschen »allzumal Sünder« sind, schuldig aneinander und vor Gott. (...)

Und so ordnet sich in dieser Bitte unser ganzes Verhältnis zu Gott und zum Menschen. (...) Das macht unser Vergebenwollen milde und weit und unser Beten um Vergebung so inständig. Durchdrungen von der Liebe des Weltenrichters, sind wir nicht mehr imstande zu richten. (...)

Wie ein besonderer Beruf ist es uns aufgetragen, um Vergebung zu bitten und zu vergeben. Jedes irdische Amt hat als letzten Sinn, dass wir in ihm eine, wenigstens eine Seite an dem allumfassenden Wesen und Walten Gottes von ferne verstehen.

Bibeltext: Matthäus 18,21-35

Zum Nachdenken

Die folgenden Fragen können in der kleinen Gruppe diskutiert werden. Sie können aber auch dem Einzelnen als Anregung dienen, sich – wenn möglich schriftlich – Gedanken zu machen.

1. Klepper macht im ersten Abschnitt darauf aufmerksam, dass die Bitte um Vergebung die gleiche lebensnotwendige Bedeutung habe wie das tägliche Brot. Worin liegt diese Lebensnotwendigkeit der Vergebung?

2. Erst im Glanz des Lichtes Gottes, sagt Klepper in Abschnitt 2, wird offenbar, wer der Mensch in Wahrheit ist. Wie hängen dabei die menschliche Schuld, die Erkenntnis der eigenen Sünde und die Offenbarung Gottes zusammen?

3. Klepper schreibt in Abschnitt 9: »Durchdrungen von der Liebe des Weltenrichters, sind wir nicht mehr imstande zu richten.« Wie nehmen Sie das Richten bei sich und anderen wahr und wie gehen Sie damit um?

4. Jochen Klepper behauptet, Gott müsse tief schneiden, wenn er uns heilen will. Haben Sie einmal so eine Erfahrung mit Gott gemacht und wenn ja, wie haben Sie sie erlebt?

5. Klepper schreibt in Abschnitt 7: »Der Geist der Vergebung ist es, der uns neuen Odem gibt zu neuem Leben.« Wie kann dieser Geist in Ihnen wirken und Ihr Leben neu machen?

6. Petrus stellt die gleiche Frage, die sicher auch viele von uns haben: »Wie oft muss ich denn meinem Bruder, der an mir sündigt, vergeben?« (Matthäus 18,21). Jesus unterstreicht seine Antwort mit einem Gleichnis. Wie würden Sie seine Aussage in einem Satz zusammenfassen?

Übungen

Die folgenden Vorschläge sind für den Einzelnen gedacht. Sie können aber auch im Rahmen einer geistlichen Freundschaft oder in einer kleinen Gruppe aufgenommen werden. Wählen Sie einen oder mehrere aus.

1. Bedenken Sie Ihren Tagesablauf und überlegen Sie, wo Sie Gott gegenüber schuldig geworden sind. Bekennen Sie Ihre Schuld und bitten Sie Gott um Vergebung.

2. Denken Sie an die Begegnungen mit Ihren Mitmenschen und überlegen Sie, wo Sie an ihnen schuldig geworden sind. Bekennen Sie Ihre Schuld und bitten Sie Gott um Vergebung.

3. Denken Sie an Menschen, die Ihnen Unrecht getan oder Sie verletzt haben. Schildern Sie Gott all Ihre Gefühle, die Sie bei dieser Erinnerung haben. Machen Sie sich klar, wie sehr diese Verletzungen heute Ihr Leben bestimmen. Wenn es Ihnen schwer fällt, diesen Menschen zu vergeben, tragen Sie die Gründe vor Gott und bitten Sie ihn, Ihnen dabei zu helfen, dass Sie diesen Menschen vergeben können und Ihre Wunden verheilen.

4. Überlegen Sie, ob es jemanden gibt, mit dem Sie unversöhnt leben, weil zwischen Ihnen beiden ein Graben an Schuld klafft. Schreiben Sie einen Brief an diesen Menschen und schildern Sie ihm Ihre Gedanken und Gefühle, benennen Sie Ihre bzw. seine Schuld. Wenn Sie noch nicht den Mut finden, diesen Brief abzuschicken, dann bedenken Sie einen ersten Schritt für den Bau einer Brücke der Versöhnung und des Friedens zwischen Ihnen beiden.

Ein paar Gedanken

Klepper hat selbst tiefe Verletzungen erfahren. Er weiß: Zugefügte seelische Wunden und Enttäuschungen können eine ungeheure Macht über einen Menschen ausüben. Sie können seine Gedanken derart binden, dass der Alltag fast nur noch von ihnen bestimmt wird. Es kann eine Art chronische Kränkung entstehen, die sich über Jahre hinzieht. Und je mehr sie sich festsetzt, desto wahrscheinlicher verfinstert sie das eigene Herz, und es beginnt, auf Rache zu sinnen und das erlittene Böse mit eigener Bosheit heimzahlen zu wollen.

Andererseits ist es auch nicht damit getan, zu schnell zu verzeihen, wenn die Verletzung noch schmerzt und zugefügte Wunden nicht wirklich verheilt sind. Heilung setzt da ein, wo wir lernen, die Bosheit des eigenen Herzens zu erkennen und an ihr zu reifen.

Das Wissen um die eigene Bosheit führt dann zum Verstehen der erlittenen Bosheit und das Wissen um die eigene Bedürftigkeit nach Vergebung hilft, anderen zu vergeben. In der Begegnung mit der absichtslosen Liebe und Güte Gottes, sagt uns Jochen Klepper hier, erkennen wir unsere eigene Bedürftigkeit und empfangen so den Schlüssel zur Vergebung für andere. Durch die Hinwendung zu Gott im Gebet werden wir dieser Liebe gewiss und können sie auch andere erfahren lassen.

Zur Vertiefung

Jochen Klepper, Kyrie. Geistliche Lieder, Bielefeld, 20. Auflage 1998

Jochen Klepper, Unter dem Schatten deiner Flügel. Aus den Tagebüchern der Jahre 1932 bis 1942, hrsg. v. Hildegard Klepper, Gießen 1997

Ja, ich will euch tragen. Lebensbegleitung mit Worten von Jochen Klepper, Bielefeld 1995

Detlev Block, Dass ich ihn leidend lobe. Jochen Klepper – Leben und Werk, Lahr 1994

Cordula Koepcke, Jochen Klepper. Schriftsteller unter dem Kreuz, Hamburg 1983

Nur Eines wollen
Sören Kierkegaard (1813-1855)

Über den Autor

Sören Kierkegaard kam Anfang des neunzehnten Jahrhunderts in Kopenhagen zur Welt. Dort besuchte er auch die Universität. Abgesehen von drei längeren Deutschland-Aufenthalten lebte er dort bis zu seinem frühen Tod. 1843 schrieb er sein erstes Buch, *Entweder – Oder*, das mit seiner Kritik an einem verwässerten Christentum in der Kirche für erheblichen Aufruhr sorgte.

Kierkegaards ganzes Leben und Wirken war für die damalige Kirche eine große Herausforderung. Er wandte sich gegen ein laues Christentum und wollte Menschen aus der Verlorenheit im irdisch-zeitlichen Leben zum Glauben an Jesus Christus und in die Nachfolge rufen. In praktisch allen seinen Schriften verurteilte er eine Kirche, die den Abstand zwischen dem Menschen und Gott immer stärker auflösen wollte. Kierkegaard lehrte, dass zwischen Gott und Mensch, zwischen dem Endlichen und dem Unendlichen, ein großer Graben klaffe, den der Mensch von sich aus nicht überwinden könne. Er sei deshalb unendlich der Gnade bedürftig. In der Epoche der Aufklärung, als die Vernunft über den Glauben zu triumphieren schien und die Stärken des Menschen über seine Schwäche, dienten Kierkegaards Philosophie und Theologie als notwendiges Korrektiv für eine Welt und Kirche, die im Begriff waren, ihre Identität zu verlieren.

Bei den folgenden Texten handelt es sich um eine Auswahl von Gebeten, die sich verstreut in Kierkegaards Schriften finden. Häufig fügte er mitten in eine Predigt oder Abhandlung ein Gebet ein. Diese Gebete verraten uns nicht nur etwas über sein Denken, sondern auch darüber, was in seinem Inneren vorging, denn hinter seinem scharfen Verstand verbarg sich ein Herz, das sich zutiefst nach Gott sehnte.

Auszüge aus: Gebete

1. Bewegt in unendlicher Liebe

Du Unveränderlicher, den nichts verändert! Du in Liebe Unveränderlicher, der du, gerade zu unserem Besten, dich nicht verändern lässt: dass wir doch unser Heil wollen möchten, durch deine Unveränderlichkeit uns dazu erziehen zu lassen, in unbedingtem Gehorsam, die Ruhe zu finden und zu ruhen in deiner Unveränderlichkeit! Du bist nicht wie ein Mensch; soll er sich nur ein wenig Unveränderlichkeit bewahren, so darf er nicht zu viel haben, das ihn bewegen könnte, und sich nicht zu viel bewegen lassen. Dich dagegen bewegt, und zwar in unendlicher Liebe, alles; auch was wir Menschen eine Geringfügigkeit nennen und woran wir unbewegt vorbeigehen, des Sperlings Dürftigkeit, sie bewegt dich; was wir oft kaum beachten noch, einen menschlichen Seufzer, er bewegt dich, du Unveränderlicher!

Oh, der du in unendlicher Liebe dich bewegen, dich auch durch unser Gebet bewegen lässt, um es zu segnen, damit das Gebet den Betenden in Übereinstimmung mit deinem unveränderlichen Willen verändere, du Unveränderlicher!

2. Du hast uns zuerst geliebt

Vater im Himmel! Du hast uns zuerst geliebt, hilf uns, dass wir nie vergessen mögen, dass du die Liebe bist, auf dass diese fest gegründete Überzeugung in unserem Herzen siegen möge über die Verführungen der Welt, über die Unruhe des Geistes, über die Angst vor der Zukunft, über die Schrecken der Vergangenheit, über die Not des Augenblicks! Oh, aber dann gib auch, dass diese Überzeugung unseren Geist bilde, so dass unser Herz aufrichtig und getreu in der Liebe zu dem bleibe, den du uns geboten hast zu lieben wie uns selbst.

Du, der du uns zuerst geliebt hast, o Gott – und ach, wir sprechen so davon, als ob es nur ein einziges Mal in der Geschichte gewesen wäre, wenn wir sagen, dass du uns zuerst geliebt hast – dabei bist du doch der Beständige: Viele Male, jeden Tag ohne Ausnahme, durchweg das ganze Leben liebst du uns immer zuerst!

Wenn wir am Morgen erwachen und dann unseren Sinn auf dich hin lenken –: Du bist der Erste, du hast uns zuerst geliebt. Als ich bei Tagesaufbruch aufstand und in derselben Sekunde meinen Sinn anbetend zu dir wandte –: Du bist mir zuvorgekommen. Du hast mich zuerst geliebt. Wenn ich aus der Zerstreutheit meine Sinne sammle und an dich denke – du bist der Erste. Und so ist es immer! Wir jedoch sprechen in undankbarer Weise davon, dass es nur einmal war, dass du uns zuerst geliebt hast!

3. Habe ein wenig Geduld

Vater im Himmel! Habe ein wenig Geduld mit uns, denn wir meinen oft, in aller Aufrichtigkeit mit dir zu reden und reden doch so töricht! Bald ist das, was da geschehen ist, nach unserer Ansicht sehr gut, und da haben wir nicht Worte genug, um zu danken – wie ein heuchlerisches Kind, das dankt, weil es seinen Willen durchgesetzt hat. Bald ist das Geschehene wieder so unglücklich für uns, dass wir zu dir rufen und nicht aufhören mit Schreien und Klagen – ach! wie ein unverständiges Kind, das sich vor dem fürchtet, was ihm gut tut.

Oh! Wie kindisch wir auch sind, so sind wir doch eigentlich weit entfernt davon, in Wahrheit deine Kinder zu sein, wenn du wirklich dieser Kinder Vater sein wolltest – ach! als ob ein wildes Tier fordern könnte, einen Menschen zum Vater zu haben!

Wie kindisch sind wir doch! Wie wenig gleichen unsere Worte und unsere Reden der Sprache, die wir von dir lernen sollten! Aber so viel wissen wir doch: dass es nicht so sein sollte, dass wir uns bemühen müssten, anderes zu erlernen! So habe denn ein wenig Geduld mit uns!

4. Halte uns nicht unsere Sünden vor

Vater im Himmel! Halte uns bitte nicht unsere Sünden vor, sondern bewahre uns vor unseren Sünden; so dass der Gedanke an dich, wenn er in der Seele erwacht und jedes Mal, wenn er erwacht, uns dann nicht erinnern muss an das, was wir verbrochen haben, sondern an das, was du vergeben hast; nicht wie wir in die Irre gegangen sind, sondern wie du uns erlöst hast!

5. Die Verheißung und die Mühen

Vater im Himmel! Wohl wissen wir, dass das Suchen allzeit seine Verheißung hat, wie sollten wir also dich nicht suchen, aller Verheißungen und aller guten Gaben Geber! Wohl wissen wir, dass der Suchende nicht allzeit hinauszuwandern braucht in die Welt, denn je heiliger das ist, was er sucht, umso näher ist es ihm, und wenn er dich nun sucht, o Gott, du bist ihm ja am allernächsten.

Aber wir wissen auch, dass das Suchen immer seine Mühen und seine Anfechtung hat, wie also wäre dich zu suchen nicht ein Schrecken, du Gewaltiger! Wagt sogar jener, der in Gedanken sich auf seine Verwandtschaft vertröstet, wagt sogar der sich mit diesem Gedanken nicht ohne Schrecken in jene Entscheidungen hinaus, wo er durch Zweifel hindurch deine Spuren in des Daseins weiser Ordnung sucht, wo er durch Verzweiflung hindurch deine Spur unter deiner Vorsehung in der erregten Ereignisse Gehorsam sucht.

Sucht der, den du deinen Freund nanntest, der vor deinem Antlitz wandert, sucht doch auch der nicht ohne Beben der Freundschaft Begegnung mit dir, du einzig Gewaltiger; wagt der Betende, der aus seinem ganzen Herzen liebt, wagt doch auch der sich nicht ohne Angst in des Gebetes Streit mit seinem Gott; lässt selbst der Sterbende, für den du ja das Leben verwandelst, lässt doch auch der nicht ohne Schaudern vom Zeitlichen, wenn du rufst; flieht selbst der Elende, dem die Welt eitel Leiden bringt, flieht doch auch der nicht ohne Schrecken hin zu dir, du, der du nicht nur wenig Linderung gibst, sondern alles bist: Wie darf da ein Sünder dich suchen, gerechter Gott! Aber deshalb sucht er dich auch nicht wie jene, sondern er sucht dich im Bekenntnis der Sünden.

6. Die Krankheit zum Tode

Vater im Himmel! Gar oft bringt die Gemeinde vor dich ihre Fürbitte für alle die, welche krank und betrübt sind; und wenn unter uns jemand, ach bis zum Äußersten, in lebensgefährlicher Krankheit darniederliegt, so wird unterweilen die besondere Fürbitte der Gemeinde begehrt; o gib uns, dass wir, ein jeder im Besonderen, beizeiten recht aufmerksam werden möchten, welche Krankheit die Krankheit zum Tode ist, und wie wir doch alle dergestalt krank sind!

Und du, unser Herr, Jesus Christus, du, der du auf die Welt gekommen bist, die zu heilen, welche an dieser Krankheit leiden, unter der, ach, wir alle leiden, aber heilen kannst du von ihr nur die, welche sich bewusst sind, dergestalt krank zu sein. Oh, hilf uns, in dieser Krankheit bei dir uns zu bergen, auf dass wir geheilt werden möchten von ihr!

Und du, Gott Heiliger Geist, du, der du uns zu Hilfe kommst in unserer Krankheit, wo wir aufrichtig geheilt werden wollen: Oh, bleibe du bei uns, auf dass wir auch nicht einen Augenblick, zu unserem eigenen Verderben, uns der Hilfe des Arztes entziehen möchten, sondern bei Ihm bleiben – von der Krankheit erlöst. Denn bei Ihm bleiben heißt von der Krankheit erlöst werden, und nur wenn wir bei Ihm sind, sind wir von der Krankheit erlöst!

7. Nur Eines wollen

Vater im Himmel! Was ist doch ein Mensch ohne dich! Wie ist alles, was er weiß, wäre es auch die Menge des Mannigfaltigen, nur Stückwerk, falls er dich nicht kennt; wie ist all sein Streben, umfasste es auch eine Welt, nur halb getane Arbeit, falls er dich nicht kennt, dich, den Einen, der du Einer bist und der du Alles bist!

So gib denn du Weisheit des Verstandes, das Eine zu ergreifen; gib Aufrichtigkeit des Herzens, das Verständnis festzuhalten, gib Reinheit des Willens, die nur Eines will; so gib denn du in guten Tagen Beharrlichkeit, Eines zu wollen, in Zerstreuungen die Sammlung, Eines zu wollen, in Leiden die Geduld, Eines zu wollen.

O du, der du gibst beides, das Beginnen und das Vollbringen, gib du früh, wenn der Tag graut, dem Jüngling den Entschluss, Eines zu wollen; gib, wenn der Tag sich neigt, dem Greis ein erneutes Gedächtnis seines ersten Entschlusses, damit das Letzte sei wie das Erste, das Erste wie das Letzte, damit es sei das Leben dessen, der nur Eines gewollt hat.

Ach, aber so ist es ja nicht; es kam ja etwas zwischenein, es liegt ja eine Scheidung durch die Sünde dazwischen; es legt sich ja täglich und Tag für Tag etwas dazwischen: Aufenthalt,

Stockung, Abdruck, Verirrung, Verlorenheit. So gib denn du den Freimut der Reue, wiederum Eines zu wollen.

Zwar ist das ein Abbruch des gewöhnlichen Tuns, zwar ist es eine Stockung der Arbeit, als sei es ein Feiertag, wenn der Reuende und nur in der Arbeit der Reue sich Mühende stille ist im Bekenntnis der Sünde, allein ist vor dir in der Selbstanklage; oh, aber das ist ja ein Abbruch, welcher zu seinem Anfang zurückstrebt, auf dass er von neuem das Getrennte verbinde, auf dass er in seinem Kummer das Versäumte einhole, auf dass er in seiner Bekümmerung vollbringe, was vor ihm liegt.

O du, der du beide gibst, das Beginnen und das Vollbringen, gib du den Sieg am Tage der Not, damit, was dem, der da im Wunsch entbrannte, nicht gelang, und nicht dem im Vorsatz Entschlossenen; damit doch gelingen möge dem in Reue Betrübten: nur Eines zu wollen.

8. Jeden Morgen zerbrochen

Herr! Mach unser Herz zu einem Tempel, in dem du wohnen willst! Lass uns jeden unreinen Gedanken, jedes irdische Begehren, wie das Bild des Götzen Dagon, jeden Morgen zerbrochen finden zu Füßen der Bundeslade! Lehre uns, Fleisch und Blut zu beherrschen, und lass dies das blutige Opfer sein, so dass wir mit dem Apostel sagen können: »Ich sterbe jeden Tag.«

Bibeltext: 1. Samuel 5

Zum Nachdenken

Die folgenden Fragen können in der kleinen Gruppe diskutiert werden. Sie können aber auch dem Einzelnen als Anregung dienen, sich – wenn möglich schriftlich – Gedanken zu machen.

1. Kierkegaard beginnt das Gebet in Abschnitt 1 damit, dass er Gott als den Unveränderlichen preist. Warum ist Gottes Unveränderlichkeit so wichtig?

2. Kierkegaard schreibt in Abschnitt 2, Gott habe uns nicht nur einmal zuerst geliebt, sondern liebe uns noch immer zuerst. Wenn Sie sich vorstellen, wie Gott Sie sieht, welchen Einfluss hat Kierkegaards Feststellung auf Ihr Denken? Auf Ihre Gebete?

3. Gott suchen, schreibt Kierkegaard in Abschnitt 5, hat seine Verheißung, aber auch seine Mühen. Welche Mühen haben Sie bei Ihrer Suche nach Gott erlebt? Wie prägten Sie Ihr Leben?

4. Wie der Götze Dagon (siehe 1. Samuel 5) zu Füßen der Bundeslade zerbrach, solle jeder unreine Gedanke, jeder irdische Wunsch jeden Morgen zerbrechen, betet Kierkegaard (siehe Abschnitt 8). Welche irdischen Wünsche soll Gott in Ihnen zerbrechen, damit Sie ganz in der Hingabe an ihn leben können?

5. Gott ist mächtiger als alle unsere Götzen. Das lernen wir aus der Geschichte von Dagon in 1. Samuel 5. Wo ist die Macht Gottes in letzter Zeit in Ihrem Leben besonders wirksam geworden? Wo »lag seine Hand schwer« auf Ihrem Leben?

Übungen

Die folgenden Vorschläge sind für den Einzelnen gedacht. Sie können aber auch im Rahmen einer geistlichen Freundschaft oder in einer kleinen Gruppe aufgenommen werden. Wählen Sie einen oder mehrere aus.

1. Versuchen Sie in Ihrer Stillen Zeit einmal mit Kierkegaards Gebeten zu beten. Sprechen Sie sie langsam, Satz für Satz. Denken Sie über die Bedeutung der einzelnen Aussagen nach und bringen Sie sie als Schrei Ihres eigenen Herzens zu Gott.

2. Die Tatsache, dass Gott uns zuerst geliebt hat und uns weiterhin als Erster liebt, war für Kierkegaard sehr wichtig. Schreiben Sie die drei schlichten Worte *Ich liebe dich* auf ein Kärtchen oder einen Zettel und tragen Sie sie immer bei sich. Nehmen Sie sich den Zettel immer wieder einmal vor und denken Sie daran, dass Gott bei allem was Sie tun, und egal, wo Sie sind, bei Ihnen ist und Sie zuerst liebt.

3. Ein zentrales Thema in Kierkegaards Schriften ist, nur *Eines* zu wollen. Dieses Eine ist für Kierkegaard, Gott und seine Herrschaft zu suchen und in der Hingabe an ihn zu leben in allem, was er tat. Vereinfachen Sie in dieser Woche Ihr Leben, indem Sie sich auf dieses Eine konzentrieren. Sie wissen, dass alles andere, was Sie brauchen, Ihnen dazugegeben wird.

4. Lesen Sie diese Woche einmal die verschiedenen Berichte über die Bundeslade (zum Beispiel 2. Mose 25,10-14; 4. Mose 10,33-36; Josua 3,9-17; 6,4-12; 1. Samuel 5,1-6,14; 2. Samuel 6). Achten Sie darauf, welchen zentralen Platz sie im Leben Israels einnahm und wie sie Sinnbild war für die Gegenwart und Macht Gottes.

Ein paar Gedanken

Es ist etwas Wunderbares, einem so großen Philosophen beim Beten zuschauen zu dürfen. Ein klarer, scharfsinniger Verstand und zarte, herzliche Ehrfurcht sind Freunde, nicht Feinde. Zu lange haben wir den Kopf vom Herzen getrennt und dabei nur verloren. Wir lieben Gott mit dem Verstand und wir lieben ihn mit dem Herzen. Ja, eigentlich steigen wir mit dem Verstand in das Herz hinab und stehen dort vor Gott in unablässigem Staunen und endlosem Lob. Wenn Kopf und Herz sich zusammentun, dann wird alles, was wir sagen und tun, von einer »liebenden Vernunft« durchdrungen. Das lässt uns selbst heil und ganz werden und ehrt Gott.

Zur Vertiefung

Sören Kierkegaard. EVA Tagebücher: Werke, 5 Bände, Hamburg 1991

Sören Kierkegaard, Die Krankheit zum Tode. Der Hohepriester, der Zöllner, die Sünderin: Gesammelte Werke, Abt. 24/25, Gütersloh

Sören Kierkegaard. Tatort Christenheit. Eine Auswahl, hrsg. v. Wolfgang Bühne, Hückeswagen 1998

Kierkegaard, ausgew. u. eingel. v. Boris Groys, in: Peter Sloterdijk (Hrsg.): Philosophie jetzt!, München 1999

Kierkegaard für Gestresste, Frankfurt 2000

Sören Kierkegaard, in: Christian Möller (Hrsg.), Geschichte der Seelsorge in Einzelporträts, Band 3, Göttingen 1996

Anna Paulsen, Sören Kierkegaard. Deuter unserer Existenz, Hamburg 1955

Das Fenster öffnen für Gott

Frank Laubach (1884-1970)

Über den Autor

Der Missionar und Sprachlehrer Frank Laubach wurde 1884 in Benton in Pennsylvanien geboren. Nach seinem Studium arbeitete er als Sozialarbeiter in New York.

1914 wurde er ordiniert, promovierte ein Jahr später in Soziologie und ging zusammen mit seiner Frau als Missionar auf die Philippinen. Zunächst gründete er Gemeinden auf der Insel Mindanao. Später baute er in Manila das Union College auf, dessen Dekan er wurde. 1930 kehrte er nach Mindanao zurück, um dort unter den islamischen Moros zu arbeiten, welche die philippinischen Christen als ihre Feinde betrachteten. Laubach war sich jedoch ganz sicher, dass Gott ihn dorthin geschickt hatte. Er bemühte sich, einfach unter den Moros zu leben, ohne ihnen das Christentum aufzuzwingen. Doch versuchte er, jeden Augenblick ganz bewusst in der Gegenwart Gottes zu verbringen.

1930 begann er, seine Missionstätigkeit mit Alphabetisierungskampagnen zu verbinden, die ihn nach Asien, Afrika und Lateinamerika führten. Er arbeitete Unterrichtspläne für mehr als 300 Sprachen und Dialekte in über 100 Ländern aus. Mit seinem Konzept (»jeder Lesekundige sollte einem anderen das Lesen beibringen«) erzielte er weltweit eine beachtliche Breitenwirkung.

Man schätzt heute, dass durch seine Arbeit allein etwa die Hälfte der neunzigtausend Menschen auf Mindanao lesen und schreiben lernten. Und nicht nur das – Tausende durften durch ihn auch Gott erfahren. Er starb 1970 in Syrakuse in den USA. Die folgenden Texte sind Briefen entnommen, die er während der Zeit auf Mindanao schrieb.

Auszüge aus: Briefe eines modernen Mystikers

1. Fenster öffnen

3. Januar 1930
Wenn man beim Zurückschauen sagen kann: »Dies war das bisher beste Jahr meines Lebens« – das ist herrlich! Und die Vorfreude! Vorauszuschauen und zu sagen: »Das nächste Jahr kann und sollte noch besser werden!« – das ist noch herrlicher. Ich habe nichts anderes getan, als Fenster zu öffnen – alles andere kam von Gott. Ich habe seine Freundschaft in einer ganzen Reihe von Erlebnissen erfahren dürfen. Ich habe beschlossen, dass mein Experiment, in jeder Minute an ihn zu denken, in diesem Jahr noch besser gelingen soll als im letzten. Und ich habe noch einen anderen Entschluss gefasst – ich will den Menschen und ihren Nöten gegenüber genauso offen sein wie gegenüber Gott. Fenster öffnen sich nach außen wie nach oben. Fenster gehen aber besonders auch nach unten auf, wo die Menschen die meiste Hilfe brauchen!

2. Unterordnung: die wichtigste Aufgabe

20. Januar 1930
Unterordnung ist die wichtigste Aufgabe des Menschen. Genau das habe ich in meinem Leben als Christ gebraucht. Eine tiefe Unzufriedenheit veranlasste mich vor zwei Jahren, einmal zu versuchen, mein Handeln etwa alle fünfzehn oder dreißig Minuten mit dem Willen Gottes in Einklang zu bringen. Die Leute, mit denen ich darüber sprach, sagten, das sei unmöglich. Ich schließe daraus, dass nur wenige Menschen es selbst probieren. In diesem Jahr nun will ich versuchen, in jedem bewussten Augenblick auf die innere Stimme zu hören und ohne Unterlass zu fragen: »Was willst du, Vater, dass ich sage? Was soll ich in dieser Minute tun?«

3. Gott in jeder Bewegung spüren

26. Januar 1930
In den letzten paar Tagen habe ich versucht, mich Gott noch viel mehr zu überlassen als je vorher. Ich nehme mir ganz

bewusst jede Stunde genug Zeit, um an Gott zu denken. Gestern und heute habe ich ein neues Abenteuer ausprobiert, das nur schwer zu erklären ist. Ich spüre Gott in jedem Augenblick durch einen bewussten Akt des Willens. Ich will, dass er meine Finger leitet, wenn sie jetzt auf der Schreibmaschine tippen. Ich will, dass er in meinen Schritten ist, wenn ich gehe. Ich will, dass er meine Worte lenkt, wenn ich rede, und meine Kiefer, wenn ich esse!

Wahrscheinlich hast du deine Einwände gegen eine solche Selbstbeobachtung. Versuch es nicht, solange du nicht mit deiner Beziehung zu Gott selbst unzufrieden bist, aber gestehe mir doch wenigstens zu, dass ich Gottes Führung suche, wo immer es geht. Ich habe genug von der Kleinlichkeit und Nutzlosigkeit des Ichs, das sich nicht führen lässt. Wenn der Ausweg nicht in einer noch vollkommeneren Versklavung unter Gott besteht, worin dann? Ich versuche, von allen Menschen völlig frei zu werden, frei von mir selbst, aber völlig versklavt unter den Willen Gottes in jedem Augenblick des Tages.

4. Augenblick für Augenblick

In Benton haben wir in der Gemeinde ein Lied gesungen, das mir sehr gefällt. Ich habe es bis jetzt aber noch nie selbst ausprobiert. Es heißt darin:

> »Stunde um Stunde hab ich in ihm Ruh,
> fließt seine Kraft und sein Leben mir zu,
> wart ich auf Jesus, bis dass er erschein,
> Stunde um Stunde, o Herr, bin ich dein!«

Genau dieses »Stunde um Stunde« ist es, was ich nun mit all meiner Kraft ausprobieren will; in jedem wachen Augenblick mich ihm hingeben, auf ihn warten, ihm gehorchen, offen sein, flexibel, »ganz in seiner Liebe aufgehen«. Dahinter steckt zweierlei. Erstens der leidenschaftliche Wunsch, zu sein wie Jesus. Zweitens das leidenschaftliche Verlangen, so auf Gott zu reagieren wie eine Geige auf den Bogen ihres Meisters. Öffne deine Seele und gebe der Herrlichkeit Gottes Raum, und nach einer Weile wird sich diese Herrlichkeit in deiner Umgebung spiegeln und sogar in den Wolken, die über deinen Kopf ziehen.

5. Nur noch eines

29. Januar 1930
Ich habe das Gefühl, dass ich jede Stunde einfach getragen werde, dass ich meine Rolle in einem Plan spiele, der weit größer ist als meine Vorstellungen. Es ist dieses Gefühl, mit Gott auch in den kleinen Dingen zusammenzuarbeiten, das mich so erstaunt. Es scheint, als müsste ich nur auf eines achten, dann passiert alles andere von ganz allein. Oder, wie ich es lieber sagen möchte und wie es auch mehr der Wahrheit entspricht – dann kümmert sich Gott um den Rest. Meine Aufgabe ist es, *in dieser Stunde im ständigen inneren Gespräch mit Gott zu bleiben und sofort und unbedingt auf seinen Willen zu reagieren. Damit diese Stunde reich und herrlich wird.* Es scheint, als sei das alles, woran ich zu denken habe.

6. Unberührte Kontinente des geistlichen Lebens

1. März 1930
Von Tag zu Tag habe ich mehr das Gefühl, von einer unsichtbaren Hand geführt zu werden, die nach meiner Hand greift, während eine andere sich nach vorn ausstreckt und den Weg vorbereitet. Ich muss mich gar nicht anstrengen, um nach Gelegenheiten zu suchen. Ein Mann, der schon seit 1914 ordiniert ist und im Dienst für den Herrn steht, sollte sich vielleicht schämen, dass er die Freude an der völligen – nun, wie soll ich sagen? – es ist mehr als Hingabe, noch nicht in jeder Stunde, ja Minute gespürt hat.

Es ist ein Akt des Willens. Ich zwinge meinen Verstand dazu, sich unmittelbar auf Gott zu richten und ihm zu öffnen. Ich warte und horche mit völliger Bereitschaft. Ich richte meine ganze Aufmerksamkeit darauf und manchmal am frühen Morgen dauert es eine lange Zeit, bis ich diesen inneren Zustand erreicht habe. Ich nehme mir vor, nicht aus dem Bett aufzustehen, solange diese innere Haltung, diese Ausrichtung auf Gott, nicht da ist. Und ich brauche auch viel Willenskraft, um sie zu erhalten. Vielleicht wird es nach einer Weile ja zur Gewohnheit und ist dann nicht mehr so anstrengend.

Warum aber reite ich so auf dieser Erfahrung herum? Weil

ich überzeugt bin, dass es für mich und dich, der du dies liest, noch unberührte Kontinente des geistlichen Lebens gibt, mit denen verglichen wir die reinsten Säuglinge sind.

Wie »praktikabel« ist das nun für den normalen Menschen? Ich denke, selbst der Bauer da hinten könnte sein wie ein Calixto Sanidad, als er noch der einsame und misshandelte Junge hinter dem Pflug war, »meine Augen auf der Furche, meine Hände an den Zügeln, die Gedanken aber bei Gott«. Auch die Millionen an den Webstühlen und den Drehbänken könnten herrliche Stunden erleben. Die Stunde eines Nachtwächters könnte zur herrlichsten Stunde werden, die je ein Mensch auf dieser Erde erlebt hat.

7. Wie unendlich reicher

15. März 1930
In jedem wachen Augenblick habe ich in dieser Woche auf ihn geblickt, vielleicht mit Ausnahme von einer Stunde oder zwei. Wie unendlich reicher dieses direkte Ergreifen Gottes ist als die alte Methode, die ich jahrelang benutzt und empfohlen habe, das endlose Lesen von Andachtsbüchern. Es scheint mir jetzt beinah, als dürfe selbst die Bibel nicht als Ersatz für die unmittelbare und direkte Begegnung mit Gott gelesen werden.

8. Ist es möglich?

23. März 1930
Wir können nicht an zwei Dinge auf einmal denken. Ja, wir können nicht einmal länger als eine halbe Sekunde an eine Sache denken. Der Verstand ist ein fließendes Etwas. Er schwankt hin und her. Konzentration ist lediglich der Versuch, immer wieder zu einem Problem zurückzukehren und es aus einer Million verschiedener Blickwinkel zu betrachten. Mein Problem ist also Folgendes: Kann ich Gott alle paar Minuten in den Fluss meiner Gedanken zurückholen, so dass sein Bild bei mir haften bleibt, dass er bei allem, was ich plane oder überlege, ein entscheidendes Element ist? Ich will den Rest meines Lebens als Übungsfeld betrachten, um diese Frage zu beantworten.

Ich lade niemanden ein, mir auf diesem mühsamen Pfad zu folgen. Obwohl ich wünschte, viele täten es. Wir müssen zum Beispiel wissen: Kann ein Arbeiter an einer Maschine den ganzen Tag lang für andere Menschen beten und trotzdem seine Arbeit sorgfältig erledigen? Kann eine Mutter das Geschirr spülen, sich um die Kinder kümmern und dabei ständig mit Gott reden?

Wenn du so bist wie ich, dann ist das ziemlich harte Kost. Darum will ich ein einfacheres Ziel setzen, das besser zu erreichen ist: »Jede Stunde eines jeden Tages soll durch das eigene Wollen vollkommen sein. Sie ist vollkommen, wenn man in dieser ganzen Stunde auf Gott schaut, wenn man auf seine Führung wartet und sich nach Kräften bemüht, jede kleinste Kleinigkeit so zu tun, wie Gott sie gern hätte.«

9. Schwierigkeiten und Versagen

19. April 1930
Wenn dieser Bericht über den Kampf einer Seele auf der Suche nach Gott vollständig sein soll, dann darf er auch die Geschichte von Schwierigkeiten und Versagen nicht ausklammern. Ich habe es bis jetzt noch nicht sehr weit gebracht. Diese Woche zum Beispiel war nicht die beste meines Lebens, aber ich bin fest entschlossen, nicht aufzugeben. Aber auch die Anstrengung scheint nicht allzu viel Gutes zu bewirken. Im Moment spüre ich, wie etwas in mir »loslässt« und sieh da!, auf einmal ist Gott da! Es ist ein das Herz schmelzendes »Da-sein«, das liebevolle Flüstern eines Vaters mit seinem Kind und der Grund, warum ich das nicht schon früher erlebt habe, ist wohl der, dass ich nicht losgelassen habe.

10. Gott die Regie übergeben

22. April 1930
Heute Morgen habe ich wieder neu angefangen und habe Gott ganz nah im Sonnenaufgang erlebt. Dann habe ich versucht, ihm beim Rasieren, beim Anziehen und beim Frühstücken die Regie über meine Hände zu übergeben. Jetzt versuche ich ihn auch hier beim Tippen auf der Schreibmaschine über meine Hände gebieten zu lassen. Wir können gar nichts anderes tun,

als uns Gott ganz zu öffnen. In ihm gibt es so viel mehr, ja, muss es so viel mehr geben, als er uns schenken kann. Es wäre sicher ungeheuer hilfreich, wenn wir es uns angewöhnen könnten, uns immer nach seinen Gedanken auszustrecken und ihn zu fragen: »Herr, was würdest du mir jetzt gern eingeben, wenn mein Verstand nur groß genug wäre, dich zu fassen?« Eine solche begierig wartende Haltung müsste doch die Gelegenheit sein, auf die er wartet.

Oh, dieser Versuch, ständig in Kontakt mit Gott zu bleiben, ihn zum Gegenstand meines Denkens zu machen und zum Gegenüber in meinen Gesprächen, ist das Erstaunlichste, was ich je erlebt habe. *Und es funktioniert.* Ich schaffe es zwar noch keinen halben Tag lang – noch nicht, aber ich glaube, dass es mir es eines Tages einen ganzen Tag gelingen wird. Es geht darum, sich neue Denkgewohnheiten zuzulegen. Jetzt freue ich mich so an Gottes Gegenwart, dass ich das Gefühl habe, ich hätte ihn im Stich gelassen, ich hätte etwas sehr Kostbares aus meinem Leben verloren, wenn ich auch nur für eine halbe Stunde oder so nicht an ihn denke.

11. Viel schönere Poesie

24. Mai 1930
Der Tag war erfüllt, aber anstrengend gewesen, also kletterte ich auf den Signal Hill hinter meinem Haus und redete während des ganzen Aufstiegs, beim Rückweg und auch in der halben Stunde auf dem Gipfel mit Gott und hörte auf ihn. Und er antwortete mir! Ich ließ meine Zunge los, und von ihr strömte eine Poesie, die viel schöner war als alles, was ich je selbst verfasst habe. Es strömte ohne Unterlass und ohne die kleinste Pause die ganze halbe Stunde lang. Verwundert und voller Freude und Dankbarkeit hörte ich zu. Ich wünschte, ich hätte ein Diktiergerät dabei gehabt, denn ich wusste genau, dass ich mich später nicht mehr würde erinnern können, und ich kann es wirklich nicht … »Wieso«, mag jemand fragen, »hat Gott seine Poesie an dich allein verschwendet, wenn du sie nicht mit nach Hause nehmen konntest?« Das müsst ihr Gott fragen. Ich weiß nur, dass er es tat und dass ich in der Erinnerung noch immer glücklich bin.

Bibeltext: Psalm 139,1-10+17-18+23-24

Zum Nachdenken

Die folgenden Fragen können in der kleinen Gruppe diskutiert werden. Sie können aber auch dem Einzelnen als Anregung dienen, sich – wenn möglich schriftlich – Gedanken zu machen.

1. Was war der Auslöser dafür, dass Frank Laubach begann, mit der Gegenwart Gottes zu »experimentieren«? (Siehe Abschnitt 2.) Schildern Sie kurz, wie Ihr geistliches Leben im Moment aussieht.

2. Laubach bezeichnet seine Versuche als Willensakt. Worauf lenkte er seinen Willen? Was »wollte« er denken? Was tun?

3. Der Autor spricht auch davon, dass seine Übungen eine Gewohnheit werden sollten. Wie sehen Ihre Gedanken für gewöhnlich aus? Inwiefern wird Ihr Leben von dem geprägt, was Sie denken?

4. Laubach schreibt in Abschnitt 10: »In ihm gibt es so viel mehr, … als er uns schenken kann.« Was hat Gott Ihnen in den vergangenen Jahren geschenkt? Was könnte ihn daran hindern, Ihnen noch mehr zu geben?

5. Gibt es nach Psalm 139 irgendeinen Ort, an den wir vor Gottes Nähe fliehen können? Wie empfinden Sie den Gedanken, dass Gott ständig da ist?

6. Paulus rät einmal einer Gemeinde: »… betet ohne Unterlass« (1. Thessalonicher 5,17). Was meint er damit? Haben Sie schon Erfahrungen damit gemacht? Welche?

Übungen

Die folgenden Vorschläge sind für den Einzelnen gedacht. Sie können aber auch im Rahmen einer geistlichen Zweierschaft oder in einer kleinen Gruppe aufgenommen werden. Wählen Sie einen oder mehrere aus.

1. Probieren Sie Laubachs »Experiment«, in jedem Augenblick an Gott zu denken, einmal selbst aus. Versuchen Sie es zehn Minuten, eine Stunde, einen ganzen Tag. Schreiben Sie auf, was Sie erleben.

2. Unterordnung, sagt Laubach in Abschnitt 2, war ein zentrales Element seiner Versuche. Nehmen Sie sich in dieser Woche während Ihrer Arbeit immer wieder einmal Zeit, um auf Gottes Rat zu hören, und versuchen Sie Ihr Handeln jedes Mal, wenn Sie daran denken, mit dem Willen Gottes in Einklang zu bringen.

3. Nehmen Sie etwas mit an Ihren Arbeitsplatz (eine Notiz, ein Kreuz, einen Bibelvers), das Sie im Lauf des Tages, wenn Sie darauf blicken, daran erinnert, dass Gott da ist.

4. Beten Sie in dieser Woche mit dem Psalmsänger die beiden letzten Verse (23-24) aus Psalm 139. Bitten Sie Gott, Ihr Herz und Ihr Denken zu prüfen, und versuchen Sie ganz bewusst und ungeteilt zu leben.

Ein paar Gedanken

Ich staune über die Erfahrungen, die Frank Laubach mit dem Gebet machte. Ein großer Mann, der eine Methode entwickelte, mit deren Hilfe Analphabeten auf der ganzen Welt Lesen lernen, erklärt aus tiefstem Herzen: »Ich möchte lernen, so zu leben, dass einen Menschen sehen für mich dasselbe bedeutet wie für ihn beten.« Er hat mir enorm geholfen.

Noch heute blättere ich gern durch seine Briefe und Tagebücher, bis ich auf eines seiner Gebets-»Experimente« stoße, das im Moment auch für mich passt. Vielleicht dass es darum geht, für die Menschen in einem Flugzeug zu beten und Jesus zu bitten, von einem Passagier zum anderen zu gehen und ihn mit seiner Liebe zu erfüllen. Diese Art zu beten ist ein großes Abenteuer und Frank Laubach ist für viele Menschen zu einem Vorbild geworden.

Zur Vertiefung

Frank Laubach, Die stärkste Kraft der Welt. Das Gebet, Thalwil bei Zürich 1970

Horst R. Flachsmeier, Geschichte der evangelischen Weltmission, Gießen/Basel 1963, S. 348-51

Mit Glauben beten
Martin Luther (1483-1546)

Über den Autor

Martin Luther ist vor allem als der große Reformator bekannt. Er wurde als Sohn eines Bergmanns in Eisleben bei Mansfeld geboren. Sein Vater setzte sich jedoch sehr dafür ein, dass der junge Martin eine gute Ausbildung bekam und in Erfurt studieren konnte. Doch er war kaum zwanzig Jahre alt, als ihn in tiefer Todesnot Zweifel an seiner Erlösung überfielen und er gelobte, ins Kloster zu gehen, um Ruhe in seinen Gewissensqualen zu finden. 1507 wird er im Augustinerkloster in Erfurt zum Priester geweiht. 1512 lehrt er als Professor für die Heilige Schrift an der Universität in Wittenberg und legt dort unter anderem den Brief des Apostels Paulus an die Römer aus. Diese Arbeit gewinnt einen besonderen Einfluss auf sein theologisches Denken – vor allem im Blick auf die Erlösung: Gott rechtfertigt den Menschen allein aus Gnaden, und der Mensch kann das allein durch den Glauben annehmen.

1517 verfasst er die berühmten 95 Thesen. Darin führt er an, was ihm an der römisch-katholischen Kirche zu schaffen macht. Sie wurden zum Auslöser für die Reformation. Als Rom den Bann über ihn verhängt, schützt Luthers Landesherr sein Leben. In der Sicherheit der Wartburg beginnt Luther mit der Übersetzung der Bibel ins Deutsche.

Luther aber war nicht nur ein brillanter Theologe und Bibelausleger, sondern auch ein Mann tiefer Frömmigkeit. Er war beeinflusst von den Schriften Augustins wie auch Bernhards von Clairvaux'. Seine Sprache war lebendig und erdverbunden, seine Logik bestechend, seine Fähigkeit, eine führende Rolle zu übernehmen, suchte ihresgleichen. Wenn Sie die folgenden Abschnitte lesen, dann sitzen Sie praktisch zu Füßen eines der einflussreichsten Männer in der gesamten Kirchengeschichte. Die folgenden Texte, drei verschiedenen Quellen entnommen, zeigen etwas von seiner Einstellung zum Gebet.

Auszüge aus: Kirchenpostille, Tischreden, »Am vierten Sonntag des Advents« und »Sermon von den guten Werken«

1. Gebet und Flehen

Das *Gebet* ist nichts anderes denn die Worte oder das Gespräch, als da ist das Vaterunser, Psalmen und dergleichen, in welchen zuweilen etwas anderes gesagt wird denn das, darum man bittet. Das *Flehen* ist, wenn man das Gebet treibt und stärkt durch etwas anderes. Als wenn ich einen Menschen bitte durch seines Vaters Willen oder durch etwas, das er lieb hat und hoch hält. Also, wenn wir Gott bitten durch seinen Sohn, durch seine Heiligen, durch sein Verheißen, durch seinen Namen, wie Salomo tut: »Herr, gedenke an David und an all sein Elend« (Psalm 132,1). Ebenso Paulus: »Ich ermahne euch durch die Barmherzigkeit Gottes« (Römer 12,1) und: »Ich bitte euch durch die Sanftmütigkeit und Lindigkeit Christi« (2. Korinther 10,1).

2. Bitte und Dank

Die *Bitte* ist, wenn man das nennt, das anliegt und das man begehrt mit dem Gebet und Flehen, als im Vaterunser. Da ist ein Gebet und sind sieben Bitten. Wie Christus spricht: »Bittet, so werdet ihr nehmen. Suchet, so werdet ihr finden. Klopfet an, so wird euch aufgetan. Denn wer da bittet, der nimmt, wer da sucht, der findet, wer da anklopft, dem wird aufgetan« (Matthäus 7,7-8). Der *Dank* ist, dass man die empfangenen Wohltaten erzähle und dadurch die Zuversicht stärke, des auch zu warten, das man bittet.

3. So wird das Gebet stark

Also wird das Gebet stark und dringet durchs Flehen, wird aber süß und angenehm durch den Dank und also samt der Stärke und Süßigkeit überwindet es und empfängt, was es bittet. Und solche Weise zu beten sehen wir im Brauch der Kirche und aller heiligen Väter im Alten Testament, die allezeit flehen und danken im Beten. Also auch, das Vaterunser hebt an mit Lob, dankt und bekennt Gott für einen Vater und dringt zu ihm durch die väterliche und kindliche Liebe, des Flehen nicht seinesgleichen hat. Darum ist's auch das höchste und edelste Gebet unter der Sonne.

4. Beten ohne Unterlass

Ja, es gibt in der Tat keinen Christenmenschen, der nicht ohne Unterlass zu beten Zeit hätte; ich meine aber das geistliche Beten. Das heißt niemand wird, wenn er nur will, von seiner Arbeit so beschwert, er kann in seinem Herzen doch daneben mit Gott reden, ihm seine oder anderer Menschen Not vorlegen, Hilfe begehren, ihn bitten und in dem allem seinen Glauben üben und stärken.

5. Was wir vom Gebet erwarten

Beim Gebet soll man einige Nöte vornehmen, die einem ein Anliegen sind, diese mit ganzem Ernst begehren und darin den Glauben und die Zuversicht zu Gott so betätigen, dass wir nicht daran zweifeln, wir werden erhört. So lehrt es der heilige Bernhard seine Brüder, wenn er sagt: »Liebe Brüder, ihr sollt euer Gebet niemals verachten, als sei es umsonst; denn ich sage euch fürwahr: Ehe ihr noch die Worte zu Ende bringt, so ist das Gebet schon im Himmel angeschrieben. Ihr sollt das Eine mit Gewissheit von Gott für euch erwarten: dass euer Gebet erfüllt werden wird oder, falls es nicht erfüllt wird, dass seine Erfüllung nicht gut und nützlich für euch gewesen wäre.«

6. Im Glauben beten

So ist das Gebet eine besondere Übung des Glaubens; dieser macht das Gebet vor Gott so gewiss angenehm, dass es entweder gewiss erfüllt wird oder uns etwas Besseres dafür gegeben wird, als was wir bitten. In diesem Sinn spricht auch Jakobus: »Wer Gott bittet, der soll nicht zweifeln im Glauben; denn wenn er zweifelt, so bilde sich ein solcher Mensch nicht ein, dass er etwas von Gott erlange« (Jakobus 1,6-7). Das ist jedenfalls ein klarer Spruch, der geradewegs zu- und absagt: Wer nicht traut, der erlangt nichts; weder das, was er bittet, noch etwas Besseres.

7. Jesu Worte über das Gebet

Um diesen Glauben auch zu erwecken, hat Christus selbst gesagt: »Ich sage euch: Alles, was ihr bittet, glaubt nur, dass ihr's empfangen werdet; so geschiehts gewiss« (Markus 11,24), und: »Bittet, so wird euch gegeben; suchet, so findet ihr, klopfet an, so wird euch aufgetan. Denn wer da bittet, der empfängt; wer da sucht, der findet; wer da anklopft, dem wird aufgetan. Welcher Vater unter euch gibt seinem Sohn einen Stein, wenn er ihn ums Brot bittet? oder eine Schlange, wenn er um einen Fisch bittet? oder einen Skorpion, wenn er um ein Ei bittet? Wenn ihr aber wisset, wie ihr euren Kindern gute Gaben geben sollt (und ihr selbst seid doch von Natur nicht gut!), wie viel mehr wird euer himmlischer Vater einen guten Geist geben allen, die ihn bitten!« (Lukas 11,9-13).

Wer ist so hart und versteinert, dass ihn solche mächtigen Worte nicht bewegen sollten, mit aller Zuversicht fröhlich und gerne zu beten? Aber wie viel Gebete müsste man auch reformieren, wenn man diesen Worten gemäß recht beten sollte! Es sind jetzt wohl alle Kirchen und Klöster voll Betens und Singens; wie kommt es aber, dass so wenig Besserung und Nutzen daraus hervorgeht und es täglich ärger wird? Das hat keine andere Ursache als die, die Jakobus anzeigt, wenn er sagt: »Ihr bittet viel, und doch wird euch nichts zuteil: darum, weil ihr nicht recht bittet« (Jakobus 4,3). Denn wo dieser Glaube und Zuversicht im Gebet nicht da sind, da ist das Gebet tot und nichts weiter als eine schwere Mühe und Arbeit.

8. Die Not vorlegen, aber nicht die Antwort vorschreiben

Daraus folgt, dass ein rechter Beter niemals daran zweifelt, sein Gebet sei gewiss angenehm und erhört, auch wenn ihm nicht gerade das gegeben wird, was er bittet. Denn man soll Gott im Gebet die Not vorlegen, jedoch ihm nicht Maß, Weise, Ziel oder Ort vorschreiben, sondern ihm anheim geben, ob er es besser oder anders geben will, als wir denken. Denn wir wissen oft nicht, was wir bitten, wie Paulus in Römer 8,26 sagt, und Gott wirkt und gibt höher, als wir begreifen, wie er in Epheser 3,20 sagt. So soll also, was das Gebet betrifft, kein Zweifel dabei sein, dass es angenehm und erhört sei; und doch lasse es Gott Zeit, Ort, Maß und Ziel frei, weil er es gut machen werde, wie es sein soll.

9. Sündigen auf der rechten und linken Seite

Das sind die rechten Anbeter, die ihn im Geist und in der Wahrheit anbeten. Denn die, welche nicht glauben, dass sie erhört werden, die sündigen auf der linken Seite wider dieses Gebet: Sie kommen zu weit davon ab mit ihrem Unglauben. Die aber, die ihm ein Ziel setzen, die sündigen auf der rechten Seite: Sie treten zu nahe, indem sie Gott versuchen. Deshalb hat er beides verboten; man soll von seinem Gebot nicht abweichen, weder zur Linken noch zur Rechten, das heißt weder mit Unglauben noch mit Versuchen; sondern man soll mit schlichtem Glauben auf der richtigen Straße bleiben, ihm vertrauen und ihm doch kein Ziel setzen.

10. Worum sollten wir beten?

Was sind aber die Sachen und Bedürfnisse, die man dem allmächtigen Gott im Gebet vorlegen und klagen muss, um darin den Glauben zu üben? Antwort: Es sind erstens die eigenen Nöte und Bedrängnisse, wie sie jedem angelegen sind. Davon sagt David: »Du bist meine Zuflucht in aller Angst, die mich umgibt, und bist mein Trost, da du mich erlösest von allem Übel, das mich umringt« (Psalm 32,7). Ferner in Psalm 142: »Ich habe mit meiner Stimme gerufen zu Gott dem Herrn, ich habe mit meiner Stimme Gott gebeten; ich will vor seinen Augen mein Gebet ausbreiten und will alles vor ihm ausschütten, was mir angelegen ist.«

Ebenso soll ein Christenmensch sich das vornehmen, wovon er fühlt, dass es ihm fehlt oder wovon er zu viel hat; das alles soll er frei vor Gott ausschütten als vor seinem treuen Vater, der bereit ist, ihm zu helfen. Und weißt du oder erkennst du deine Not nicht oder hast du keine Anfechtung, so sollst du wissen, dass du am allerübelsten dran bist. Denn das ist die größte Anfechtung, wenn du dich so verstockt, hartherzig und unempfindlich finden musst, dass dich keine Anfechtung bewegt.

11. Die Zehn Gebote – ein Spiegel für die Seele

Es gibt aber keinen besseren Spiegel, worin du deine Not ersehen kannst, als eben die Zehn Gebote; in ihnen findest du, was dir fehlt und was du suchen sollst. Wenn du darum bei dir findest, dass du einen schwachen Glauben, wenig Hoffnung und geringe Liebe zu Gott hast; ferner, dass du Gott nicht lobst und ehrst, sondern eigne Ehre und Ruhm lieb hast und der Menschen Gunst groß achtest, dass du Messe und Predigt nicht gern hörst und faul bist zum Beten, dann sollst du diese Fehler mit Ernst Gott vorlegen, klagen und Hilfe erbitten und sollst auf diese warten in der vollen Zuversicht, dass du erhört bist und die Hilfe und Gnade erlangen wirst.

12. Was das Gebet für Kraft hat

Wohlan, niemand glaubt, dass die Kraft und Wirksamkeit unseres Gebetes so groß sei, der es nicht erfahren hat. Dann ist es aber auch ein sehr Großes, zum Gebet greifen zu können, wenn traurige Fälle eintreten. Sooft es mir mit meinem Gebet rechter Ernst gewesen ist, bin ich reichlicher erhört worden, als ich gebeten habe. Gott verzieht wohl bisweilen und erhört doch.

Wie gar kräftig ist es bei Gott, dass ein armer Mensch mit der hohen Majestät im Himmel so reden soll und vor ihr nicht erschrecken. Da müssen Herz und Gewissen nicht zurücklaufen, nicht von wegen seiner Unwürdigkeit im Zweifel stehen, noch sich lassen abschrecken, sondern wir müssen im Herzen gewiss dafür halten, schließen und glauben, dass wir allbereits erhöret sind, was wir im Glauben an Christum gebeten haben. Darum haben die Alten das Gebet sehr fein und wohl beschrieben, dass es sei ein Aufsteigen des Herzens zu Gott, *Ascensus mentis ad Deum*, wenn sich das Herz erhebt und seufzet zu Gott.

Bibeltext: Markus 11,22-25

Zum Nachdenken

Die folgenden Fragen können in der kleinen Gruppe diskutiert werden. Sie können aber auch dem Einzelnen als Anregung dienen, sich – wenn möglich schriftlich – Gedanken zu machen.

1. Beten heißt nach Luther, dass wir das sagen, was uns auf dem Herzen liegt. Wie offen und ehrlich sagen Sie in Ihren Gebeten, was Sie bewegt? Fällt es Ihnen schwer, vor Gott ganz Sie selbst zu sein?

2. Wenn wir beten, sagt Luther in Abschnitt 5, können wir Eines mit Gewissheit erwarten. Was ist das?

3. Von den verschiedenen Haltungen, die für das wahre Beten nötig sind, ist für Luther vor allem eine wichtig – die Haltung des Vertrauens. In welchen Bereichen Ihres Lebens finden Sie es schwierig, Gott zu vertrauen?

4. Luther glaubt, dass wir »auf der linken Seite« sündigen, wenn uns der Glaube fehlt, und »auf der rechten«, wenn wir Gott ein bestimmtes Handeln und bestimmte Zeiten vorschreiben (siehe Abschnitt 9). Auf welche Seite kippen Sie in Ihren Gebeten eher ab?

5. Jesus sagt: »Alles, was ihr bittet in eurem Gebet, glaubt nur, dass ihr's empfangt, so wird's euch zuteil werden« (vergleiche Abschnitt 7). Inwieweit stimmt das, was Martin Luther lehrt, mit diesem Satz überein? Wo besteht ein Widerspruch?

Übungen

Die folgenden Vorschläge sind für den Einzelnen gedacht. Sie können aber auch im Rahmen einer geistlichen Zweierschaft oder in einer kleinen Gruppe aufgenommen werden. Wählen Sie einen oder mehrere aus.

1. Versuchen Sie in dieser Woche in Ihren Gebeten noch ehrlicher zu sein. Sagen Sie Gott offen, was Sie bewegt. Nehmen Sie sich die Freiheit, vor ihm ganz Sie selbst zu sein.

2. Halten Sie sich einmal an Luthers Rat, Gott in Ihren Gebeten keine Vorschläge zu machen, wie und wann und wo er eingreifen oder etwas tun soll. Üben Sie sich in der Freude am Glauben, die darauf vertraut, dass Gott am besten weiß, wie er uns erhören soll.

3. Beten Sie mit den Zehn Geboten. Gebrauchen Sie sie, wie Luther es empfiehlt, wie jemand, der in den Spiegel schaut, damit Sie besser erkennen, wie Ihr Leben aussieht (vergleiche Abschnitt 11).

4. Nicht nur in den Versen aus Markus 11, sondern auch im Vaterunser weist Jesus auf den unlösbaren Zusammenhang zwischen Gebet und Vergebung hin. Machen Sie die Vergebung, die Sie anderen schulden, in dieser Woche nicht nur zu einem Gebetsanliegen, sondern lassen Sie auch Ihr Leben mit Gott davon bestimmen.

Ein paar Gedanken

Nichts ist für das geistliche Leben so wichtig wie das Gebet, denn Beten führt uns in die fortwährende innere Gemeinschaft mit Gott. Und über dieses Leben im beständigen Kontakt mit dem heiligen Gott gibt es noch viel für uns zu lernen.

Wir sollten uns aber davor hüten, die Dinge zu kompliziert zu machen. Wie Kinder zu den Eltern gehen, so kommen wir zu Gott. Voller Ehrfurcht, sicher, aber auch ganz ungezwungen. Wir tragen das, was unser Herz beschäftigt, zu einem Vater, der uns liebt. Wie die Henne ihre Küken unter ihren Flügeln sammelt, so sorgt Gott für uns, so schützt und tröstet er uns (Matthäus 23,37).

Auch wenn uns die vielen Theorien über das Gebet manchmal wie ein Labyrinth erscheinen – wir können wie Kinder zu unserem Vater kommen, der sich freut, wenn er uns erhören und uns vergeben kann.

Zur Vertiefung

Martin Luther, Psalmenauslegung, 3 Bände, hrsg. v. Erwin Mülhaupt, Göttingen 1959-65

Martin Luther, Lektüre für Augenblicke. Gedanken aus seinen Schriften, Briefen und Tischreden, ausgew. u. m. einem Nachwort v. Walter Sparn, Frankfurt 1983

Nun freut euch, lieben Christen gmein. Luthers Wort in täglichen Andachten, Neuendettelsau 1983

Martin Luther, Christlicher Wegweiser für jeden Tag, Neuhausen-Stuttgart, 2. Auflage 1997

Martin Luther, Worte für jeden Tag, Gütersloh 1995

Martin Luther, Die Predigten, Göttingen 1965

Hanns Lilje, Martin Luther, Reinbek 2000

Martin Luther/Gerhard Schnittko, Wie man beten soll. Martin Luther als Beter, Gießen 1996

Ein Leben der Reinheit und Tugend

Bei der Tradition der Heiligung, dem Leben der Reinheit und Tugend, geht es um die innere Verwandlung, die da geschieht, wo wir »heilige Gewohnheiten« pflegen, wie es die alten Schreiber nannten. Wir tun, was wir können (beschäftigen uns zum Beispiel mit geistlichen Übungen), damit wir von Gott die Kraft erhalten, auch das zu tun, was wir nicht können (zum Beispiel unsere Feinde zu lieben).

Der rote Faden, der sich durch alle Texte dieses Teils zieht, ist die zentrale Bedeutung der Liebe. Sie ist die Triebkraft, die uns nach einem Leben der Heiligung trachten lässt, und begegnet uns bereits im ersten Text aus der *Theologia Deutsch*.

Thomas von Kempen geht auf die Versuchung und auf die Überwindung von Sünde ein.

Gregor von Nyssa und Johannes Calvin betrachten die Heiligung aus dem Blickwinkel der *athleti dei*, der Wettkämpfer Gottes, die sich für den Lauf des Lebens einem ständigen Training unterwerfen. Selbstverleugnung (die *via negativa*) und strenge geistliche Disziplin (die *via positiva*) sind beide gleich wichtig, um Leib, Seele und Geist zu schulen.

Blaise Pascal erinnert uns daran, dass der Mensch von beidem, von Größe und Elend getrieben wird. Er löst den inneren Widerspruch, den wir alle kennen, nicht vorschnell auf, verweist zum Schluss aber doch auf das Licht »für die, die nichts wünschen als zu sehen«.

Benedikt von Nursia richtet seine Aufmerksamkeit auf die Demut und nennt ein paar einfache Schritte, wie wir uns in dieser größten aller Tugenden üben können. William Law schließlich hält uns vor Augen, dass der Glaube notwendigerweise zur liebenden Tat führen muss. Geistliche Übungen haben in sich keinen Wert, wenn sie nicht einen liebevolleren Menschen aus uns machen.

Die hier zitierten Männer des Glaubens wussten um den Weg der Heiligung. Wir tun gut daran, ihre eindringlichen Worte auf uns wirken zu lassen.

Vom äußeren zum inneren Menschen

Theologia Deutsch (ca. 1400-1450)

Über den Autor

In seinem Vorwort zur *Theologia Deutsch* aus dem Jahr 1516 sagt Martin Luther, nur Gott wisse, wer dieses Buch geschrieben habe.

Soweit uns heute bekannt ist, entstand die *Theologia* im Laufe des fünfzehnten Jahrhunderts in der Bewegung der deutschen Mystik, und zwar bei dem Teil, der unter dem Namen »Gottesfreunde« bekannt geworden ist. Unter Berufung auf das Jesuswort aus Johannes 15,15: »Euch aber habe ich gesagt, dass ihr Freunde seid«, betonten sie die enge Beziehung zu Gott, ein Leben der Frömmigkeit und den völligen Gehorsam gegenüber den Geboten Christi.

Etwa um das Jahr 1400 geschrieben, zirkulierte die *Theologia* zunächst als eine Art Traktat, das die Menschen dazu aufrief, den lebendigen, gegenwärtigen Christus zu erfahren. 1516 stieß Martin Luther auf eine gekürzte Fassung des Textes. Er war davon so beeindruckt, dass er umgehend eine kurze Einleitung dazu schrieb und in Wittenberg drucken ließ. Zwei Jahre später entdeckte er eine vollständigere Version: Nun schrieb er eine umfassendere Einführung, die 1518 veröffentlicht wurde. Luther selbst sagte, er habe abgesehen von der Bibel und Augustin nie von etwas so viel gelernt wie von der *Theologia*.

Hauptanliegen der *Theologia* ist es, dass unser Wissen über Gott und unsere Gotteserfahrung den Weg vom »äußeren« zum »inneren Menschen« finden. Wir werden aufgefordert, die Worte Jesu ernst zu nehmen, dass die Dinge, die den Menschen ausmachen, aus dem Herzen kommen (Matthäus 15,19). Das Werk hat uns darum heute sicher noch genauso viel zu sagen wie den Menschen des vierzehnten und fünfzehnten Jahrhunderts.

Auszüge aus: Theologia Deutsch

1. Gott will Ordnung, Art und Maß

Man spricht, und es ist auch wahr: Gott ist über und ohne alle Art, Maß und Ordnung und gibt allen Dingen Art, Maß und Vernunft und desgleichen. Das soll man also verstehen: Gott will das alles haben und kann das an sich selber ohne Kreatur nicht haben; denn in Gott ohne Kreatur ist weder Ordnung noch Unordnung, weder Art noch Unart und desgleichen: Darum will er es also haben, dass es geschehen und sein soll und mag.

Denn wo Wort, Werk und Handlung ist, da muss es entweder sein in Ordnung, Art, Maß und Vernunft oder in Unvernunft und Unordnung. Nun ist Vernunft und Ordnung besser und edler denn das andere.

2. Sauer und schwer

Aber man soll wissen, dass viererlei Menschen die Ordnung und das Gesetz und die Art handhaben. Etliche tun es weder um Gott noch um dies oder um das, sondern um Zwang: Die tun immerdar so wenig, als sie vermögen, und wird ihnen sauer und schwer.

Die andern, die tun es um Lohn; das sind Menschen, die nichts Besseres noch anderes wissen als dies, und die wähnen, man könne damit das Himmelreich und das ewige Leben gewinnen und verdienen und mit nichts anderm, und wer dessen viel tut, den halten sie für heilig, und wer es versäumt oder es irgend anstehn lässt, der ist verloren. Und die haben gar großen Ernst und Fleiß dazu, und wird ihnen doch sauer.

Die dritten, das sind böse, falsche Geister, die wähnen und sagen, sie seien vollkommen und bedürfen des nicht und halten's für einen Spott.

3. Aus Liebe

Die vierten, das sind Erleuchtete durch das wahre Licht. Die treiben diese Dinge nicht um Lohn, denn sie wollen nichts damit gewinnen, und begehren auch nicht, dass ihnen etwas dafür werde, sondern sie tun es allein um Liebe, was sie da tun; und die haben nicht so große Not, wie des Dinges viel geschehe und bald und desgleichen, als vielmehr, was wohl mit Frieden und guter Muße geschehen möchte. Und würde von ungefähr etwas daran versäumt, darum geben sie sich nicht verloren; denn sie wissen wohl, dass Ordnung und Wohlberatenheit besser ist als Unberatenheit.

4. Die Mitte haltend

Darum wollen sie's halten und wissen auch, dass ihre Seligkeit nicht daran liegt: daher haben sie nicht so große Not wie die andern. Diese Menschen werden von den andern beiden Parteien gestraft und verurteilt; denn die Mietlinge sprechen, diese Menschen versäumen sich allenthalben, sprechen auch etwa, sie tun unrecht und desgleichen. Die andern (das sind die freien Geister) haben ihren Spott mit diesen Menschen und sagen, sie seien unwissend und töricht und desgleichen.

Aber diese erleuchteten Menschen halten die Mitte, und das ist auch das Beste: denn ein Liebhaber Gottes ist besser und Gott lieber denn tausend Mietlinge. Also steht es auch um all ihre Werke.

Auch soll man bedenken, dass Gottes Gebote und seine Räte und alle seine Lehre zum inneren Menschen gehören, auf dass er mit Gott vereinet werde. Und wo das geschieht, da wird der äußere Mensch von dem inneren wohl gelehret und geordnet, also dass man keiner äußeren Gebote oder Lehre bedarf. Aber der Leute Gebot und Gesetz gehört zu dem äußeren Menschen, und man benötigt ihrer, weil man nichts Besseres weiß: denn man wüsste sonst nicht, was man tun oder lassen sollte, und dann würde der Mensch sein wie die Hunde oder wie ein anderes Vieh. (...)

5. Von zwei geistlichen Augen

Man soll sich merken, dass man liest und spricht, die Seele Christi hätte zwei Augen, ein rechtes und ein linkes Auge. Zu Anbeginn, da sie geschaffen ward, da wandte sie das rechte Auge in die Ewigkeit und in die Gottheit und stand dort in vollkommenem Gebrauch und Anschauung göttlichen Wesens und ewiger Vollkommenheit, unbeweglich, und blieb dort unbewegt und ungehindert von allen den Zufällen und Mühsalen, Leiden, Martern und Peinen, die dem äußeren Menschen je geschahen.

Aber mit dem linken Auge sah sie in die Kreatur und erkannte dort alle Dinge und nahm den Unterschied wahr in den Kreaturen, was da besser oder unbesser, edler oder unedler wäre; und danach ward der äußere Mensch Christi eingerichtet.

6. Als er am Kreuze hing

Also stand der innere Mensch Christi nach dem rechten Auge der Seele im vollkommenen Gebrauch göttlicher Natur, in vollkommener Wonne, Freude und in ewigem Frieden. Aber der äußere Mensch und mit ihm das linke Auge der Seele Christi stand in vollkommenem Leiden, in aller Trübsal, Jammer und Arbeit, und dies geschah also, dass das inwendige und das rechte Auge unbewegt, ungehindert und unberührt blieb von allen den Mühsalen, Leiden, Schmerzen und Martern, die dem äußeren Menschen je geschahen.

Man sagt, da Christus an der Säule gegeißelt ward und da er an dem heiligen Kreuze hing nach dem äußeren Menschen, da stund die Seele oder der innere Mensch nach dem rechten Auge in also vollkommenem Gebrauch göttlicher Freude und Wonne, wie er nach seiner Himmelfahrt hatte oder wie er sie jetzund hat.

So ward auch der äußere Mensch oder die Seele nach dem linken Auge in ihren Werken an allem dem, das ihr äußerlich zugehörte, nie gehindert, betrübt oder bekümmert durch das inwendige Auge: Ihrer keines achtete auf das andere.

7. In die Ewigkeit sehen

Nun hat die geschaffene Seele des Menschen auch zwei Augen. Das eine ist das Vermögen, in die Ewigkeit zu sehen, das andere das Vermögen, in die Zeit und in die Kreatur zu sehen, darinnen Unterschiede zu erkennen, wie vorhin gesagt ist, und dem Leibe Leben und Notdurft zu geben und ihn zu richten und zu regieren aufs Allerbeste.

Aber diese zwei Augen der Seele des Menschen können nicht zugleich miteinander ihr Werk üben, sondern, soll die Seele mit dem rechten Auge in die Ewigkeit sehen, so muss sich das linke Auge aller seiner Werke entschlagen und enthalten und muss sich stellen, als ob es tot sei. Soll dann das linke Auge seine äußerlichen Werke verrichten – das heißt die Zeit und die Kreatur handhaben –, so muss auch das rechte Auge innehalten in seinem Tun, das ist in seiner Beschauung. Darum, wer eines haben will, der muss das andere fahren lassen; denn niemand kann zweien Herren dienen. (...)

8. Ein Drinbleiben

Man soll merken und wissen in ganzer Wahrheit, dass alle Tugend und Güte und auch das ewige Gut, das Gott selber ist, den Menschen nimmer tugendsam machen oder gut oder selig, solang er außer der Seele ist, das heißt solang er mit seinen Sinnen und seiner Vernunft draußen bleibt und nicht in sich selber einkehrt und lernt sein eigenes Leben erkennen, wer und was er sei.

Das Gleiche ist es auch um die Sünde und um die Bosheit. Denn alle Sünde und Bosheit machen uns nimmer böse, solang sie außer uns sind, das ist: solang sie von uns nicht vollbracht werden und solang wir darein nicht einwilligen.

Darum, wiewohl es nützlich und gut ist, dass man fragt und erfährt und dass somit erkannt wird, was gute und heilige Menschen getan oder gelitten haben, und auch, was Gott in ihnen und durch sie gewirkt habe und gewollt habe, so wär es dennoch tausendmal besser, dass der Mensch in sich selber erführe, erlernete und erkennete, wer er wäre, wie und was sein eigen Leben wäre, und auch, was Gott in ihm wäre und in ihm wirkete und was er von ihm haben wollte und wozu ihn Gott brauchen wollte oder nicht. (...) Darum so ist es weiter wahr, was man spricht: Es war nie ein Ausgang so gut, ein Drinbleiben wäre viel besser.

9. Allein auf Gott und sein Wirken warten

Es steht auch zu wissen, dass ewige Seligkeit allein an Einem liegt und an nichts anderem. Und soll anders der Mensch oder die Seele je selig sein oder werden, so soll und muss nichts in der Seele sein außer dem Einen.

Nun möchte man fragen: Was ist aber das Eine? – Ich sage: Es ist gut oder gut geworden, ist aber weder dies Gut noch jenes, das man nennen, kennen oder zeigen kann, sondern es ist Alles und über Allem.

Auch bedarf es nicht seines Kommens in die Seele; denn es ist jetzund darinnen, ist aber unerkannt. Wenn man sagt, man solle dahin gelangen, oder es soll in die Seele kommen, so heißt das: man soll es suchen, empfinden und schmecken. Und weil es nun Eines ist, so ist auch Einigkeit und Einfalt besser denn Mannigfaltigkeit.

Denn Seligkeit liegt nicht an Vielem oder an Vielheit, sondern an Einem und an Einigkeit. Auch liegt Seligkeit – kurz gesagt – an keiner Kreatur oder am Wirken einer Kreatur, sondern sie liegt allein an Gott und an seinem Wirken.

Darum also sollt ich alleine Gottes und seines Wirkens gewarten und alle Kreatur mit ihren Werken lassen und zu allererst mich selber, auch alle die Werke und Wunder, die Gott je gewirkt hat und jemals sonst bewirken mag in und mit aller Kreatur oder auch Gott selber mit aller seiner Güte: Sofern das nämlich außer mir ist und geschieht, macht es mich nimmer selig, sondern so viel es in mir ist und in mir geschieht, geliebt, erkannt, geschmeckt und empfunden wird. (…)

10. Das falsche Licht und das wahre Licht

Nun ist vorher auch eines falschen Lichtes gedacht worden. Deshalb muss etwas davon gesagt werden, was es denn sei, und was ihm zugehöre.

Sieh, alles das, was dem wahren Licht zuwider ist, das gehört dem falschen zu.

Zum wahren Lichte gehört und muss sein, dass es nicht betrügen will und auch nicht wollen kann, dass jemand gekränkt oder betrogen werde; und es mag auch selber nicht betrogen werden.

Aber das falsche Licht wird und ist betrogen und betrügt hernach andere Leute mit.

Denn Gott will niemand betrügen und kann nicht wollen,

dass jemand betrogen werde. Also ist es auch um das wahre Licht.

Nun höre. Das wahre Licht ist Gott oder göttlich, das falsche Licht ist Natur oder natürlich. (...)

Und wie Gott und das wahre Licht ohn alle Ichheit, Selbheit und Eigensucht ist, so gehört der Natur und dem natürlichen, falschen Lichte das Ich, das Mir, Mein, Mich und desgleichen, also dass es sich und das Seine in allen Dingen mehr sucht denn das Gute als solches. (...) Auch wähnet es (das falsche Licht), es sei, was es doch nicht ist, denn es wähnet, es sei Gott und ist doch nur Natur; und weil es nun wähnet, es sei Gott, so eignet es sich an, was Gott zugehört. (...)

Nun soll man merken: Wo mit dem wahren Licht erleuchtete Menschen sind: die erkennen, dass alles, was sie begehren möchten oder erwählen möchten, nichts ist gegenüber dem, das von allen Kreaturen – als Kreaturen – je begehrt oder erwählt oder erkannt ward. Darum also lassen sie alles Begehren und Erwählen und befehlen und überlassen sich und alle Dinge dem ewigen Gut.

Bibeltext: Johannes 3,1-8

Zum Nachdenken

Die folgenden Fragen können in der kleinen Gruppe diskutiert werden. Sie können aber auch dem Einzelnen als Anregung dienen, sich – wenn möglich schriftlich – Gedanken zu machen.

1. Nennen Sie die in Abschnitt 2 angesprochenen vier Arten von Menschen, die versuchen, ein geordnetes, moralisch reines Leben zu führen. Welcher der vier sind Sie selbst am ähnlichsten?

2. Das rechte Auge der Seele blickt auf das Ewige, während das linke Auge nach den Dingen dieser Welt schaut (siehe Abschnitt 5). Welches »Auge« hat bei Ihnen, um im Bild zu bleiben, die stärkere Sehkraft?

3. Der Verfasser der *Theologia Deutsch* betont in Abschnitt 6, wie wichtig es ist, von innen heraus und nicht nur äußerlich bewegt zu sein. Welche inneren und welche äußeren Beweggründe treiben Sie dazu, sich mit geistlichen Übungen zu beschäftigen?

4. Die ganze Welt funktioniert heute nach dem Prinzip von Belohnung und Strafe. Wir halten uns zum Beispiel an die Geschwindigkeitsbegrenzung, weil wir keinen Strafzettel wollen. Der Verfasser hingegen meint in Abschnitt 8, wir sollten den Gehorsam gegenüber Gott um seiner selbst willen lieben und nicht weil wir uns eine Belohnung erhoffen oder Angst vor einer Bestrafung haben. Wo hat in diesem Zwiespalt Gottes Gnade ihren Platz?

5. Was ist nach Johannes 3,3 die Folge, wenn jemand von neuem geboren wird? Welches »Auge« brauchte Nikodemus nach der *Theologia Deutsch,* um zu begreifen, was Jesus ihm hier erklären wollte?

Übungen

Die folgenden Vorschläge sind für den Einzelnen gedacht. Sie können aber auch im Rahmen einer geistlichen Zweierschaft oder in einer kleinen Gruppe aufgenommen werden. Wählen Sie einen oder mehrere aus.

1. Beobachten Sie in dieser Woche einmal, was Sie zum Handeln motiviert. Nehmen Sie die vier in der *Theologia Deutsch* (Abschnitt 2) genannten Kategorien als Maßstab. Tun Sie etwas, weil es Ihre Pflicht ist, weil Sie auf eine Belohnung hoffen, aus Rebellion oder aus Liebe?

2. Versuchen Sie diese Woche einmal Ihre Aufgaben anzupacken, ohne sich Gedanken über das Ergebnis zu machen. Freuen Sie sich an den Dingen, die Sie tun können, ohne nach »Punkten« zu schielen.

3. Segen, sagt der Verfasser, hängt nicht von materiellen Gütern ab (siehe Abschnitt 8). Üben Sie, sich diese Woche an den einfachen Dingen zu freuen, die Gott Ihnen schenkt, einem Spaziergang im Park, einem schönen Sonnenuntergang, Zeit mit der Familie. Lassen Sie Gott in jeden Bereich Ihres Lebens ein.

4. »Der Wind«, sagt Jesus, »bläst, wo er will; aber du weißt nicht, woher er kommt und wohin er fährt.« Seien Sie in dieser Woche offen für das sanfte Wehen des Geistes und klammern Sie sich nicht an der altgewohnten Routine fest. Lassen Sie sich bei allem, was Sie tun, von Gottes Geist stärken.

Ein paar Gedanken

Der Bewegung der »Gottesfreunde« stand in ihrer Zeit eine andere populäre Strömung gegenüber, jene der »Brüder und Schwestern des freien Geistes«. Sie behaupteten, man könne dem Geist auch folgen, ohne sich an irgendwelche moralischen Maßstäbe oder ethischen Verpflichtungen zu halten. Im Gegensatz dazu behaupteten die »Gottesfreunde«, Regeln und Ordnungen seien nötig, wobei sie aber keiner toten Gesetzlichkeit verfielen.

Die Erkenntnis, dass echte christliche Freiheit den Rahmen verbindlicher Maßstäbe braucht, ist auch heute wieder bitter nötig. Viele würden am liebsten alle »moralischen Zwänge« abstreifen. Andere wollen uns dem Buchstaben des Gesetzes unterwerfen. Die *Theologia* zeigt uns einen besseren Weg – den Weg der Gnade Gottes und seines Erbarmens, der aber klare ethische Vorstellungen einschließt.

Das Rennen laufen

Gregor von Nyssa (331-396)

Über den Autor

Der Kirchenvater Gregor von Nyssa lebte in einer Zeit, als die Christenverfolgungen allmählich abklangen. Er wirkte seit 371 als Bischof von Nyssa in Kappadozien und gilt als der größte christliche Denker seiner Zeit. Im Streit um die rechte biblische Lehre kämpfte er mit Erfolg um die Anerkennung des Nicänischen Glaubensbekenntnisses. Mit zwei anderen Kirchenlehrern begründete er die Trinitätslehre.

Seine Schriften haben vor allem die Spiritualität der Ostkirche beeinflusst. Er war mit der griechischen Philosophie vertraut, insbesondere mit Platon und der Stoa. Sein Denken wurzelte aber in der Bibel.

Gregor war überzeugt, dass die Bibel nicht so sehr der historischen Reflexion als vielmehr dem Wachsen in der Heiligung, der Formung des Christen dienen solle. Wie den anderen Kirchenvätern lag ihm daran, von ihr und ihren Personen zu lernen, wie wir Gott näher kommen, wie wir die Seele zu Gott »erheben«, wie wir ihn schauen können. Das geistliche Leben glich für ihn einem Wettlauf, in dem wir, wie Paulus schreibt, vergessen, »was dahinten ist« und uns ausstrecken »nach dem, was da vorne ist« (Philipper 3,13).

Die folgenden Auszüge sind seinem Werk *Das Leben des Moses* entnommen. Er schrieb es auf die Bitte hin, Wegweisung für ein Leben der Heiligung zu geben. Zur Vollkommenheit gelangen wir laut Gregor durch beständiges Streben – ein nie endender Prozess, der in der unendlichen Gnade Gottes wurzelt.

Auszüge aus: Der Aufstieg des Moses

1. Der geheiligte Wettkampf

Die Zuschauer bei den Pferderennen rufen ihren Lieblingen, auch wenn diese alles für ihre Schnelligkeit tun, im Eifer für den Sieg von ihren Plätzen herab zu, und dabei hängen ihre Augen am Geschehen unten in der Rennbahn: Sie glauben, den Pferdelenker zu größerer Schnelligkeit antreiben zu können. Zugleich rufen sie den Pferden zu, und statt einer Peitsche winken sie mit ihren gestreckten Armen.

Nicht um entscheidend zum Sieg beizutragen, sondern die Begeisterung für die Wettkämpfer bringt sie dahin, ihrem Eifer mit Ruf und Geste Ausdruck zu geben. Ähnlich, scheint mir, verhalte ich mich dir gegenüber, liebster Freund und Bruder, da ich dir, der du in der Arena der Tugend in göttlichem Lauf wetteiferst und in vielen flinken Sprüngen dich steigerst hin »zum Siegespreis des Rufes, der von oben kam« (Philipper 3,14), zurufe, dich antreibe und ermahne, dich in deinem Eifer und deiner Schnelligkeit zu steigern.

2. Bereitwilliger Gehorsam

Ich tue das nicht von irgendeinem unangebrachten Eifer getrieben, sondern um dir wie einem geliebten Sohn zu willfahren. Denn du hast in dem Brief, den du neulich sandtest, die Bitte geäußert, ich möchte dir einen Rat zum vollkommenen Leben zukommen lassen. Ich bin der Ansicht, deiner Bitte entsprechen zu müssen; es kann zwar sein, dass nichts Nützliches für dich aus dem Gesagten entspringt, völlig unnütz braucht aber dieses Beispiel des Gehorsams doch nicht für dich zu sein. Denn wenn wir, die wir wie Väter für so viele Seelen zu sorgen haben, der Ansicht sind, dass es unserem Alter ziemt, Aufträge von besonnener Jugend anzunehmen, so ist es noch weitaus ziemlicher, dass nun in dir der Gehorsam gestärkt wird, insofern wir durch unser Beispiel diese Jugend zum freiwilligen Gehorsam geführt haben.

3. Das vollkommene Leben

Aber genug davon. Wir müssen unser Vorhaben angehen; Gott möge uns auf dem Weg unserer Gedanken leiten. Du verlangst, liebster Freund, ich solle dir darstellen, was das sei, das vollkommene Leben. Du willst natürlich, wenn du das Gesuchte in meiner Darstellung findest, den darin aufgewiesenen Ertrag in das eigene Leben hinübertragen.

Ich aber bin nun in einer doppelten Verlegenheit: denn die

Vollkommenheit im Geiste zu erfassen und im Leben aufzuweisen, was der Geist erkannt haben mag, das eine wie das andere geht über meine Kräfte, ich gestehe es. Vielleicht aber stehe ich nicht allein; vielmehr stimmen viele bedeutende Männer, solche, die einen hohen Grad der Tugend erreicht haben, darin überein, dass ihnen solches unerreichbar ist. Damit es aber nicht so aussieht, als ob ich, wie der Psalmist sagt, dort fürchte, wo es keine Furcht gibt (Psalm 13,5), will ich dir genauer erklären, was ich will.

4. Unaufhörlicher Lauf um das Ziel der Tugend

Die Vollkommenheit wird bei allem, was mit den Sinnen wahrgenommen wird, durch gewisse Bestimmungen begriffen, wie die quantitative Größe, die zusammenhängende und die unzusammenhängende. Denn jedes Maß im Bereich des Quantitativen wird mit gewissen eigenen Bestimmungen gefasst. Wer die Elle oder die Zahl Zehn betrachtet, weiß, dass ihre Vollkommenheit darin besteht, an einem Punkt zu beginnen und an einem Punkt zu enden.

Hinsichtlich der Tugend aber gibt es – wie wir vom Apostel erfahren – nur eine Grenze der Vollkommenheit, nämlich keine Grenze zu haben. Dieser geistig weite und überragende göttliche Apostel hörte niemals bei seinem Lauf durch das Reich der Tugend auf, sich nach dem auszustrecken, was vor ihm war (Philipper 3,13). Denn gefährlich war es für ihn, im Laufen anzuhalten. Warum? Weil alles Gute, seiner Natur entsprechend, keine Grenze hat, sondern nur begrenzt wird durch seinen Gegensatz, wie das Leben durch den Tod, das Licht durch die Finsternis; überhaupt hört alles Gute immer dort auf, wo sein Gegensatz sichtbar wird.

5. Anhalten im Lauf

Wie denn das Ende des Lebens der Anfang des Todes ist, so auch wird das Anhalten im Lauf auf dem Weg der Tugend zum Beginn des Laufs auf dem Weg des Lasters. So ging ich nicht fehl, als ich sagte, dass das Bestimmen der Vollkommenheit bei der Tugend unmöglich sei; jedenfalls wurde erwiesen, dass, was durch Grenzen bestimmt wird, nicht Tugend ist.

Da ich sagte, dass es auch denen, die ihr Leben in der Tugend führen, unmöglich ist, die Vollkommenheit zu erreichen, so wird auch der Sinn davon verständlich gemacht werden.

Das auf höchste und wahrste Weise Gute, dessen Wesen Gutsein ist, das Göttliche selbst, was auch immer durch die Natur erkannt wird, ist dies und wird auch so benannt. Da nun keine Grenze der Tugend außer dem Laster besteht, wie gezeigt wurde, das Göttliche aber einen Gegensatz ausschließt, ist die göttliche Natur unbegrenzt und unendlich. Und doch – wer wahrhafter Tugend nachfolgt, der hat Teil an Gott, der ja selbst die vollkommene Tugend ist. Da nun das wesenhaft Gute, an dem die wenigen, die es erkannt haben, teilhaben wollen, ohne Grenze ist, hat notwendigerweise auch das Verlangen des Teilhabenden, das sich nach dem Unbegrenzten streckt, kein Ende.

6. Die unerfüllbare Anweisung

Nun ist es völlig unmöglich, das Vollkommene zu erreichen, weil die Vollkommenheit, wie gesagt, unbegrenzt ist und die Tugend nur eine Grenze hat – ihre Grenzenlosigkeit. Wie kann nun jemand die erstrebte Grenze – nämlich die Vollkommenheit – erreichen, da er doch keine Grenze sieht?

Doch darf, nachdem wir das Erstrebte als unerreichbar erwiesen haben, die Anweisung des Herrn nicht unbefolgt bleiben, die besagt: »Seid vollkommen, wie euer himmlischer Vater vollkommen ist!« (Matthäus 5,48). Denn bei allem wesenhaft Guten ist – auch wenn es nicht ganz erreicht werden kann – es schon ein großer Gewinn, einen Teil erreicht zu haben.

7. Die erreichbare Vollkommenheit

Man muss also immer großen Eifer zeigen, um nicht ganz aus der erreichten Vollkommenheit herauszufallen, sondern so viel von ihr zu erreichen streben, wie man zu fassen vermag. Denn sich so verhalten, dass man im Guten immer mehr zu haben strebt, das ist die Vollkommenheit der menschlichen Natur.

Es scheint mir richtig, an dieser Stelle die Heilige Schrift heranzuziehen. Denn durch die Prophetie des Isaias spricht die göttliche Stimme: »Schaut auf Abraham, euren Vater, und auf

Sara, die euch geboren!« (Jesaja 51,2). Der Sinn dieser Worte richtet sich ganz an diejenigen, die von der Tugend abgeirrt sind.

8. Wieder auf dem richtigen Kurs

Denn wie solche, die auf dem Meer vom richtigen Kurs abgekommen sind, auf ein Zeichen hin ihren Kurs zurückgewinnen – mögen sie nun ein Feuerzeichen sehen, das von der Höhe herableuchtet, oder den Gipfel eines Berges – ebenso sollen jene, die auf dem Meer des Lebens ohne Steuermann umherirren, durch das Beispiel Saras und Abrahams auf den Hafen des göttlichen Willens hingerichtet werden.

Denn da die menschliche Natur in das Weibliche und Männliche zerfällt und beiden in gleicher Weise das Vermögen zur Tugend wie zur Sünde zukommt, deshalb ist jedem Teil von der göttlichen Stimme das entsprechende Beispiel der Tugend vorgewiesen, damit beide, auf Verwandtes schauend – auf Abraham die Männer, die Frauen auf Sara – durch ihnen zugehörige Beispiele auf ein Leben der Tugend sich richten möchten.

9. Der geborgene Hafen der Tugend

Es dürfte vielleicht auch uns das Gedächtnis eines Einzigen aus der Schar der Berühmten genügen, dem Bedürfnis nach einem »Feuerzeichen« gerecht zu werden und aufzuweisen, wie es möglich ist, die Seele in den geborgenen Hafen der Tugend einlaufen zu lassen, ohne dass sie von den Wogen des Lebens überfallen und in der Brandung der Leidenschaften vom Abgrund der Sünde verschlungen wird.

Darum nämlich wird das Leben jener Erhabenen genau erzählt, dass durch die Nachahmung der schon Vollendeten das Leben zum Guten hin gerichtet werde.

Aber, wird jemand sagen, wenn ich weder ein Chaldäer bin, wie es Abraham gewesen ist, noch von einer Tochter Ägyptens aufgezogen worden bin, wie es die Schrift von Moses bezeugt, noch überhaupt etwas Gemeinsames in meinem Leben mit irgendeinem ehemaligen Menschen ist: Wie kann ich mich in die gleiche Ordnung mit einem von ihnen hineinstellen, da ich nicht weiß, wie ich einen nachahmen soll, dessen Lebensumstände völlig von den meinigen abweichen?

Einem solchen werden wir antworten: Weder bestimmen wir Sünde oder Tugend nach dem »Chaldäersein«; noch schließen wir jemand von einem Leben der Tugend aus bloß wegen seines Lebens in Ägypten oder seines Aufenthalts in Babylon; noch wird nur in Judäa Gott den Gerechten offenbar (Psalm 75); noch ist Zion die Wohnstatt Gottes überhaupt; vielmehr bedürfen wir einer genaueren Erkenntnis und eines schärferen Blickes, um in der Geschichte entscheiden zu können, von welchen Chaldäern und Ägyptern wir uns entfernen, welchen babylonischen Gefangenschaften wir entrinnen müssen, um das glückselige Leben zu erreichen. (…)

10. Gottes Freund werden

Da nun dies von uns gefragt worden war, was das sei, das Ziel einer tugendhaften Lebensführung, und dieses Ziel nun durch das Gesagte gefunden ist, so ist es an der Zeit, Edler, auf das Vorbild zu schauen, und das im erhabenen Betrachten des geschichtlichen Berichts Geschaute auf das eigene Leben zu übertragen, um dann von Gott erkannt und sein Freund zu werden.

Denn dies ist wahrhaft die Vollendung: Sich nicht mehr sklavisch aus Furcht vor Strafe vom sündhaften Leben fernhalten, nicht wegen der Hoffnung auf Lohn das Gute tun, indem man in geschäftlicher und berechnender Weise mit seinem tugendhaften Leben handelt, sondern ohne Rücksicht auf alles, was unserer Hoffnung verheißen ist, einzig und allein für furchtbar halten, aus der Freundschaft mit Gott herauszufallen, dagegen einzig und allein für kostbar und wertvoll halten, Gottes Freund zu werden; das ist, wenigstens meiner Meinung nach, die Vollendung des Lebens. Was du aber, wenn sich dein Geist zum Herrlichen und Göttlichen erhoben hat, finden wirst – du wirst, wie ich genau weiß, viel finden –, wird ganz und gar ein Gewinn für alle sein, in Christus Jesus, unserem Herrn, dem die Ehre und Macht gehört bis zum Ende der Zeiten, Amen.

Bibeltext: Philipper 3,12-21

Zum Nachdenken

Die folgenden Fragen können in der kleinen Gruppe diskutiert werden. Sie können aber auch dem Einzelnen als Anregung dienen, sich – wenn möglich schriftlich – Gedanken zu machen.

1. Gregor von Nyssa vergleicht in Abschnitt 1 den Weg des Glaubens mit einem Wettlauf. Wie hat Ihr Glaubensleben, um in diesem Bild zu bleiben, bislang ausgesehen? War es ein Sprint? Ein Marathon? Ein Hürdenlauf? Ein Abfahrtsrennen oder ein steiler Aufstieg?

2. Denken Sie an ein paar Menschen, von denen Sie »angefeuert« wurden. Wie haben sie Sie angetrieben, ermahnt, erbaut und ermutigt?

3. Meint Gregor wirklich, der Mensch könne vollkommen werden? Wieso? Wieso nicht?

4. Welche Gestalt aus der Bibel ist für Sie zu einem »Leuchtfeuer« geworden? Was hat Sie an dieser Gestalt besonders fasziniert?

5. Paulus sagt, er habe das Ziel noch nicht erreicht und sei noch nicht vollkommen. Aber er jagt einem Ziel nach und möchte es ergreifen. Was genau meint er damit? Wem jagen Sie nach? (Was ist Ihr Ziel im Leben? Was sind Ihre Wünsche?)

Übungen

Die folgenden Vorschläge sind für den Einzelnen gedacht. Sie können aber auch im Rahmen einer geistlichen Zweierschaft oder in einer kleinen Gruppe aufgenommen werden. Wählen Sie einen oder mehrere aus.

1. Feuern Sie in dieser Woche einen anderen Menschen auf seinem Glaubensweg an. Schreiben Sie ihm oder ihr einen Brief, rufen Sie an oder machen Sie einen Besuch, einfach um ihm Mut zum Durchhalten zu machen.

2. Nehmen Sie sich einen oder zwei Bereiche Ihres Lebens vor, in denen Sie gern weiterkommen möchten. Sprechen Sie mit einer Freundin/einem Freund über Ihre Wünsche und Pläne. Dadurch wird das Ganze verbindlicher.

3. Beschäftigen Sie sich einmal näher mit einer der großen Gestalten des Glaubens (Esther, Mose, Ruth, Abraham usw.). Lassen Sie sich von ihrem Mut, ihrem Glauben und auch von ihrem Versagen – und der empfangenen Vergebung – neue Impulse für Ihr eigenes Leben geben.

4. Zu echter Vollkommenheit, schreibt Gregor von Nyssa in Abschnitt 10, gelangt man, wenn man ein Freund Gottes wird. Pflegen Sie die Freundschaft mit Gott in dieser Woche, indem Sie sich mehr Zeit für ihn nehmen, ihn immer mehr Anteil an Ihrem Leben nehmen lassen – an Ihren Hoffnungen, Ihren Träumen und auch Ihrem Versagen – und sich seiner Liebe öffnen.

Ein paar Gedanken

Mir gefällt, wie Gregors Text die modernen Diskussionen über die Vollkommenheit entlarvt. Es geht ihm überhaupt nicht darum, ob eine Lehre über die Heiligung besser ist als die andere.

Denn das Gegenmittel gegen einen ungesunden Perfektionismus besteht nicht darin, nun jegliches Bemühen um Heiligung gewissermaßen zu verteufeln. Ein geheiligtes Leben ist schließlich Gottes Idee und auch im geistlichen Leben sollten Fortschritte erkennbar werden. Gregors wichtigstes Anliegen ist vielmehr, dass wir in der Tugend wachsen. Und Tugend heißt für ihn, dass wir versuchen, das Rennen zu laufen. Das eigentliche Ziel aller Tugend ist, dass wir Freunde Gottes werden. Ist das nicht einen ganzen Einsatz wert?

Zur Vertiefung

Mariette Canévet, Gregor von Nyssa, in: Gerhard Ruhbach/Josef Sudbrack (Hrsg.), Große Mystiker – Leben und Wirken, München 1984

Die Freude der Selbstverleugnung
Johannes Calvin (1509-1564)

Über den Autor

Johannes Calvin wurde in Noyon in der Picardie in Nordfrankreich geboren und wuchs in einer wohlhabenden Familie auf. Zum Studium ging er nach Paris. Sein Vater hätte es gern gesehen, dass er sich ganz der Theologie widmete. Ihn zog es jedoch zur Rechtswissenschaft, zur Philosophie und zu den alten Sprachen. Dennoch war er ein scharfer theologischer Denker und mit Leib und Seele Pastor. 1534 trat er zum Protestantismus über, was ihm zwei kurze Aufenthalte im Gefängnis eintrug.

1536, im Alter von sechsundzwanzig Jahren, schrieb Calvin sein wohl berühmtestes Werk, die *Institutio Christianae Religionis (Unterricht in der christlichen Religion),* einen Katechismus, den er im Laufe der Zeit zu einer umfangreichen Dogmatik ausarbeitete. Dann ging er nach Genf. Sein Einfluss auf die Stadt war enorm. Unter seiner Leitung wurde Genf – trotz heftiger Widerstände gegen seine überaus strengen Vorstellungen von Kirchenzucht – bald bekannt für seine Sittenstrenge, seine wirtschaftliche Blüte und sein Schulsystem. Calvin gilt als einer der Gründer der reformierten wie auch der presbyterianischen Kirche.

Er war von den Schriften Martin Luthers und Augustins beeinflusst, vor allem von der Prädestinationslehre des Letzteren. Es ist wohl nicht falsch zu sagen, dass kein Theologe klarer von der Souveränität Gottes gesprochen hat als Johannes Calvin. Bekannt war er auch für seine eigene Strenge und Genügsamkeit. Im folgenden Abschnitt geht es um die Selbstverleugnung, die nach Calvin ein wesentliches Element im Leben jedes Christen sein sollte. Seine Worte sind wie die anderer geistlicher Klassiker für das moderne Denken, das Enthaltsamkeit als etwas durch und durch Negatives betrachtet, recht ernüchternd.

Auszüge aus: Leben aus Glauben

1. Eine ganz besondere Regel

Das Gesetz des Herrn bietet uns gewiss eine großartige und trefflichst geordnete Anleitung zur Gestaltung unseres Lebens. Doch hat es unserem himmlischen Meister wohlgefallen, die Seinen noch auf eine genauere Weise nach der Regel zu bilden, die er im Gesetz vorgeschrieben hatte. Der Hauptgrundsatz dieser Erziehungsweise ist der: Die Gläubigen haben das Amt, »ihre Leiber hinzugeben als ein Opfer, das lebendig, heilig und Gott wohlgefällig ist. Das sei ihr vernünftiger Gottesdienst!« (nach Römer 12,1).

Aus diesem Satz entnimmt Paulus Ursache zu der Ermahnung: »Und stellt euch nicht dieser Welt gleich, sondern ändert euch durch Erneuerung eures Sinnes, damit ihr prüfen könnt, was Gottes Wille ist!« (Römer 12,2). Das ist nun eine große Sache, dass wir dem Herrn geheiligt und geweiht sind – um nun in unserem Denken, Reden, Trachten und Handeln nichts anderes zu tun, als was zu seiner Ehre dient!

2. Das einzige rechtmäßige Ziel

Sind wir nun aber nicht unsere eigenen Herren, sondern gehören wir dem Herrn, so wird sofort klar, welchen Irrtum wir zu meiden haben und worauf alle unsere Werke in unserem ganzen Leben zu richten sind. Wir sind nicht unsere eigenen Herren – also darf bei unseren Plänen und Taten weder unsere Vernunft noch unser Wille die Herrschaft führen. Wir sind nicht unsere eigenen Herren – also dürfen wir uns nicht das Ziel setzen, danach zu suchen, was uns nach dem Fleische nützt! Wir sind nicht unsere eigenen Herren – also sollen wir uns und alles, was wir haben, soweit irgend möglich, vergessen!

Auf der anderen Seite: Wir sind Gottes Eigentum – also sollen wir ihm leben und ihm sterben! Wir sind Gottes Eigentum – also muss seine Weisheit und sein Wille bei all unserem Tun die Führung haben! Wir sind Gottes Eigentum – also muss unser Leben in allen seinen Stücken allein zu ihm als dem einzigen rechtmäßigen Ziel hinstreben!

3. Die schädlichste Pestilenz

Wie weit ist der schon fortgeschritten, der erkannt hat, dass er nicht sein eigener Herr ist – und der deshalb seiner eigenen Vernunft Herrschaft und Regiment entzogen hat, um sie Gott allein zu überantworten! Denn die schädlichste Pestilenz, die die Menschen nur zugrunde richten kann, herrscht da, wo der Mensch sich selber gehorcht – und der einzige Hafen des Heils liegt dementsprechend darin, dass wir von uns aus nichts denken, von uns aus nichts wollen, sondern einzig dem Herrn folgen, wie er uns vorangeht!

Der erste Schritt soll also darin bestehen, dass der Mensch sich selber abscheidet, um alle Kraft seines Geistes daran zu setzen, dem Herrn zu Willen zu sein. Unter solcher Dienerschaft verstehe ich nicht nur die, welche im Gehorsam gegen das Wort beruht – sondern jene, bei der sich das Herz des Menschen, leer von allem eigenen, fleischlichen Sinn, ganz zu Willen des Geistes Gottes bekehrt.

Diese Umwandlung, die Paulus auch »Erneuerung in Geist und Sinn« nennt (Epheser 4,23), ist den Philosophen sämtlich unbekannt gewesen, obwohl sie doch der erste Schritt ins Leben hinein ist. Sie setzen allein die Vernunft als Meisterin über den Menschen ein, sind der Meinung, man solle allein auf diese hören, ja, sie übertragen und verstatten ihr allein die Herrschaft über die Sitten. Die christliche Weisheit dagegen lässt die Vernunft weichen, gibt ihr auf, sich dem Heiligen Geiste zu unterwerfen, unter sein Joch zu treten, damit der Mensch nicht selber lebt, sondern Christus als den in sich trage, der da lebt und regiert! (Galater 2,20).

4. Ein großer Fortschritt

Hieraus folgt nun auch das Zweite: Wir sollen nicht suchen, was unser ist, sondern was aus des Herrn Willen kommt und zur Mehrung seines Ruhms geschieht. Auch das ist ein großer Fortschritt, wenn wir uns selber schier vergessen, jedenfalls alle Rücksichtnahme auf uns hintanstellen und uns anstrengen, all unseren Eifer getreulich auf Gott und seine Befehle zu richten.

Wenn uns nämlich die Schrift Weisung gibt, die private

Rücksicht auf uns selber aufzugeben, so tilgt sie damit nicht allein die Habgier, die Machtsucht und das Streben nach Gunst bei den Menschen aus unseren Herzen – nein, sie entwurzelt auch die Ehrsucht, alles Hängen am menschlichen Ruhm und andere, verborgene Pestilenz dieser Art! Der Christenmensch muss wahrlich so beschaffen und so zubereitet sein, dass er bedenkt: Ich habe es in meinem ganzen Leben mit Gott zu tun.

5. Kein Raum mehr

Aus diesem Grund wird er all sein Tun und Lassen nach Gottes Urteil und Ermessen richten; ebenso wird er auch alles Streben seines Herzens fromm auf ihn lenken. Denn wer es gelernt hat, bei allem, was er auszurichten hat, auf Gott zu schauen, der wird dadurch zugleich von allen unnützen Gedanken abgewendet. Dies ist die Selbstverleugnung, die Christus mit solchem Nachdruck allen seinen Jüngern von ihrer ersten Lehrzeit an aufträgt.

Hat diese Selbstverleugnung einmal unser Herz ergriffen, so lässt sie zunächst der Hoffart, der Aufgeblasenheit, der Prahlerei, dann aber auch dem Geiz, der Gier, der Ausschweifung, der weichlichen Wollust und all dem anderen, was aus unserer Selbstliebe entsteht, keinen Raum mehr. Wo sie dagegen nicht das Regiment führt, da verbreiten sich schamlos selbst die gemeinsten Laster – oder aber es wird zwar ein Schein der Tugend sichtbar, er ist aber durch böse Ruhmsucht verdorben. Man zeige mir doch, wenn man kann, einen Menschen, der anderen umsonst Gutes tun wollte – ohne sich nach dem Gebot des Herrn selbst verleugnet zu haben!

6. Dem Himmelreich näher

Denn wer von dieser Gesinnung nicht beherrscht wird, der hat zum wenigsten das Lob im Auge, wenn er den Weg der Tugend geht! Gewiss hat es Philosophen gegeben, die behaupteten, man müsse nach der Tugend um ihrer selbst willen streben – aber die, welche das am schärfsten betont haben, die waren von derartiger Anmaßung aufgeblasen, dass es ganz deutlich wird: Sie haben bei ihrem Streben nach Tugend gar nichts anderes im Auge gehabt, als einen Grund für ihre Hoffart zu gewinnen.

Gott aber hat kein Gefallen an solchen Haschern nach öffentlicher Gunst und solchen aufgeblasenen Menschen – nein, er gibt uns kund, dass sie in dieser Welt »ihren Lohn schon gehabt« (Matthäus 6,2+5.16), dass die Huren und Zöllner dem Himmelreich näher sind als sie! (Matthäus 21,31).

7. Kein anderes Heilmittel

Dabei habe ich aber noch gar nicht deutlich gezeigt, wie viele und wie große Hemmungen den Menschen am Eifer um das Rechte hindern, solange er sich noch nicht selbst verleugnet hat. Es ist wahr, was man einst gesagt hat: In der Menschenseele sei eine Welt von Lastern verborgen. Da lässt sich kein anderes Heilmittel finden als dies, dass du dich selbst verleugnest, die Rücksicht auf dich selber beiseite schiebst und deinen Sinn einzig danach streben lässest, das zu suchen, was der Herr von dir fordert, und allein darum danach zu suchen, weil es ihm wohlgefällt.

8. Ein recht gestaltetes Leben

Paulus beschreibt noch an anderer Stelle, freilich kurz, ein recht gestaltetes Leben in seinen einzelnen Teilen. »Denn es ist erschienen die heilsame Gnade Gottes allen Menschen und nimmt uns in Zucht, dass wir absagen dem ungöttlichen Wesen und den weltlichen Begierden und besonnen, gerecht und fromm in dieser Welt leben und warten auf die selige Hoffnung und Erscheinung der Herrlichkeit des großen Gottes und unseres Heilandes Jesus Christus, der sich selbst für uns gegeben hat, damit er uns erlöste von aller Ungerechtigkeit und reinigte sich selbst ein Volk zum Eigentum, das eifrig wäre zu guten Werken« (Titus 2,11-14).

Er stellt uns nämlich hier zunächst zu unserer Ermunterung die Gnade Gottes vor Augen und bahnt uns damit den Weg, Gott wahrhaft zu dienen; dann aber behebt er zwei Hindernisse, die uns am meisten hemmen, nämlich das »ungöttliche Wesen«, zu dem wir von Natur nur allzu geneigt sind, und dann die »weltlichen Begierden«, welche sich (noch) viel weiter erstrecken.

Unter »ungöttlichem Wesen« versteht er dabei nicht allein den Aberglauben, sondern er fasst darunter auch alles das zusammen, was mit der ernstlichen Furcht Gottes im Widerspruch steht. Die »weltlichen Begierden« aber bedeuten soviel wie die Regungen des Fleisches. Wir sollen also nach dem Geheiß des Apostels hinsichtlich beider Tafeln des Gesetzes unsere eigene Art von uns legen und alles, was uns die Vernunft und der eigene Wille diktiert, verleugnen!

9. Besonnenheit, Gerechtigkeit und Frömmigkeit

Alle Lebensgeschehnisse fasst er dann in drei Stücke zusammen: Besonnenheit, Gerechtigkeit und Frömmigkeit. »Besonnenheit« bedeutet dabei ohne Zweifel Keuschheit und Mäßigkeit, zugleich aber auch den reinen und besonnenen Genuss der zeitlichen Güter und das geduldige Ertragen des Mangels. Die »Gerechtigkeit« umfasst alle Pflichten der Billigkeit: Es soll also jeder empfangen, was ihm zukommt. Dann folgt die »Frömmigkeit«, die uns von den Befleckungen der Welt absondert und uns in wahrer Heiligkeit mit Gott eint. Wo diese drei miteinander unauflöslich verbunden sind, da bewirken sie eine rechte Vollkommenheit.

10. Aus allen Fesseln losmachen

Indessen ist ja nichts so schwer, als der Vernunft des Fleisches den Abschied zu geben, die Begierden zu dämpfen, ja, zu verleugnen – und uns so Gott und unseren Brüdern zu weihen und mitten in dem Schmutz der Erde nach einem engelreinen Leben zu trachten. Darum will Paulus unser Herz aus allen Fesseln losmachen und ruft uns deshalb zur Hoffnung auf die selige Unsterblichkeit zurück. Er erinnert uns daran, dass wir ja nicht vergebens streiten.

Denn wie Christus einmal als unser Erlöser erschienen ist, so wird er auch bei seinem letzten Kommen die Frucht des Heils, das er uns erworben hat, an den Tag bringen. So macht er alle Lockungen zunichte, die uns umnebeln, so dass wir nicht gebührlich nach der himmlischen Herrlichkeit streben, ja, er lehrt uns, dass wir in der Welt als Fremdlinge wandeln müssen, damit uns das himmlische Erbe nicht verloren geht oder entfällt.

11. Unter Gottes Joch

Es muss uns genügen, mit unserer Betrachtung so weit zu gehen, wie es dazu dient, uns zu Gleichmut und Geduld zu führen. Zunächst also: Wenn wir Mittel und Wege suchen, unser gegenwärtiges Leben angenehm und ruhig zu gestalten, so ruft uns die Schrift dazu auf, uns selber und alles, was unser ist, dem Ermessen des Herrn auszuliefern, damit er sie zähme und unter sein Joch nehme.

Wir sind ja voll wilder Lust und unendlicher Gier, Reichtum und Ehre zu erstreben, nach Macht ehrgeizig zu verlangen, Reichtümer aufzuhäufen und all die anderen Narreteien zu sammeln, die uns zu Prunk und Prahlerei zu dienen scheinen! Auf der anderen Seite haben wir eine seltsame Furcht vor Armut, Verachtung und Niedrigkeit, einen merkwürdigen Hass gegen das alles – und dadurch werden wir angestachelt, es uns mit allen Mitteln vom Hals zu schaffen.

Daraus lässt sich erkennen, wie unruhig ein Mensch in seinem Wesen ist, der sein Leben nach eigenem Gutdünken gestaltet, wie viel Künste er versucht, mit wie viel Eifer er sich müde macht! Und das alles, um zu erlangen, wonach seine ehrgeizige und habgierige Gesinnung ausgeht, und um andererseits der Armut und Niedrigkeit zu entkommen! Damit nun also der Fromme sich nicht in dergleichen Stricke verfängt, muss er folgenden Weg einschlagen. Er soll von keiner anderen Seite ein Mittel zum Wohlergehen zu gewinnen trachten oder hoffen oder bedenken als allein aus dem Segen des Herrn heraus.

Bibeltext: Philipper 2,1-11

Zum Nachdenken

Die folgenden Fragen können in der kleinen Gruppe diskutiert werden. Sie können aber auch dem Einzelnen als Anregung dienen, sich – wenn möglich schriftlich – Gedanken zu machen.

1. Calvin betont, dass wir nicht uns gehören (vergleiche Abschnitt 1 und 2). Was hat das mit dem Thema Selbstverleugnung zu tun?

2. In Abschnitt 3 schreibt Calvin, wir sollten uns nicht so sehr auf unseren Verstand verlassen, als vielmehr dem Willen Gottes folgen. Wann haben Sie erlebt, dass Ihr Verstand und das, was Sie als den Willen Gottes empfanden, nicht in Einklang standen? Wie haben Sie reagiert?

3. Ein zentraler Gedanke des obigen Textes ist die Unterscheidung zwischen jenen, die sich völlig Gott ausliefern, und jenen, die das nicht tun. Die letzteren, sagt Calvin, sind unruhige Menschen (Abschnitt 11). Haben Sie selbst auch schon diese Unruhe erlebt? Wie?

4. Der Schlüssel zur Heiligung ist nach Calvin, dass wir unsere Leiber als ein lebendiges Opfer hingeben und uns nicht dieser Welt gleichstellen, sondern uns durch Erneuerung unseres Sinnes ändern (vgl. Römer 12,1-2). Wo und wie haben Sie sich dieser Welt gleichgestellt?

5. Inwiefern deckt sich die Demut, von der in Philipper 2,1-11 die Rede ist, mit der Selbstverleugnung, von der Calvin spricht? Wo weichen die beiden Vorstellungen voneinander ab?

Übungen

Die folgenden Vorschläge sind für den Einzelnen gedacht. Sie können aber auch im Rahmen einer geistlichen Zweierschaft oder in einer kleinen Gruppe aufgenommen werden. Wählen Sie einen oder mehrere aus.

1. Calvin schreibt in Abschnitt 2: »Also muss unser Leben in allen seinen Stücken allein zu ihm als dem einzigen rechtmäßigen Ziel hinstreben!« Was hat das mit dem Thema Selbstverleugnung zu tun?

2. Achten Sie einmal darauf, wie die Welt versucht, Sie mit ihren Meinungen und ihrem Verhalten zur Anpassung zu bringen. Wenn Sie im Fernsehen die Werbung sehen, fragen Sie

sich zum Beispiel: »Wie versucht dieser Spot mein Denken, meine Gefühle und mein Handeln zu beeinflussen?«

3. Calvin gibt Christen zu bedenken, dass sie es in ihrem ganzen Leben mit Gott zu tun haben (Abschnitt 4). Machen Sie sich diese Haltung in dieser Woche zu Eigen. Lassen Sie sich in allem von Gott leiten und in jedem Moment von ihm den Weg zeigen.

4. Paulus fordert die Philipper auf: »Ein jeder sehe nicht auf das Seine, sondern auch auf das, was dem andern dient« (Philipper 2,4). Damit es nicht nur bei der guten Absicht bleibt, sondern Selbstverleugnung ganz praktisch wird, versuchen Sie die Anliegen und Interessen der Menschen in Ihrer Umgebung einmal wichtiger zu nehmen als Ihre eigenen.

Ein paar Gedanken

Calvin erinnert uns an etwas ganz Entscheidendes: Die Selbstverleugnung ist aus einem echten Leben mit Gott nicht wegzudenken. Die Selbstverleugnung, von der er redet, bedeutet aber nicht, dass wir unseren Körper hassen oder Strafe um der Strafe willen suchen sollen oder uns durch Willenskraft und Selbstbeherrschung irgendwelche Verdienste erwerben.

Viel besser passt das Bild vom Sportler, der ein bestimmtes Training absolviert, um Leib, Seele und Geist zu stärken. Wie wir alle wissen, gehört Selbstverleugnung für den Sportler zur Lebensweise. Genauso sollte sie für uns zum Bestandteil der »Ausbildung« werden, damit auch wir »nach dem vorgesteckten Ziel (jagen), dem Siegespreis der himmlischen Berufung Gottes in Christus Jesus« (Philipper 3,14).

Zur Vertiefung

Johannes Calvin, Studienausgabe, 10 Bände (3 Bände erschienen), z.T. lat.-dt. und frz.-dt., Neukirchen-Vluyn 1994-1999

Johannes Calvin, in: Gestalten der Kirchengeschichte, Stuttgart 1997

Hans Mayer, Johannes Calvin – Der Diener zur Ehre Gottes, in: Georg Popp (Hrsg.), Die Großen des Glaubens, Stuttgart/Regensburg 1985

In Anmaßung verfallen
Blaise Pascal (1623-1662)

Über den Autor

Blaise Pascal wurde als genialer Mathematiker berühmt. Uns ist er noch mehr durch sein philosophisches und theologisches Werk bekannt. Er wird 1623 in Clermont-Ferrand in Frankreich geboren und seit dem Tod seiner Mutter 1626 von seinem Vater und einer älteren Schwester aufgezogen. Schon mit sechzehn Jahren veröffentlicht er seine erste mathematische Schrift, die in der Fachwelt großes Aufsehen erregt. Es folgen weitere bahnbrechende Arbeiten, auch auf physikalischem Gebiet. So entdeckte er unter anderem das Gesetz der kommunizierenden Röhren. Geradezu als Sensation galt die von ihm erfundene Rechenmaschine. Pascal war gleichzeitig einer der ersten Wissenschaftskritiker, der sich Gedanken über die Grenzen der Wissenschaft machte.

Mit einunddreißig Jahren besuchte er seine Schwester im Kloster von Port Royal. Dort hörte er eine Predigt über ein tiefes geistliches Erleben. An diesem Tag – es war der 23. November 1654 – hatte er ein Schlüsselerlebnis. Auf ein Blatt Papier, das er in sein Mantelfutter nähte und für den Rest seines Lebens mit sich trug, notierte er das »Mémorial«. Darin hielt er unter anderem die folgenden Worte fest: »Feuer. Gott Abrahams, Gott Isaaks, Gott Jakobs, nicht der Philosophen und Gelehrten. Gewissheit, Gewissheit, Empfinden: Freude, Friede, Gott Jesu Christi … Freude, Freude, Freude und Tränen der Freude.«

Alle Zweifel, die ihn bis dahin gequält hatten, waren verschwunden. In den nächsten sechs Jahren war er immer wieder im Kloster (ohne sich dem Orden anzuschließen), beschäftigte sich mit der Bibel und setzte sich mit der Gesetzesmoral der Jesuiten auseinander. Mit siebenunddreißig Jahren begann er, eine Apologie des Christentums zu verfassen. Die Arbeit wurde durch seinen Tod zwei Jahre später jäh beendet. Die

Fragmente oder »Gedanken«, die er bis dahin gesammelt hatte, wurden nach seinem Tod zusammengetragen. Aus ihnen entstand das Buch, das unter dem Titel *Pensées* weltbekannt wurde. Pascal gilt als einer der größten religiösen Denker Frankreichs und wirkte unter anderem auf Kierkegaard, Nietzsche und die französischen Existentialisten.

Auszüge aus: Pensées

1. Ein erstaunlicher Widerspruch

Die Größe und das Elend des Menschen sind so augenfällig, dass die wahre Religion uns notwendig die Lehre geben muss, dass im Menschen eine bedeutende Anlage zur Größe mit einer bedeutenden Anlage zum Elend gleichzeitig verbunden sind. (...) Um Menschen glücklich zu machen, braucht man ihnen nur zu zeigen, dass ein Gott ist; dass wir verpflichtet sind, ihn zu lieben; dass unser wahres Glück Gottgemeinschaft und unser einziges Unglück Gottentfremdung; man braucht uns nur zu zeigen, dass die heillose Finsternis unseres Innern uns verhindert, ihn zu erkennen und zu lieben; dass wir also, da unsere Pflicht uns gebietet, Gott zu lieben, unsere Sündhaftigkeit aber uns davon abhält, die höchste Ungerechtigkeit begehen.

Sie muss uns erklären, weshalb wir uns Gott und unserem eigenen Glück widersetzen. Ihre Lehren müssen Heilmittel darbieten und die Möglichkeit, sie zu erlangen. Daraufhin prüfe man alle Religionen der Welt und sehe zu, ob irgendeine außer der christlichen diesen Ansprüchen genügt.

2. Wer kann uns von Stolz und Sünde heilen?

Ist es vielleicht die Religion der Philosophen, die uns als höchstes Gut ein Gut unseres Inneren predigen? Ist das wohl das wahre Gut? Haben sie Heilung gefunden für unsere Gebrechen? Heilt man die Anmaßung des Menschen etwa dadurch, dass man ihn mit Gott auf eine Stufe stellt? Und diejenigen, welche uns den Tieren zugesellt und die Freuden der Erde als höchstes Gut dargeboten haben, haben sie uns etwa von unserer Sündhaftigkeit geheilt? (...)

Welche Religion lehrt uns, den Stolz zu heilen und die Sünde? Welche Religion lehrt uns unser Glück, unsere Pflichten, unsere Schwachheiten und Irrtümer, Mittel zur Heilung und den Weg, sie zu erlangen? Lasset uns sehen, was Gottes Weisheit in der christlichen Religion uns hierüber sagt. (...)

Erwartet doch von Menschen weder Wahrheit noch Trost. Ich bin es, der euch gebildet, und ich allein kann euch über euer Wesen Aufschluss geben. Aber ihr seid nicht mehr in dem Zustand, in welchem ich euch geschaffen habe. Ich habe den Menschen heilig, unschuldig, vollkommen geschaffen. Ich habe ihm Erkenntnis und Einsicht gegeben. Er hat geschaut meine Glorie und meine Wunder. Das Auge des Menschen sah einstmals die Majestät Gottes. Ihn verblendete weder Finsternis, noch beugte ihn Sterblichkeit und Elend.

3. Der Anmaßung verfallen

Aber auf solcher Höhe konnte er nicht leben, ohne der Anmaßung zu verfallen. Er begehrte, sich selbst zum Mittelpunkt und von meiner Hilfe unabhängig zu machen. Er entzog sich meiner Herrschaft; er stellte sich mir gleich, weil er in sich selbst sein Glück zu finden wünschte, und ich habe ihn gewähren lassen; ich wiegelte alle Kreaturen, die ihm untertan waren, gegen ihn auf und machte sie ihm zu Feinden: Daher gleicht der Mensch jetzt den Tieren und ist von mir so weit entfernt, dass ihm kaum eine dunkel ahnende Erkenntnis seines Schöpfers geblieben ist: So sehr sind all seine Anlagen verwischt oder verwirrt!

Die Sinne, unabhängig von der Vernunft und oft Herren derselben, haben ihn zur Vergnügungssucht fortgerissen. Entweder betrüben ihn die Kreaturen oder sie reizen ihn; sie herrschen über ihn, indem sie ihn entweder durch Gewalt unterwerfen oder durch ihre Verlockungen entzücken; und das ist eine weit schrecklichere, unumschränktere Herrschaft.

So sind die Menschen heutigen Tages. Zwar ist die Erinnerung an das Glück, dessen sie in ihrer ersten Natur genossen, noch mächtig in ihnen; aber sie sind untergegangen in dem Elend ihrer Verblendung und ihrer Begierden, welche ihnen zur zweiten Natur geworden sind.

4. Die Ursache so vieler Widersprüche

In diesen Grundannahmen, die ich euch eröffne, könnt ihr die Ursache so vieler Widersprüche erkennen, welche die Menschen in Erstaunen und Zwiespalt setzen. Nun beobachtet einmal all die Regungen von Größe und Hoheit, welche kein Gefühl noch so großen Elends ersticken kann, und dann überlegt, ob der Grund davon nicht eine andere Natur sein muss. (...)

Vergebens suchst du, o Mensch, in dir selbst nach Heilung für dein Elend. All deine Fähigkeiten bringen dich nur zu der Erkenntnis, dass du in dir selbst weder Wahrheit noch Glück finden kannst. Die Philosophen versprachen es zwar, doch haben sie ihr Versprechen nicht halten können. Sie kennen weder euer wahres Glück noch euren wahren Zustand.

Wie hätten sie auch eure Gebrechen heilen können, da sie dieselben kaum kannten? Eure Hauptkrankheiten sind der Stolz, der euch Gott entfremdet, und die Sündhaftigkeit, die euch an die Erde fesselt; sie aber haben weiter nichts getan, als wenigstens eine dieser Krankheiten zu erhalten. Lenkten sie euer Streben auf Gott, so geschah es nur, euren Stolz zu mehren. Sie machten euch glauben, ihr wäret ihm eurer natürlichen Beschaffenheit nach ähnlich.

Und diejenigen, welche die Nichtigkeit dieser Behauptung erkannten, sie stürzten euch durch den Beweis, eure Natur gleiche der der Tiere, in den anderen Abgrund und verleiteten euch dazu, in niedrigen Begierden, dem Anteil der Tiere, euer Glück zu suchen. Auf diese Weise kann man euch eure Ungerechtigkeit nicht zeigen. (...)

5. Diese beiden Naturen

Wir verstehen weder den herrlichen Zustand Adams, noch die Beschaffenheit seiner Sünde, noch deren Fortpflanzung in uns. Diese Sachen sind in einem ganz anderen Naturzustande geschehen, als der unsere ist, sie übersteigen daher unsere jetzige Fassungskraft. Auch nützt uns alles das gar nichts dazu, uns von unserem Elend zu befreien; was wir wissen müssen, ist, dass wir durch Adam elend, verderbt, von Gott getrennt sind; aber wir sind durch Jesus Christus wiedererworben und davon haben wir auf Erden herrliche Beweise. (…)

Folgen wir einmal den Regungen unserer Gedanken, beobachten wir uns selbst, und wir werden in uns diese beiden Naturen bald in lebendigen Schriftzügen bemerken. So große Widersprüche sollten sich in einem einfachen Subjekte befinden? (…)

6. Ihn erkennen und lieben

Denn ich möchte wahrlich wohl wissen, wer dieser Kreatur, die ihre Schwachheit eingesteht, das Recht gibt, die Barmherzigkeit Gottes zu messen und ihr nach den Eingebungen ihrer Phantasie Grenzen zu setzen. Der Mensch weiß so wenig von Gott als von sich selbst; und doch, obgleich ihn der Anblick seines eigenen Zustandes vollkommen verwirrt, wagt er zu behaupten, Gott könne ihn seiner Gemeinschaft nicht fähig machen!

Nur darüber möchte ich ihn befragen: Fordert Gott etwas anderes von ihm als Liebe und Erkenntnis? Und weshalb meint er denn, Gott könne sich von ihm nicht erkennen und lieben lassen, da er doch von Natur sowohl der Liebe, wie der Erkenntnis fähig ist. Denn ohne Zweifel erkennt er wenigstens, dass er existiert und dass er etwas liebt.

Wenn er also in der Finsternis um ihn her doch etwas sieht, wenn er unter den Erdendingen einen Gegenstand für seine Liebe findet, weshalb sollte er, wenn Gott ihm einige Einblicke in sein Wesen gewährt, nicht imstande sein, ihn so zu erkennen und zu lieben, dass es Gott gefällt, sich mit ihm zu vereinigen?

In derartigen Überlegungen liegt ohne Zweifel ein unerträglicher Hochmut, obgleich sie gegründet zu sein scheinen auf scheinbare Demut. Doch ist diese weder aufrichtig noch vernünftig, wenn sie uns, die wir von unserem Wesen nichts wissen, nicht bekennen lässt, dass wir darüber nur von Gott Belehrung erhalten können. (…)

7. Den Widerspruch ausgleichen

»Ich verlange nicht, dass du ohne Grund an mich glaubst, und beabsichtige nicht, dich tyrannisch zu unterjochen, auch beabsichtige ich nicht, dir Rechenschaft von allem zu geben. Aber, um diesen Widerspruch auszugleichen, will ich dich durch überzeugende Beweise göttliche Zeichen in mir schauen lassen, die dich davon überzeugen sollen, was ich bin, und mir die Macht durch Wunder und Beweise sichern, denen du dich nicht entziehen kannst, und ohne Zögern wirst du glauben, was ich dich lehre, da du keinen andern Grund, sie abzulehnen, finden wirst, als dass du aus eigner Einsicht nicht erkennen kannst, ob sie sind oder nicht sind.«

Gott hat die Menschen erlösen und das Heil denen öffnen wollen, die ihn suchen werden; aber die Menschen erwiesen sich dessen so unwürdig, dass es gerecht ist, dass Gott einigen auf Grund ihrer Verstocktheit weigert, was er andern in einer Gnade gewährt, die sie nicht verdienen.

8. Licht für die, die zu sehen wünschen

Hätte er den Widerstand der Verstocktesten überwinden wollen, so hätte er es wohl vermocht, wenn es sich ihnen so offenbar enthüllt hätte, dass sie an der Wahrheit seines Wesens nicht hätten zweifeln können; so wie er am Jüngsten Tag erscheinen wird in solchem Glanz der Blitze und solchem Umsturz der Natur, dass die auferstandenen Toten und die Blindesten ihn sehen werden.

So wollte er nicht erscheinen, als er in Sanftmut kam; weil sich so viele der Menschen unwürdig seiner Milde gezeigt, wollte er sie das Gute entbehren lassen, das sie nicht wollten. Also wäre es nicht gerecht gewesen, wenn er in einer Weise erschienen wäre, die so völlig göttlich und so völlig fähig, alle Menschen zu überzeugen, gewesen wäre; aber es wäre auch nicht gerecht gewesen, wenn er so verborgen gekommen wäre, dass er von denen nicht hätte erkannt werden können, die ihn ernsthaft suchten. Ihnen wollte er sich vollkommen kenntlich machen.

Und so, da er für die, die ihn von ganzem Herzen suchen, unverschleiert erscheinen wollte und verborgen für die, die ihn von ganzem Herzen fliehen, milderte er seine Erkennbarkeit derart, dass er Zeichen seiner selbst gegeben hat, die sichtbar für die sind, die ihn suchen, und es nicht sind für die, die ihn nicht suchen. Für die, die nichts wünschen als zu sehen, ist Licht genug, und Finsternis genug für die, die entgegengesetzt gestimmt sind.

Bibeltext: Johannes 20,24-31

Zum Nachdenken

Die folgenden Fragen können in der kleinen Gruppe diskutiert werden. Sie können aber auch dem Einzelnen als Anregung dienen, sich – wenn möglich schriftlich – Gedanken zu machen.

1. Zu Beginn dieser Auswahl von Texten spricht Pascal davon, dass das Wesen des Menschen geteilt ist. Aus welchen beiden Aspekten besteht es? Was ist die erste, was die zweite Anlage?

2. Unsere Kenntnis von Gott, sagt Pascal in Abschnitt 7, gewinnen wir aus den kurzen Blicken, die Gott uns auf seinen Glanz gewährt. Welche Einblicke, welche Kenntnisse hat Gott Ihnen geschenkt? Wie haben sie dazu beigetragen, Ihren Glauben zu prägen?

3. Pascal glaubt, dass wir heilig, unschuldig und vollkommen erschaffen wurden, aber in Anmaßung verfallen sind (siehe Abschnitt 2 und 3). Wir wollen uns selbst zum Mittelpunkt machen, wir wollen ohne Gott zurechtkommen und das Glück in uns selbst finden. Wie gehen Sie mit dem Drang um, sich zum Mittelpunkt zu machen, von Gott unabhängig zu sein und bei sich selbst das Glück zu suchen?

4. »Beobachten wir uns selbst, werden wir in uns diese beiden Naturen bemerken«, schreibt Pascal. Wenn Sie einmal Ihr eigenes Leben betrachten – wo haben Sie Größe und Elend, Reinheit und Unreinheit, Edles und Niedriges erlebt?

5. Wo geht es Ihnen wie dem Jünger Thomas, der Beweise sehen wollte, ehe er glauben konnte? Wie würden Sie sich selbst beschreiben? Fällt es Ihnen leicht zu glauben? Oder haben Sie Probleme, wenn ein Schritt im Glauben gefordert ist?

Übungen

Die folgenden Vorschläge sind für den Einzelnen gedacht. Sie können aber auch im Rahmen einer geistlichen Zweierschaft oder in einer kleinen Gruppe aufgenommen werden. Wählen Sie einen oder mehrere aus.

1. Blaise Pascal fordert den Leser auf: »Daraufhin prüfe man alle Religionen der Welt …« Gehen Sie diese Woche einmal in die Bibliothek und holen Sie sich ein paar Bücher über die großen Weltreligionen. Behalten Sie beim Lesen Pascals Frage im Hinterkopf: Wie begründet diese Religion unseren gegenwärtigen Zustand, und welches Mittel hat sie gegen unser Leiden?

2. Unser Hauptübel ist, sagt Pascal in Abschnitt 3, der »Stolz, der euch von Gott entfremdet, und die Sündhaftigkeit, die euch an die Erde fesselt«. Versuchen Sie in dieser Woche, Ihren Stolz abzubauen, indem Sie intensiv die Nähe Gottes suchen, und wenden Sie sich bewusst von den Dingen ab, die Sie an die Erde binden wollen.

3. Gott sagt (so Pascal in Abschnitt 7): »Ich verlange nicht, dass du ohne Grund an mich glaubst.« Lesen Sie in dieser Woche ein Buch, das den Glauben verteidigt und darlegt, dass das Christentum etwas durchaus Vernünftiges ist, zum Beispiel *Pardon, ich bin Christ* von C. S. Lewis.

4. Pascal schreibt in Abschnitt 8: »Für die, die nichts wünschen als zu sehen, ist Licht genug, und Finsternis genug für die, die entgegengesetzt gestimmt sind.« Vom Johannesevangelium heißt es, es sei geschrieben worden, »damit ihr glaubt« (Johannes 20,31). Geben Sie der Bibel diese Woche eine Chance, Ihnen beim Glauben zu helfen. Gehen Sie mit dem Wunsch an sie heran, wirklich zu »sehen«. Das ist die Haltung, in der wir Gottes Wort lesen sollten.

Ein paar Gedanken

Pascal betrachtet den Menschen als Ebenbild Gottes und unter dem Aspekt des Sündenfalls und spricht von den beiden entgegengesetzten Grundzügen, von »Größe« und »Elend«, die wir alle in uns haben. Wie Recht er hat! Soweit wir wissen, gibt es in der gesamten Schöpfung niemanden, der zu so großer Tugend, aber auch zu so viel Schlechtem fähig ist wie der Mensch. Wir erfinden den Mikrochip und die Atomwaffen. Wir bauen Waisenhäuser und Konzentrationslager. Wir bringen eine Mutter Teresa und einen Pol Pot hervor.

Pascal ruft uns aber auch ins Gedächtnis, dass nur das Christentum eine ausreichende Erklärung für diesen Widerspruch hat und nur Christus uns von unserem Stolz und unserer Sünde erlösen kann.

Zur Vertiefung

Blaise Pascal, Alle Menschen trachten danach, glücklich zu sein. Aus den Pensées, ausgew., übertr. u. m. einem Nachwort versehen v. Wilhelm Weischedel, Frankfurt 1997

Blaise Pascal, Gedanken über die Religion und einige andere Themen, Ditzingen 1997

Albert Beguin, Blaise Pascal, Reinbek

Alles unter den Gehorsam des Glaubens bringen

Gerhard Tersteegen (1697-1769)

Über den Autor

Gerhard Tersteegen wurde in Moers am Niederrhein geboren. Sein Vater war Kaufmann von Beruf. Nach dem Besuch der Lateinschule lernte er den Beruf des Vaters. Tersteegen pflegte die pietistische Frömmigkeit seines Elternhauses und lernte den pietistischen Mystiker Wilhelm Hoffmann (1685-1746) kennen, der einen großen Einfluss auf ihn hatte. Dieser betonte die passive Stille und das wortlose Gebet, das allein auf die Gegenwart Gottes schaut. Um die meditative Stille pflegen zu können, wechselte Tersteegen von dem hektischen Beruf des Kaufmanns zu dem des stillen Seidenbandwebers.

Er wurde ein großer Seelsorger, Erweckungsprediger und Schriftsteller, der vielen Menschen mit seinen Besuchen, Gesprächen und Briefen zur Seite stand. Tersteegen verfasste zahlreiche geistliche Werke und Lieder (zum Beispiel *Gott ist gegenwärtig* und *Nun sich der Tag geendet*). Seine eigenen geistlichen Erfahrungen schrieb er in biographischen Schriften nieder. Er lebte asketisch zurückgezogen, nahm aber lebhaften Anteil am Ergehen sehr vieler Menschen und am Zeitgeschehen und übte in hohem Maß tätige Nächstenliebe. Im bergischen Velbert gründete er auf dem Hof eines Freundes eine Bruderschaft, für die er geistliche Regeln schrieb.

Seinen Predigten hörten häufig bis zu 400 Menschen zu. Viele bekehrten sich zu Jesus Christus. Er betreute auch kranke Menschen und versorgte sie mit Medikamenten. Ein Bruchleiden machte ihm ab 1756 das Reisen und Halten von Vorträgen unmöglich und so beschränkte er seine Tätigkeit aufs Schreiben. Er vertrat ein überkonfessionelles Christentum und trug wesentlich zu einer auf praktischer Erbauung bedachten evangelischen Frömmigkeit bei. Ihm wurde eine große Übereinstimmung von Person, Leben, Frömmigkeit und Werk geschenkt, was ihn bis heute anziehend macht.

Im folgenden Auszug aus einer Predigt zeigt er uns, wie unser Leben in Einklang mit Gott kommen kann.

Auszüge aus: Unser Bund mit Gott

1. Die Frucht des Bundes mit Gott

Nun lasst uns denn fortschreiten und die herrliche Frucht betrachten, die uns der Bund mit Gott bringt. Es sind zwar mancherlei Früchte dieses Bundes, wir wollen uns aber einschränken und nur die Hauptfrucht betrachten, die uns Paulus Römer 6,2 anzeigt: »Nun ihr Gottes Knechte geworden seid, habt ihr eure Frucht, dass ihr heilig werdet.« Das ist die Frucht des Bundes, den wir im Blute Jesu Christi mit Gott aufrichten, dass wir Gnade erlangen, heilig zu werden, heilig zu sein, heilig zu bleiben. Das kommt uns alles und wird uns in diesem Bunde gegeben, in dieser Übergabe an Gott und unsern Heiland.

2. Heiligkeit als Gnadengeschenk

Heilig sein ist nicht die Bedingung des Bundes. Nicht, dass wir erst heilig sein müssten, ehe wir mit Gott in den Bund treten könnten; nein, Heiligkeit ist ein Gnadengeschenk Gottes, das aus dem Bunde mit Gott hervorwächst. Wenn wir uns als bußfertige Sünder wahrhaft, treu und aufrichtig Gott ergeben haben, so gibt uns Gott wiederum Gnade, dass wir heilige Leute werden und als solche vor seinem Angesicht wandeln können; das ist eine Frucht des Bundes mit Gott.

3. Was zur Heiligkeit gehört

Zur Heiligkeit gehört der Abschied von allem Bösen, die Herrschaft über die verderbte Natur, die Befreiung vom Dienst der Welt, der Sünde und des Satans, und dagegen die Mitteilung der Gnaden Jesu in unsern Herzen, zur Erlangung und zum Besitz aller wahren und echten Tugenden. (…) Siehe, wenn wir mit Gott in den Bund getreten sind, dann bekommen wir auch

Gnade, über unsre verderbte Natur, die vorher das Regiment geführt hatte, zu herrschen.

4. *Die Vernunft muss unter den Gehorsam des Glaubens gebracht werden*

Was ist denn die Natur? Das ist unsere verderbte Vernunft mit all ihren natürlichen Eigenschaften. Die Vernunft ist an sich ein edles Vermögen, wenn sie dem Geiste untertänig gemacht ist, aber ein schädlich Ding, wenn sie die Herrschaft über den Geist führt. Da muss nun unsre Vernunft mit ihrer Neugierde in göttlichen und übernatürlichen Dingen vom Amte, von der Herrschaft abgesetzt werden; sie darf in göttlichen Geheimnissen nicht grübeln und sie ausforschen wollen; sie darf auch nicht als Königin über die Befehle Gottes räsonieren wollen, über seinen Willen und über seine Wege, sondern muss unter den Gehorsam des Glaubens gebracht werden und unter den Gehorsam Christi (2. Korinther 10,5).

Gott sagt in seinem Wort manchmal eine Sache deutlich genug, so oder so muss es sein; und dennoch will die Vernunft darüber räsonieren und es anders für gut finden. Manchmal fühlt man's deutlich genug, dass der Herr von uns haben will, dass wir dies und das verleugnen sollen; die Vernunft aber sagt uns nein, es kommt nicht darauf an. Sieh, da muss die Vernunft von ihrer Herrschaft abgesetzt werden, sie muss dem Geist untertänig werden: Was Gott sagt, das muss gelten.

So ist es auch mit dem Argwohn unsrer Vernunft, mit ihrem lieblosen und argwöhnischen Sehen und Urteilen über andere; da muss man ihr Einhalt tun und sie auf die Vorschrift der Liebe weisen, wovon Paulus 1. Korinther 13,7 sagt: »Die Liebe verträgt alles, sie hofft alles, sie duldet alles.«

5. *Der Wille muss sich der Gnade unterwerfen*

Ferner gehört zur Natur unser verderbter Wille. Unser Wille ist ein edles Vermögen, wenn er ein untertäniger Wille geworden ist. Aber wenn er ein herrschsüchtiger Wille ist, dann taugt er nicht: Er muss vom Amt abgesetzt werden, er darf nicht Königin sein, er darf nicht über den Geist herrschen wollen. Der

Wille ist gut, wenn er will, was Gott will, und sich dem Wollen der göttlichen Gnade unterwirft. Alle Eigenheit aber unsres Willens muss getötet, aller Widerstand unsres Willens muss gebrochen, aller Widerspruch unsres Willens muss überwunden werden, denn das alles taugt nicht. Und aus unserm eignen Willen entsteht alles Böse.

6. Die Gefühle und den Leib müssen wir Gott unterstellen

Zur Natur gehören auch unsre unordentlichen Neigungen, Begierden und Leidenschaften oder Gemütsbewegungen. Auch diese müssen von der Herrschaft abgesetzt, überwunden und unter den Fuß gebracht werden. Wir dürfen uns nicht vom Zorn überwinden lassen, von der Traurigkeit, von Hass, von der Rachgier und dergleichen. Ja, auch unsern Leib müssen wir in gebührenden Schranken und in der Ordnung halten. Wir dürfen unsern Leib nicht töten, sondern müssen ihm zu seinem Unterhalt sein Essen, Trinken, seine Ruhe und was die Notdurft fordert, geben, so wie man etwa einem Knechte tut oder auch einem Pferde sein nötiges Futter gibt, damit es seine Dienste tun kann.

Aber der Leib darf nicht herrschen wollen, er darf nicht mehr beanspruchen wollen, als ihm gebührt. Der Leib muss nach der Regel Pauli betäubt, in Knechtschaft gebracht und dem Geiste untertänig gemacht werden. Sieh, so müssen wir unsre Vernunft, unsern Willen, unsre natürlichen Neigungen, ja auch unsern Leib dem Geiste und der Gnade untertänig zu machen suchen.

7. Der Bund mit Gott hilft uns beim geistlichen Kampf

Manchem dünkt es wohl unmöglich, über das alles hinwegzukommen, weil er seiner Natur den Zügel so weit hat schießen und sie so lange im Regiment hat sitzen lassen, dass es gewiss hart hergeht, ehe sie herunterwill. Aber wenn wir den Bund mit Gott in Wahrheit aufgerichtet haben, dann erlangt die Seele Gnade und Vermögen, die Natur zu überwinden in der Kraft dessen, dem sie sich untertänig gemacht hat. Die Natur muss dem Geiste und der Geist muss Jesu untertänig sein, dann ist alles in Ordnung.

Nicht aber werden wir durch das Eintreten in den Bund mit Gott nur mit Kraft begnadigt, über die Natur zu herrschen, sondern wir erlangen auch Mut, dass wir der Welt und dem Satan den Dienst aufkündigen können, und Gnade, davon erlöst zu werden. So steht hier: Asa rottete den gräulichen Götzen aus und zerstieß und verbrannte ihn am Bach Kidron. Die Gelehrten haben viel daran zu untersuchen, was für ein Götze dieser gräuliche Götze gewesen sei; wir bleiben bei uns selbst und bei dem, was Johannes sagt. Es ist nämlich jener dreiköpfige Götze, der uns in 1. Johannes 2,16 beschrieben wird, und er heißt: Augenlust, Fleischeslust und hoffärtiges Leben. (...)

8. Dem Götzen dienen wir von Natur aus

Sieh, das ist ja ein grässlicher, ein gräulicher und abscheulicher Götze; und dem Götzen dienen wir alle von Natur, solange wir nicht mit Gott in den Bund getreten sind, der eine auf eine gröbere, der andere auf eine feinere Weise. Ja, wir dienen darin dem höllischen Drachen, dem Teufel selbst, beten ihn an und geben ihm göttliche Ehre. (...) Sobald ich mein Herz, meine Liebe, meine Neigungen unordentlicherweise auf andre, auf geschaffene Dinge richte, so entwende ich sie dem Herrn, meinem Gott, ich begehe einen schändlichen Kirchenraub, ich raube Gott, was sein ist, und gebe es den Götzen, ich werde ein Götzen-, ja, ein Teufelsdiener.

Würde es nicht einem auch nur natürlich vernünftigen Menschen unvernünftig dünken und ungereimt vorkommen, wenn er jemand auf seinen Knien liegen und Gold und Silber anbeten sähe? Würde es einem nicht höchst abscheulich vorkommen, wenn man jemand auf seinen Knien liegen und ein Bild anbeten sähe, darauf die Wollust gemalt wäre? Oder wer wollte sich nicht darüber entsetzten, wenn man jemand auf seinen Knien liegen und einen Drachen anbeten sähe?

Dennoch haben das nicht nur die blinden Heiden in ihrem verkehrten Sinn auf grobe Weise getan, sondern dasselbe tun noch, obgleich nicht auf so grobe Weise, dennoch wirklich und der Sache nach die, die da noch meinen, gute Christen zu sein. Aber durch den Bund mit Gott erlangen wir Gnade und Vermögen, von diesem schändlichen Götzendienst loszukommen.

9. Den Götzen aus unserem Herzen wegschaffen

Wie aber sollen wir´s mit diesen Götzen anfangen? Asa schaffte den schändlichen Götzen aus dem Götzenwalde weg, wo er angebetet wurde. Und nicht allein schaffte er ihn weg, sondern, damit er nicht einmal wieder dahingestellt und angebetet würde, so zerstieß er ihn auch, zermalmte und verbrannte ihn am Bach Kidron und suchte dadurch auch das Andenken der Sünden, die mit diesem Götzendienst begangen waren, wegzutun.

Nun, so müssen wir es mit unserm Götzen, mit der Augenlust, Fleischeslust und hoffärtigem Leben, auch machen. Der Götze muss aus unsrem Herzen, wo wir ihn angebetet hatten, weggeschafft und alle Vorsicht gebraucht werden, dass er nicht wieder da aufgerichtet werde. Er muss am Bach Kidron, um so zu reden, verbrannt und unsre Sünden, die wir mit ihm begangen, müssen weggetan werden.

Können wir hier wohl an den Bach Kidron denken, ohne uns zu erinnern, dass unser liebster Heiland Jesus einen so bittern und sauren Schritt über ihn getan hat? Wir können es in Johannes 18 lesen, wie Jesus über den Bach Kidron in den Garten Gethsemane gegangen und unsrer Sünden wegen Blut geschwitzt habe, und wie er hernach wieder über den Bach Kidron zurückgeschleppt worden sei, als er von der Schar gegriffen war. Oh, wie schwer wird ihm der Gang über den Bach Kidron gefallen sein, da alle unsre Sünden auf seinen Schultern lagen!

Nun, unsre Götzen sollen wir am Bach Kidron verbrennen. Was soll das heißen? Wir sollen uns des bittern Leidens unsres teuersten Immanuels erinnern, wie er durch sein Blut und Tod unsre Sünden gebüßt. Da sollen wir denken: Meine Sünden, die ich mit meinen Götzen begangen, die haben Jesum gekreuzigt; es ist Jesu so sauer und schwer gefallen, dass ich mit diesem und mit jenem so viele Sünden getrieben habe. Weg denn mit dem Götzen, womit ich mich versündigt und dadurch meinem Heiland ein solches Leiden verursacht habe! Er muss zerstört, er muss vernichtet werden, und es soll mir nimmermehr in den Sinn kommen, dass ich diesem schändlichen Götzen, dem ich gedient habe, wieder dienen wolle. Seht, durch das Anschauen der schweren Leiden Christi und des bittern Kelchs, den er getrunken aus Liebe für uns, wird es nicht schwer fallen, der Sünde und dem Dienst des Satans uns zu entreißen.

10. Eine Wohnung des Allerhöchsten

Weiter gehört zur Heiligkeit, als der Frucht unsres Bundes mit Gott, die Mitteilung und der Besitz aller wahren Tugenden aus der Fülle Jesu. Wir können uns selber nimmermehr fromm machen: Wir können uns wohl fromm stellen, von diesem und jenem Bösen äußerlich enthalten, aber wahrhaft fromm werden können wir nicht anders als durch die Kraft der geschenkten Gnade im Bunde mit Gott. Echtes, wahres Gute in sich zuwege zu bringen, das ist nicht eines Menschen, auch nicht eines guten Menschen Werk, sondern das kann allein durch den Einfluss Jesu und seiner Tugenden zustande kommen. Dies aber erlangen wir nicht anders als durch herzliches und anhaltendes Gebet. (...)

Wir müssen Gott inwendig in unsern Herzen suchen durch eine gläubige Zukehr zu ihm, als zu dem uns in Gnaden Gegenwärtigen. Wir müssen uns zu ihm in unser Herz wenden bei der Erfahrung unsres Mangels an allen Tugenden, an aller Heiligkeit. Wir müssen auch fein gläubig zu Jesu, unserm gegenwärtigen Heiland, gekehrt bleiben, so können und werden wir nicht allein alles Böse überwinden, sondern auch heilige Menschen und mit allen wahren Tugenden begnadigt und begabt werden.

Oh, liebste Herzen, lasst uns doch den Herrn suchen, weil er zu finden ist; lasst uns ihn anrufen, weil er nahe ist. (...) Unter dem Finden verstehe ich nicht allein, dass Gott unser Gebet erhöre, sondern er selber will sich von uns finden lassen. Auch verstehe ich unter dem Finden nicht bloß die Mitteilung der vorübergehenden Süßigkeiten seiner Gnade, sondern Jesus Christus, hoch gebenedeit in Ewigkeit, der will sich selber in unsern Herzen finden lassen, er will in unsern Herzen seine Wohnung machen. Er hat selber die Verheißung gegeben, da er spricht: »Wer mich liebt, der wird mein Wort halten, und mein Vater wird ihn lieben, und wir werden zu ihm kommen und Wohnung bei ihm machen« (Johannes 14,23).

Seht, so gnädig will sich der Herr schon hier von uns finden lassen, dass er gar zu uns kommen und Wohnung bei uns machen will. Oh, welch eine Gnade, dass ein armes Menschenkind, ein elender Sünder ein heiliger Mensch, ein Heiligtum Gottes, eine Wohnung des Allerhöchsten werden kann!

Bibeltext: Matthäus 19,16-30

Zum Nachdenken

Die folgenden Fragen können in der kleinen Gruppe diskutiert werden. Sie können aber auch dem Einzelnen als Anregung dienen, sich – wenn möglich schriftlich – Gedanken zu machen.

1. Heiligkeit ist nach Tersteegen keine Bedingung für den Bund des Menschen mit Gott (siehe Abschnitt 2). Vielmehr macht uns der Bund mit Gott heilig. Warum können unsere guten Werke uns nicht heilig machen?

2. Nach Tersteegen ist die menschliche Natur verdorben und muss dem Willen Gottes untergeordnet werden. Worin besteht für ihn die Verdorbenheit der menschlichen Natur? Können Sie Beispiele finden?

3. Martin Luther hat einmal gesagt: »Woran du dein Herz hängst, das ist dein Gott.« Woran hängen Menschen heute ihr Herz, wie beten sie diesen Götzen an und lassen ihr Leben von ihm bestimmen? Gibt es in Ihrem Leben auch so einen Götzen, der sich in Konkurrenz zu Jesus Christus stellen und Sie in Versuchung führen will? Wie gehen Sie mit solchen Versuchungen um?

4. Der reiche junge Mann muss sich entscheiden, woran er sein Herz in Zukunft hängen will (Matthäus 19,21-22). Welchen »Gewinn« versprechen die irdischen Götzen, denen die verdorbene Natur des Menschen folgen will, und welchen Gewinn verspricht Jesus, wenn wir uns an ihn halten? (Siehe Matthäus 19,28-30.)

5. Kennen Sie den geistlichen Kampf zwischen Vernunft und Glaube, den Tersteegen in Abschnitt 4 beschreibt?

6. Wie kann nach Tersteegen (Abschnitt 9) dem Götzendienst der verdorbenen menschlichen Natur Einhalt geboten werden?

Übungen

Die folgenden Vorschläge sind für den Einzelnen gedacht. Sie können aber auch im Rahmen einer geistlichen Zweierschaft oder in einer kleinen Gruppe aufgenommen werden. Wählen Sie einen oder mehrere aus.

1. Nehmen Sie sich am Ende eines Tages Zeit, einmal alle Ihnen heute widerfahrenen Versuchungen zum Götzendienst aufzuschreiben. Wo hat Ihnen vielleicht der Glaube einen Weg empfohlen, den Ihre Vernunft oder Ihr Wille nicht gehen wollte?

2. Sprechen Sie mit Gott über Ihren geistlichen Kampf mit der verdorbenen menschlichen Natur und bitten Sie ihn, Ihnen dabei zu helfen.

3. Nach Tersteegen lässt sich Gott in unserem Herzen suchen und finden. Lesen Sie in dieser Woche jeden Tag ein Lied von Tersteegen in einem kirchlichen Gesangbuch oder einer Tersteegen-Ausgabe. Lassen Sie sich von ihm als einem Seelsorger helfen, Gottes leise Stimme in Ihrem Herzen zu hören.

4. Üben Sie für eine bestimmte Zeit einmal ganz bewusst den Verzicht auf Ihnen lieb gewordene weltliche Dinge. Prüfen Sie, wie schwer Ihnen das fällt, und machen Sie sich bewusst, dass Sie kein Sklave von irgendjemandem oder irgendetwas auf dieser Welt sind, sondern ein von Christus zur Nachfolge Jesu befreiter Mensch, der Gott allein dienen darf.

Ein paar Gedanken

Es gibt Momente, in denen wir uns fragen, wozu wir eigentlich leben. Sind wir auf der Welt, um unsere Bedürfnisse zu befriedigen und unsere Lebensträume mit aller Macht zu verwirklichen? Sind wir dazu da, unseren Besitz zu vermehren und aus der Welt einen großen Marktplatz zu machen, auf dem wir um ihre Güter schachern? Warum machen uns die Dinge, die wir benötigen, nicht satt, sobald wir sie haben? Liegt es vielleicht daran, dass wir in Wahrheit in unserem tiefsten Herzen gar nicht nach einem Gegenstand, sondern nach einem Zustand suchen, wie ihn die Welt nicht geben kann?

Augustin hat einmal gesagt: »Unser Herz ist unruhig, Gott, bis es ruht in dir.« Tersteegen zeigt uns, wie wir in diese Ruhe finden können. Wir brauchen sie nicht zu erwerben, wie Häuser, Autos oder Aktien. Gott bietet sie uns als Geschenk an. Wir finden sie in seiner Liebe zu uns. Wir können sie durch die Hinwendung zu ihm im Gebet und durch die Hingabe an ihn erfahren.

Tersteegen beschreibt dies als Bund mit Gott, der uns beim geistlichen Kampf mit den Götzen der Welt unterstützt und uns hilft, den Dingen ihren wahren Wert beizumessen. Wir werden sie dann dankbar als Gottes Gabe gebrauchen und sie am Ende unseres Lebens loslassen können, denn wir haben mit Gottes Liebe etwas, das unvergänglich ist und uns in Ewigkeit nicht verloren geht. Diese Liebe in die Welt zu tragen, wird unser schönster Gewinn sein.

Zur Vertiefung

Gerhard Tersteegen, Ich bete an die Macht der Liebe. Eine Auswahl aus seinen Werken, hrsg. v. Dietrich Meyer, Gießen, 2. Auflage 1998

Gerhard Tersteegen, Geistliches Blumengärtlein inniger Seelen. Mit der Frommen Lotterie und einem kurzen Lebenslauf des Verfassers, Hamburg, 17. Auflage 1988

Gerhard Tersteegen, in: Christian Möller (Hrsg.), Geschichte der Seelsorge in Einzelporträts, Band 2, Göttingen 1995

Jost Müller-Bohn, Gerhard Tersteegen. Leben und Botschaft, Lahr 1993

Gerhard Tersteegen, in: Gerhard Ruhbach/Josef Sudbrack (Hrsg.), Große Mystiker – Leben und Wirken, München 1984

Werner Hehl, Gerhard Tersteegen – Der evangelische Heilige, in: Georg Popp (Hrsg.), Die Großen des Glaubens, Stuttgart/Regensburg 1985

Walter Nigg, Große Heilige, Zürich/Stuttgart 1947

Von der Demut

Benedikt von Nursia (ca. 480 bis ca. 547)

Über den Autor

Zu Beginn des vierten Jahrhunderts wurde das Christentum im Römischen Reich offiziell anerkannt. Doch hatte das nicht so sehr zur Folge, dass die Welt christlich wurde, es begann vielmehr eine Verweltlichung der Kirche. Viele ernsthafte Christen flohen daraufhin in die Wüste, in Klöster oder lose Mönchsgemeinschaften, um sich dem Einfluss der Welt zu entziehen und dort ein Leben des Glaubens zu führen. (Natürlich konnten auf Dauer auch die Klostermauern nicht schützen. Auch hier wurde Erneuerung nötig.) Anfang des 6. Jahrhunderts versuchte Benedikt von Nursia, zu den radikalen Wurzeln der Nachfolge zurückzukehren.

Er wurde als Sohn einer wohlhabenden Familie in Nursia in Umbrien geboren und in Rom erzogen. Doch die Freizügigkeit des studentischen Lebens stieß ihn ab und er floh in die Berge von Subiaco, um dort als Einsiedler zu leben. Bald war er für seine Frömmigkeit, seine Weisheit und Demut bekannt. Um 529 gründete er auf dem Monte Cassino, auf halbem Wege zwischen Neapel und Rom gelegen, ein Kloster. Dort blieb er bis zu seinem Tod.

In diesem Kloster schrieb Benedikt seine berühmte *Regel*. Sie wurde für die vielen umherwandernden Mönche und Einsiedler zu einer großen Hilfe. In seiner *Regel* gibt Benedikt klare und nützliche Anweisungen für ein Leben, das Gott gefällt. Seine Schrift leitete eine Periode der Erneuerung ein und ist mit ihrer in der Bibel verwurzelten Frömmigkeit und ihrer Praxisnähe bis heute aktuell. In der Folge übernahmen immer mehr Mönchsgemeinschaften diese Regel und bald wurde sie fast die alleinige Regel im abendländischen Mönchtum. Am bekanntesten ist ihr Grundsatz für den Tagesablauf: *Ora et labora* (»Bete und arbeite«).

Im folgenden Abschnitt geht es um die Demut. Benedikt gebraucht das Bild von der »Jakobsleiter« und nennt zwölf

»Stufen« zur Demut. Seine strengen Worte über die Hölle und die Sündhaftigkeit des Menschen mögen den modernen Leser befremden, doch in einer Zeit des »Wohlfühlglaubens« brauchen wir sie heute umso mehr.

Auszüge aus: Regel

1. Der Ruf, die Leiter der Demut zu besteigen

Brüder, die göttliche Schrift ruft uns zu:
Jeder, der sich selbst erhöht, wird erniedrigt,
und wer sich selbst erniedrigt, wird erhöht.
Wie uns die Schrift mit diesen Worten zeigt,
ist es eine Art Stolz,
wenn sich jemand irgendwie erhöht.
Davor hütet sich der Prophet, wie sein Wort nahe legt:
Herr, mein Herz ist nicht stolz,
nicht hochmütig blicken meine Augen.
Ich gehe nicht um mit Dingen,
die mir zu wunderbar und zu hoch sind.
(...)
Brüder, wenn wir den Gipfel höchster Demut erreichen
und rasch zur himmlischen Höhe gelangen wollen,
zu der man durch ein demütiges Leben hienieden aufsteigt,
müssen wir jene Leiter aufrichten
und in unserem Tun besteigen,
die Jakob im *Traum* erschien,
und auf der er *Engel auf- und niedersteigen sah.*
Jenes Herunter- und Hinaufsteigen kann unserer Ansicht nach
gar nicht anders verstanden werden,
als dass die Erhöhung absteigen,
die Erniedrigung aufsteigen lässt.
Die aufgerichtete Leiter ist unser irdisches Leben,
das der Herr himmelwärts emporrichtet,
wenn unser Herz demütig wird.
Die Holme der Leiter aber
erklären wir als unsern Leib und unsere Seele.

In diese Holme fügt der Ruf Gottes
verschiedene Stufen der Demut und Pflichterfüllung ein,
die wir ersteigen sollen.

2. Die erste Stufe der Demut: Sich Gott vor Augen halten

Auf der ersten Stufe der Demut
hält man sich Gott stets mit Ehrfurcht vor Augen
und hütet sich sehr, ihn zu vergessen;
man erinnert sich dauernd an alle Gebote Gottes
und erwägt im Geist bei sich selber immer,
wie die Hölle jene um der Sünden willen brennt,
die Gott verachten,
während ewiges Leben denen bereitet ist,
die Gott fürchten.
Man nimmt sich allzeit in Acht vor Sünden und Fehlern
der Gedanken oder der *Zunge*, der Hände, der Füße
oder des Eigenwillens wie auch *der Begierden des Fleisches.*
Der Mensch sei überzeugt:
Gott schaut vom Himmel her
jederzeit und immer *auf ihn herab*,
das Auge Gottes sieht stets und überall sein Tun.
(…)
Der Prophet weist uns darauf hin, denn er zeigt,
dass Gott uns stets gegenwärtig ist
bei unsern Gedanken,
indem er sagt: *Gott prüft auf Herz und Nieren*,
und ferner: *Der Herr kennt die Gedanken der Menschen*;
auch heißt es: *von fern erkennst du meine Gedanken*,
und: *das Denken des Menschen muss sich dir eröffnen.*
Um sich aber über seine verkehrten Gedanken
ein Gewissen zu machen,
soll ein guter Bruder in seinem Herzen wiederholen:
Dann *werde ich vor ihm ohne Makel sein,*
wenn ich mich in Acht nehme vor meiner Schlechtigkeit.
Den Eigenwillen zu tun, verwehrt uns die Schrift
mit den Worten: *Von deinem Eigenwillen halte dich fern*!
Und ebenso bitten wir Gott täglich im Gebet,
dass sein *Wille* an uns *geschehe.* (…)

3. Die zweite Stufe der Demut: Gottes Willen tun

Auf der zweiten Stufe der Demut steht,
wer seinen Eigenwillen nicht liebt
und keine Freude daran findet,
seine Begierden zu befriedigen,
sondern in seinem Tun den Herrn nachahmt, der sagt:
Ich bin nicht gekommen, um meinen Willen zu tun,
sondern den Willen dessen, der mich gesandt hat.
Auch heißt es in einer Schrift:
Der Eigenwille bestraft sich selbst,
bindende Notwendigkeit bereitet eine Krone.

4. Die dritte Stufe der Demut: Gehorsam

Auf der dritten Stufe der Demut
unterwirft man sich dem Obern aus Liebe zu Gott
in vollkommenem Gehorsam,
indem man den Herrn nachahmt,
von dem der Apostel sagt: *Er war gehorsam bis zum Tod.*

5. Die vierte Stufe der Demut: Unrecht ertragen

Auf der vierten Stufe der Demut steht,
wer auch bei widrigen Aufträgen
und selbst bei jedem zugefügten Unrecht
diesen Gehorsam übt,
dabei schweigen kann und bewusst die Geduld bewahrt.
Er erträgt alles, ohne müde zu werden und davonzulaufen;
die Schrift sagt ja: *Wer bis zum Ende standhaft bleibt,*
der wird gerettet.
(…)
Die Getreuen müssen für den Herrn alles aushalten,
auch was ihnen zuwiderläuft.
Das zeigt die Schrift, denn denen, die leiden,
legt sie das Wort in den Mund: *Um deinetwillen*
werden wir den ganzen Tag dem Tod ausgesetzt,
behandelt wie Schafe,
die man zum Schlachten bestimmt hat.

Aber weil sie zuversichtlich auf Gottes Vergeltung hoffen,
fahren sie mit Freuden fort und sagen:
Doch all das überwinden wir durch den,
der uns geliebt hat.
Und an anderer Stelle heißt es in der Schrift:
Du hast, o Gott, uns geprüft
und uns geläutert, wie man Silber läutert im Feuer.
Du brachtest uns in schwere Bedrängnis
und legtest uns eine drückende Last auf die Schulter.
Und um zu zeigen, dass wir unter einem Obern sein müssen,
fährt sie mit den Worten weiter:
Du hast Menschen über unsere Köpfe gesetzt.
Auch erfüllen sie das Gebot des Herrn,
selbst bei Kränkung und ungerechter Behandlung,
kraft der Geduld, mit der sie
auf die eine Backe geschlagen, auch die andere hinhalten,
um ein Hemd bestohlen, auch den Mantel lassen,
gezwungen eine Meile mitzugehen, zwei Meilen gehen.
Mit dem Apostel Paulus *ertragen* sie *falsche Brüder,*
erdulden *Verfolgung*
und *segnen, die ihnen fluchen.*

6. Die fünfte Stufe der Demut: Die Sünden bekennen

Auf der fünften Stufe der Demut steht,
wer alle schlechten Gedanken,
die sich ihm ins Herz schleichen,
und die heimlich begangenen Sünden
seinem Abt nicht verbirgt, sondern ihm demütig bekennt.
Die Schrift ermahnt uns dazu mit den Worten:
Eröffne dem Herrn deinen Weg und vertrau auf ihn!
Sie sagt auch: *Bekennt dem Herrn, denn er ist gütig,*
denn seine Huld währt ewig.
Ferner spricht der Prophet: *Ich bekannte dir meine Sünde*
und verbarg meine Schuld nicht vor dir.
Ich sagte: Ich will dem Herrn meine Frevel bekennen.
Und du hast mir die Schuld meines Herzens vergeben.

7. Die sechste Stufe der Demut: Zufriedenheit

Auf der sechsten Stufe der Demut ist der Mönch
mit dem Allermindesten und Letzten zufrieden
und hält sich, bei allem, was man ihm aufträgt,
für einen schlechten und untauglichen Arbeiter.
Mit dem Propheten sagt er sich:
Ich war töricht und ohne Verstand,
war wie ein Stück Vieh vor dir.
Ich aber bleibe immer bei dir.

8. Die siebte Stufe der Demut: Sich selbst demütigen

Auf der siebten Stufe der Demut
erklärt man nicht nur mit Worten,
sondern glaubt auch im tiefsten Herzensgrund,
der Letzte und Geringste unter allen zu sein.
Man demütigt sich und sagt mit dem Propheten:
Ich aber bin ein Wurm und kein Mensch,
der Leute Spott, vom Volk verachtet.
Ich habe mich erhöht
und wurde gedemütigt und beschämt.
Ferner: *Dass ich gedemütigt wurde, war für mich gut;*
damit ich deine Gebote lerne.

9. Die achte Stufe der Demut: Der gemeinsamen Regel folgen

Auf der achten Stufe der Demut tut der Mönch nur,
wozu die gemeinsame Regel des Klosters
und das Beispiel der Ältern mahnen.

10. Die neunte Stufe der Demut: Zurückhaltung

Auf der neunten Stufe der Demut
hält der Mönch *seine* Zunge vom Reden *zurück*;
er kann schweigen und spricht nicht, bevor er gefragt wird.
Die Schrift zeigt das mit den Worten an:
Bei vielem Reden bleibt die Sünde nicht aus.
Und: *Der Schwätzer soll nicht bestehen im Land.*

11. Die zehnte Stufe der Demut: Ernst

Auf der zehnten Stufe der Demut steht,
wer nicht leicht und über alles lacht;
weil geschrieben steht: *Der Tor lacht mit lauter Stimme.*

12. Die elfte Stufe der Demut: Einfache Sprache

Auf der elften Stufe der Demut spricht der Mönch,
wenn er redet,
ruhig und ohne Gelächter, bescheiden und ernst,
mit kurzen, überlegten Worten, und macht kein Geschrei,
wie geschrieben steht: *Den Weisen erkennt man daran,*
dass er nicht viele Worte macht.

13. Die zwölfte Stufe der Demut: Demütiges Verhalten

Auf der zwölften Stufe der Demut
bewahrt der Mönch die Demut nicht bloß im Herzen,
sondern gibt sie auch nach außen kund,
sogar in seiner Körperhaltung.
Mit andern Worten: Beim Gottesdienst, im Oratorium,
im Kloster, im Garten, unterwegs, auf dem Feld,
wo immer er sitzt, geht oder steht,
stets neige er sein Haupt und schlage die Augen nieder.
(…)
Er wiederhole im Herzen
die Worte des Zöllners im Evangelium,
der mit zur Erde gesenktem Blick sprach:
Herr, ich Sünder bin nicht würdig,
meine Augen zum Himmel zu erheben.
(…)

14. Demut als Lebenshaltung

Wenn aber alle Stufen der Demut erstiegen sind,
gelangt der Mönch bald zu jener Gottesliebe,
die vollkommen ist und die Furcht vertreibt.

Alles, was er vorher nur mit Angst beobachtet hat,
wird er kraft dieser Liebe zu halten beginnen,
ganz mühelos und natürlich und wie aus Gewohnheit,
nicht mehr aus Furcht vor der Hölle,
sondern aus Liebe zu Christus,
weil ihm das Gute zur Gewohnheit
und die Tugend zur Freude wurde.
Der Herr wird dies durch den Heiligen Geist
gnädig an seinem Arbeiter erweisen,
wenn er einmal frei ist von Sünden und Fehlern.

Bibeltext: Lukas 18,9-14

Zum Nachdenken

Die folgenden Fragen können in der kleinen Gruppe diskutiert werden. Sie können aber auch dem Einzelnen als Anregung dienen, sich – wenn möglich schriftlich – Gedanken zu machen.

1. In Abschnitt 1 sagt Benedikt, wir werden gedemütigt, wenn wir versuchen, uns selbst zu erhöhen, und erhöht, wenn wir uns selbst demütigen. Können Sie das aufgrund Ihrer eigenen Erfahrungen bestätigen?

2. Heute haben viele Menschen Mühe, wenn mit der Hölle gedroht wird, um sie zu christlichem Handeln zu motivieren, so wie Benedikt es hier in Abschnitt 2 tut. Andererseits ist die Furcht vor dem Gericht seit Jahrhunderten Bestandteil der christlichen Theologie und lässt sich letztlich auf Jesus selbst zurückführen (vgl. Matthäus 25). Ist die Angst vor der Hölle für Sie ein wichtiges Element? Sollte sie es sein? Warum? Warum nicht?

3. In Abschnitt 5 sagt Benedikt, die fünfte Stufe zur Demut bestehe darin, die Mühsal des Lebens zu akzeptieren. Mit welchen Nöten hatten oder haben Sie zu kämpfen? Inwiefern hat Ihnen das geholfen, demütig zu werden?

4. Welche der zwölf »Stufen« wäre für Sie am einfachsten? Welche wäre die schwierigste? Warum?

5. Im Gleichnis vom Pharisäer und Zöllner sagt Jesus, der Zöllner (ein Mensch, der von den Juden verachtet wurde) gehe gerechtfertigt nach Hause, der Pharisäer (der hoch geachtet war) aber nicht. Wenn Sie an Benedikts Ausführungen über die Demut denken – was wollte Jesus uns dann sagen?

Übungen

Die folgenden Vorschläge sind für den Einzelnen gedacht. Sie können aber auch im Rahmen einer geistlichen Zweierschaft oder in einer kleinen Gruppe aufgenommen werden. Wählen Sie einen oder mehrere aus.

1. Die erste Stufe zur Demut besteht darin, »sich Gott stets mit Ehrfurcht vor Augen zu halten«. Machen Sie es sich zur Gewohnheit, bei allem, was Sie diese Woche tun, an Gott zu denken.

2. Die Beichte, das Bekenntnis unserer Sünden, stand für Benedikt in engem Zusammenhang mit der Demut. Bekennen Sie diese Woche Gott Ihre Schuld. Machen Sie einmal eine Bestandsaufnahme Ihres Lebens. Halten Sie nichts zurück. Nur Mut – die Gnade Gottes währt ewig!

3. Auch wie wir reden, hat etwas mit Demut zu tun. Erklimmen Sie in dieser Woche die neunte Stufe der Demut und halten Sie einmal Ihre Zunge zurück. Reden Sie erst, wenn Sie dazu aufgefordert werden. Oder probieren Sie die elfte Stufe, und lernen Sie, nur wenige Worte zu machen, die aber mit Bedacht zu wählen.

4. Machen Sie in dieser Woche das Gebet des Zöllners zu Ihrem eigenen: »Gott, sei mir Sünder gnädig!« Beten Sie es immer wieder. Es kann Sie davor bewahren, hartherzig zu werden.

Ein paar Gedanken

In seiner Betrachtung über die Demut schreibt Benedikt: Wir können etwas tun, um im Leben der Demut voranzukommen. Ich finde, das ist ein wunderbarer Satz.

Allerdings ist die Demut eine jener Tugenden, die wir uns nicht aneignen, wenn wir uns auf sie konzentrieren. Schon der Gedanke ist lächerlich. Deshalb haben viele für sich den Schluss gezogen, wir könnten selbst gar nichts tun, um die anmaßenden, egoistischen Triebe, die uns moderne Menschen plagen, irgendwie in den Griff zu bekommen. Wir warten lieber, dass Gott uns Demut schenkt. Das ist die heute herrschende Haltung in der Kirche.

Hier erweist uns Benedikt einen großen Dienst. Er zeigt uns, dass wir sehr wohl etwas tun können. Körper, Seele und Geist können dazu beitragen, dass wir im Glauben weiterkommen. Durch Gottes Gnade können wir unseren Stolz ablegen und etwas von der Freude erleben, die ein demütiges Leben bringt.

Zur Vertiefung

David Knowles, Benedikt von Nursia. Der Vater des Abendlandes, in: Josef Sudbrack/James Wash (Hrsg.), Große Gestalten christlicher Spiritualität, 1969

Ernst J. Görlach, Benedikt von Nursia – Vater des Abendlandes, in: Georg Popp (Hrsg.), Die Großen der Kirche, 8. Auflage 1957

Vom Umgang mit der Versuchung

Thomas von Kempen (1380-1471)

Über den Autor

Ende des vierzehnten Jahrhunderts wird Thomas in Kempen am Niederrhein geboren. 1399, im Alter von neunzehn Jahren, wird er Augustinerchorherr in dem Kloster bei Zwolle, in dem er sein ganzes weiteres Leben verbringt. 1429 folgt seine Ernennung zum Subprior. Ansonsten verläuft sein Leben äußerlich ereignislos; er lebt und stirbt als schlichter Mönch.

Sein inneres Leben jedoch ist tief und fruchtbar und von echter Hingabe an Jesus Christus erfüllt. Neben seinem Wirken als Seelsorger für Brüder und Besucher schreibt er viermal die Bibel ab und verfasst zahlreiche geistliche Schriften.

Das Werk *Buch von der Nachfolge Christi*, durch das er der Nachwelt bekannt wird, beginnt er im Jahre 1441. Kein anderes Buch außer der Bibel hat weltweit eine solche Verbreitung gefunden. Es wird in mehr als 100 Sprachen übersetzt. In den Ausgaben im evangelischen Bereich sind meistens einige Elemente der spätmittelalterlichen Frömmigkeit weggelassen. Dadurch wirkt das Werk ökumenischer, als es im Original ist.

Die folgenden Texte sind diesem Klassiker der Andachtsliteratur entnommen. Trotz des eher düsteren Tons und der strengen Ermahnungen ist es ungezählten Christen wegen seiner Klarheit und tiefen Einblicke in das Wesen des Menschen zum Segen geworden.

In der nachfolgenden Auswahl geht es um ein Problem, das wir wohl alle kennen: die Versuchung. Möge der Text Ihnen helfen, mit den Versuchungen fertig zu werden, die Ihnen in Ihrem Alltag begegnen.

Auszüge aus: Nachfolge Christi

1. Sei wachsam

Solange wir auf dieser Erde leben, können wir nicht ohne Trübsal und Versuchung durchkommen, wie es bei Hiob (7,1) heißt: Versuchung ist des Menschen Leben auf Erden. Deshalb soll jeder bei allem, was ihn zum Bösen reizen kann, sorgsam und im Gebet wachsam sein, damit der Teufel nicht Raum gewinne, ihn zu hintergehen; denn dieser Feind schläft nicht, sondern geht umher und sucht, wen er verschlinge. Es ist kein Vollkommener so vollkommen, kein Heiliger so heilig, dass er nicht manchmal noch zum Bösen versucht würde. Ein Mensch sein und ohne alle Versuchung bleiben, das ist schlechterdings nicht möglich.

2. Vom Nutzen der Versuchungen

Doch verschaffen die Versuchungen dem Menschen große Vorteile, wenn sie ihm auch noch so lästig und beschwerlich sind. Denn sie tun ihm den dreifachen Dienst: Sie demütigen, sie reinigen, sie unterweisen ihn in mancherlei Gutem. Alle Heiligen mussten sich durch viel Trübsal und Anfechtungen durchkämpfen, und sie sind nur in dieser großen Kampfschule so gut und groß gereift. Die aber den Versuchungen nicht standhalten konnten, sind von Gott als unbewährt verworfen worden.

3. Der Ursprung der Versuchungen: Warum können wir nicht entfliehen?

Der Mensch ist nie ganz sicher vor Versuchungen, so lange er hier lebt. Denn wir tragen den Keim der Versuchung in uns selber, weil wir in Begehrlichkeit geboren sind. Ist eine Versuchung oder Trübsal überstanden, so kommt eine zweite der ersten oft auf dem Fuße nach; und zu leiden gibt es für uns immer etwas. Denn das große Gut unserer Seligkeit ist uns verloren gegangen. Viele wollen den Versuchungen entfliehen und fallen nur noch tiefer hinein. Durch bloße Flucht können wir nicht siegen; Geduld und Demut, die machen uns stärker als alle unsere Feinde.

Wer nur so von außen den Versuchungen aus dem Wege geht und nicht an die Wurzel in sich die Axt anlegt, der richtet im Grunde wenig aus; denn die Versuchungen werden nur desto schneller wieder zu ihm kommen, und die letzten Dinge dann ärger als die ersten sein. Nach und nach, in Geduld und Langmut, wirst du, gestützt auf Gottes Hilfe, leichter überwinden als mit Ungestüm und mit starrem Sinn.

4. Die Versuchung macht offenbar, was wir sind

Die Unbeständigkeit des menschlichen Gemütes und das geringe Zutrauen zu Gott sind der Anfang aller Versuchungen zum Bösen. Denn wie ein Schiff ohne Steuermann von den Wellen hin und her getrieben wird; so wird ein schwacher Mensch, der seinen Vorsatz verlassen hat, von allerlei Versuchungen hin und her geworfen. Das Feuer prüft das Eisen, die Trübsal den Gerechten. Oft wissen wir selbst nicht, was wir können, aber die Versuchung macht offenbar, was wir sind.

5. Wie die Versuchung hereinkommt und uns besiegt

Wachen, wachen müssen wir, besonders im Anfang der Versuchung. Denn wenn der Feind nicht zur Tür hereingelassen, sondern noch vor der Türschwelle bei dem ersten Anklopfen zurückgeschlagen wird, so hat es mit dem vollkommenen Siege nicht mehr so viel Schwierigkeiten.

Anfangs ist es ein einfacher Gedanke, der dich angreift; hernach kommt eine lebhafte, mächtige Vorstellung dazu; zur Vorstellung gesellt sich die Lust, zur Lust die Begierde; jetzt sagt der Wille ja dazu. So nimmt der Feind nach und nach die ganze Festung ein, wenn man ihm nicht gleich anfangs Widerstand leistet. Und je länger du säumst, Widerstand zu leisten, desto schwächer wirst du, desto übermächtiger dein Feind.

6. Lass den Mut nicht sinken: Gott ist mit dir

Darum dürfen wir, wenn wir versucht werden, den Mut nicht sinken lassen, sondern müssen mit neuem Eifer zu Gott flehen, dass er uns in aller Trübsal zu Hilfe kommen und nach dem

Wort des Apostels Paulus (1. Korinther 10,13) den Gang der Versuchung lenken und uns einen Ausweg schaffen wolle. Lasst uns also bei jeder Trübsal und Versuchung, im Gefühl unseres Elendes, unser Herz erniedrigen unter die allmächtige Hand Gottes; denn er wird die Demütigen erretten und erhöhen.

Geduld ist unentbehrlich; denn dieses Leben hat viel Widriges. Wie wir auch alles ordnen, um Frieden und Ruhe im Herzen zu erhalten, so gibt es immer wieder etwas Schmerzhaftes zu leiden, etwas Böses zu bekämpfen. Darum sollen wir nicht einem Frieden nachlaufen, der einen Freiheitsbrief von allen Versuchungen und Leiden bringt. Vielmehr sollen wir glauben, dass wir erst dann auf der rechten Friedensbahn wandeln, wenn wir durch allerlei Drangsale geläutert und durch viele widrige Erfahrungen bewährt sind.

7. Der Schmerz der Versuchung

Glaubst du denn, dass die Menschen, die nach dem Geist der Welt leben, nichts oder nur wenig zu leiden haben? Sei es, hätten sie auch alles, was sie wollten; sage mir aber, wie lange glaubst du denn, dass dieses ihr elendes Paradies auf Erden dauern wird? Sieh, die hier alles im Überfluss haben, wie Rauch vergehen sie samt ihren Reichtümern, und sie werden die Freuden, die sie hier genossen haben, nicht einmal mehr in der Erinnerung wieder genießen können. Aber auch hier, solange dieses Leben währt, können sie in ihren Freuden keine wahre Ruhe finden; denn Bitterkeit, Furcht, Überdruss mischen sich in alle ihre Freuden.

Und eben das, worin sie Freude finden, bringt ihnen oft eine reiche Ernte von Schmerz und Strafe ein. Das ist eben das Gesetz der Gerechtigkeit: Weil sie wider die Ordnung der törichten Freude nachlaufen, so können sie diesen Trieb nach Freude nicht ohne das peinliche Gefühl von Scham und Schmerz befriedigen. Da die Menschen der Verblendung und dem Rausche ergeben sind, so sehen sie mit sehenden Augen nicht. Sie vergraben sich in den kurzen Freuden dieses gebrechlichen Lebens und finden in diesem Lebensgenusse den Tod der Seele.

8. Der Weg zur wahren Freude

Denn wenn du wahre Freude finden und überfließende Tröstung von mir erhalten willst, so fasse Mut, alle Lust der Welt zu verschmähen und alle niedere Freude daranzugeben. Darin wirst du Segen finden, dafür wird dir eine reiche Quelle des inneren Trostes geöffnet werden. Und je mehr du den Trost, den dir die Geschöpfe anbieten, verschmähen lernst, desto süßer und mächtiger wird die Fülle des Trostes sein, den du in mir finden wirst.

Aber anfangs wird es dich manchen heißen Kampf kosten, und du wirst dich durch manche leidvolle Stunde durchschlagen müssen, bis du dahin gelangst. Murren wird das Fleisch dagegen, aber dieses Murren wird durch den siegenden Eifer des Geistes wieder zum Schweigen gebracht werden. Reizen wird dich die alte Schlange, und durch ihre Reizungen wird sie deinen Kampf noch heißer machen; aber das Gebet wird sie verjagen, und eine nützliche Beschäftigung wird ihr Tür und Tor verriegeln.

9. Die Axt an die Wurzel anlegen

Hätten wir den entschlossenen Mut, wie tapfere Kriegsmänner auf dem Schlachtfelde zu stehen, schnell würden wir die Hilfe des Herrn vom Himmel kommen sehen. Denn er will denen, die streiten und auf seine Gnade trauen, Hilfe senden, so gewiss er uns Anlass zum Streit werden ließ, damit wir siegen lernen sollten. Wenn wir unsere Religiosität, unser Fortschreiten im Guten, nur in jene äußerlichen Übungen setzen, so wird unsere Frömmigkeit ein schnelles Ende nehmen. Die Axt müssen wir an die Wurzel anlegen, damit wir einmal von den ungeordneten Neigungen rein werden und einen stillen Sinn, einen ungetrübten Seelenfrieden bekommen.

Wenn wir in jedem Jahr nur ein Laster ausrotteten, so würden wir bald vollkommen werden. Aber jetzt zeigt sich nicht selten das Gegenteil; wir spüren, dass wir in den ersten Tagen unserer Bekehrung besser und reiner waren als jetzt, nach vielen Jahren offenen Bekenntnisses. Der Eifer im Guten und das Gute selbst sollte mit jedem Tag in uns zunehmen, aber jetzt wird es schon als eine große Seltenheit angesehen, wenn jemand nur noch einen Funken des ersten Eifers in sich erhalten konnte. Wenn wir uns anfangs nur ein wenig Gewalt antun würden, so würden wir in der Folge alles noch einmal so leicht und mit Freude tun.

10. Alte Gewohnheiten bekämpfen

Es ist schwer, wider seine Gewohnheiten zu handeln; aber noch schwerer ist es, wider seinen eigenen Willen anzugehen. Doch wenn du geringe, leichte Hindernisse nicht überwinden kannst: wie willst du große, schwere Hindernisse aus dem Weg schaffen? Leiste deinen Neigungen Widerstand, gleich bei ihrem Entstehen, und mache dich durch frühe Entwöhnung von aller bösen Gewohnheit los, damit aus einer geringen Beschwernis nicht nach und nach eine größere wird. Oh, könntest du begreifen, wie viel du selbst an innerem Frieden gewinnen und was für große Freude du andern bereiten würdest, wenn du von ganzem Herzen gut sein und Recht tun würdest – ich glaube, du würdest mehr Sorge darauf wenden, immer größere Fortschritte im geistlichen Leben zu machen.

11. Die Versuchung zu schwatzen

Warum reden wir denn so gern und schwatzen miteinander, da wir doch sehr selten ohne alle Verletzung des Gewissens zum Stillschweigen zurückkehren? Deswegen reden wir so gern miteinander, weil wir in der Unterredung, einer bei dem andern, Trost und Erquickung suchen, und dem Herzen, das von so vielen Gedanken ermüdet ist, gern Luft machen möchten. Und was wir lieben und wünschen, oder was uns drückt und drängt, davon reden, daran denken wir gern.

Aber leider! Eitel und fruchtlos ist oft all unser Reden. Denn dieser äußere Trost, den wir uns selbst schaffen, verbaut uns den inneren, den nur Gott geben kann. Darum lasst uns wachen und beten, damit die Zeit nicht ungebraucht dahinfließt. Darfst du reden und nützt es zu reden, so sprich, was zur Erbauung dient. Aber wir sind von Jugend auf gewohnt zu tun, was nichts taugt, und sind immer zu wenig auf unseren Fortgang im Guten bedacht; darum sind wir in der Hut der Zunge so nachlässig.

12. So kann das Unglück nutzen

Dass uns Dinge begegnen, die uns lästig und durchaus zuwider sind, das ist für uns sehr gut. Denn sie treiben den Menschen wieder in sein Herz hinein, dass er es fühlen lernt, dass er hier nicht in seinem Vaterland ist und dass er seine Hoffnung auf kein Gut dieser Welt gründet. Es ist gut, dass wir Widerspruch erfahren und dass manche Menschen recht böse von uns denken und reden, ob wir gleich recht tun und beim Rechttun gute Absichten haben. Das sichert unsere Demut und bewahrt uns vor dem Zauberdunst eitlen Ruhmes. Gerade zurzeit, wo uns die Menschen in der Öffentlichkeit als schlechte Leute ausschreien und uns nichts Gutes mehr zutrauen, gerade da werden weit mehr als sonst gedrängt, Gott als den einen Zeugen, der unser Innerstes kennt, aufzusuchen. Eben deswegen sollte der Mensch sich ganz und fest an Gott allein halten, dass er es nicht nötig hätte, viel Trost bei den Menschen zu suchen.

13. Wir brauchen Gott

Wenn ein Mensch geplagt oder angefochten oder von bösen Gedanken umhergetrieben wird, dann leuchtet es ihm helle ein, und heller als sonst, dass ihm Gott unentbehrlich ist und dass er ohne ihn nichts Gutes vermag. Dann fühlt er nichts als lauter Traurigkeit, dann seufzt und betet er wegen der Plagen, die er erdulden muss. Dann wird er seines Lebens überdrüssig und sähe es gern, dass der Tod käme und die Bande des Leibes löste und ihn zu Christus heimbrächte. Dann lernt er wohl verstehen, dass vollkommene Sicherheit und vollkommener Friede hier auf Erden nicht zu haben sind.

14. Vier Quellen des Friedens

Jetzt will ich dir den Weg in das Land des Friedens und der wahren Freiheit weisen. Lass es dir angelegen sein, lieber dem

Willen eines anderen als deinem eigenen nachzuleben. Wähle in allem, was vergänglich ist, das Weniger vor dem Mehr. Setze dich lieber unten an und sei gern untertan. Wünsche und bete immer wieder, dass Gottes Wille in und an dir vollkommen erfüllt werde. Solch ein Mensch setzt seinen Fuß in das Land des Friedens und der Ruhe.

Bibeltext: 1. Korinther 10,12-13

Zum Nachdenken

Die folgenden Fragen können in der kleinen Gruppe diskutiert werden. Sie können aber auch dem Einzelnen als Anregung dienen, sich – wenn möglich schriftlich – Gedanken zu machen.

1. Können wir nach Thomas von Kempen den Versuchungen je entfliehen? Welche Bedeutung haben die Versuchungen für unseren Glauben?

2. »Die Versuchung«, schreibt Thomas, »macht offenbar, wer wir sind.« Wie zeigt sich das bei Ihnen?

3. Die Sünde, räumt Thomas ein, macht Freude, doch die Freude vergeht und alles, was bleibt, sind Bitterkeit, Furcht und Überdruss. »Eben das, worin sie Freude finden, bringt ihnen oft eine reiche Ernte von Schmerz und Strafe ein.« Wo haben Sie gedacht, Sie würden Freude finden, und haben am Ende doch nur Kummer gehabt?

4. Thomas schreibt in Abschnitt 9: »Wenn wir in jedem Jahr nur ein Laster ausrotteten, so würden wir bald vollkommen werden.« Dieser Satz mag uns vielleicht etwas übertrieben vorkommen. Aber der Gedanke dahinter ist ja der, dass wir Schritt für Schritt wachsen. Welches Laster, welchen Fehler würden Sie im nächsten Jahr bei sich gern ausrotten?

5. Wie Thomas von Kempen erklärt auch Paulus, wie wichtig die Versuchung ist und wie wir sie überwinden können. Was geschieht mit uns nach 1. Korinther 10,12-13, wenn wir meinen, wir würden fest stehen? Was würde es laut Thomas bedeuten, »zuzusehen, dass wir nicht fallen«?

Übungen

Die folgenden Vorschläge sind für den Einzelnen gedacht. Sie können aber auch im Rahmen einer geistlichen Zweierschaft oder in einer kleinen Gruppe aufgenommen werden. Wählen Sie einen oder mehrere aus.

1. Wir reden und schwatzen, sagt Thomas in Abschnitt 11, weil wir Trost und Erfrischung suchen und dem Herzen Luft machen wollen. Aber das funktioniert oft nicht. Versuchen Sie diese Woche allem Geschwätz aus dem Wege zu gehen und zu reden, was aufbaut.

2. In Abschnitt 5 nennt Thomas vier Schritte, durch die aus der Versuchung Sünde wird. Notieren Sie sich diese Schritte auf einem Blatt Papier und tragen Sie es mit sich. Schreiben Sie auf, was Sie selbst in Versuchung bringt, und vergleichen Sie Ihre Erfahrung mit der von Thomas von Kempen.

3. Notieren Sie die vier Schlüssel zum Frieden aus Abschnitt 14. Probieren Sie sie diese Woche aus. Beobachten Sie, was dabei passiert.

4. Wenn Sie den obigen Text und den Abschnitt aus dem 1. Korintherbrief gelesen haben, fassen Sie auf einem Blatt Papier zusammen, was Sie über die Versuchung gelernt haben. Lesen Sie sich Ihre Notizen immer wieder durch und versuchen Sie sie sich einzuprägen. Mögen diese Erkenntnisse Ihnen helfen, im Kampf mit der Versuchung zu siegen.

Ein paar Gedanken

Ich wünschte, ich könnte Ihnen sagen, das Kapitel Versuchung sei für mich erledigt. Leider kann ich es nicht. Sicher, es gibt Dinge, die mich nicht mehr so reizen wie früher (manche Dinge erledigen sich mit der Zeit). Aber das bedeutet ja letztlich nur, dass die Versuchungen jetzt raffinierter werden. Und wir werden alle versucht.

Die herrliche Botschaft der Bibel lautet jedoch, dass wir dabei nicht allein auf uns selbst angewiesen sind. Der Gott Abrahams, Isaaks und Jakobs – der sich Mose, David und Maria offenbart hat – steht uns bei in Zeiten der Not und ist unsere Hilfe. Jesus Christus, sein Sohn, ist bei uns – er unterweist uns, er gibt uns Kraft, er liebt uns. Und auch der Heilige Geist erfüllt uns in der Stunde der Versuchung – um uns zu leiten, zu stärken und Mut zu machen. »Der in euch ist, ist größer als der, der in der Welt ist« (1. Johannes 4,4). Wie wahr diese Zusagen sind, wird uns die Erfahrung bestätigen. Und wenn wir stolpern und fallen, haben wir beim Vater einen Fürsprecher in unserem Erlöser Jesus Christus.

Zur Vertiefung

Thomas von Kempen, in: Christian Möller (Hrsg.), Geschichte der Seelsorge in Einzelporträts, Band 1, Göttingen 1994

Glaube, der sich im Alltag erweist

William Law (1686-1761)

Über den Autor

William Law wurde in Northamptonshire in Mittelengland geboren. Nach seinem Studium in Cambridge war er anglikanischer Priester. Er wirkte vor allem als geistlicher Begleiter, der den Menschen zur Seite stand, die eine tiefere und engere Beziehung zu Gott suchten. In verschiedenen Streitschriften setzte er sich mit dem Rationalismus und der Aufklärung auseinander. Die folgenden Texte sind seinem 1728 entstandenen bekanntesten Buch entnommen, *A Serious Call to a Devout and Holy Life* (Ein ernster Ruf zu einem frommen und heiligen Leben). Die Schrift hatte einen großen Einfluss auf die englische Erweckungsbewegung und führte zur Freundschaft mit John Wesley und dem Dichter Lord Byron. Durch seine Schlichtheit und Direktheit ist das Buch zu einem Klassiker der Andachtsliteratur geworden.

In seinen späteren Jahren bezog sich Law immer ausschließlicher auf die Mystik Jakob Böhmes. Seine Skepsis gegenüber allen organisierten Kirchen führte zum Bruch mit vielen Freunden.

Die folgende Auswahl beschäftigt sich mit einem Phänomen, das uns allen bekannt ist, nämlich der Tendenz, zwischen Glauben und praktischem Alltagsleben zu trennen. Law macht klar, dass es im Christentum nicht nur um den Glauben als solchen, sondern auch um unser Verhalten geht. Im Geist des Jakobusbriefes führt er aus, dass Glaube und Werke, genau wie Pfeil und Bogen, nur zusammen funktionieren können.

Auszüge aus: Ein ernster Ruf zu einem frommen und heiligen Leben

1. Ein frommes Leben

Frömmigkeit besteht weder aus dem persönlichen noch dem öffentlichen Gottesdienst, obwohl beides dazugehört. Frömmigkeit bezeichnet vielmehr ein Leben in der Hingabe an Gott.

Der Fromme ist deshalb ein Mensch, der nicht nach seinem eigenen Willen lebt oder nach den Wegen oder dem Geist dieser Welt, sondern einzig nach dem Willen Gottes. Ein solcher Mensch sucht Gott in allen Dingen. Er dient ihm mit allem, was er tut, und heiligt jeden Bereich seines Lebens, indem er alles im Namen Gottes tut und so, dass es zum Ruhme Gottes dient.

Wir geben schnell zu, Gott allein sei Maßstab und Richtschnur unserer Gottesdienste und Gebete. Wir sollten beim Beten nur auf ihn sehen, es nur für ihn tun und so beten und um solche Dinge bitten, dass er verherrlicht wird.

2. Gott, der Maßstab und die Richtschnur

Doch wenn wir sagen, wir sollten gottesfürchtig beten, dann müssen wir auch in allen anderen Bereichen unseres Lebens gottesfürchtig sein. Denn es gibt keinen Grund, warum Gott der Maßstab und die Richtschnur unserer Gebete sein, warum wir allein auf ihn sehen und nach seinem Willen beten sollten, wenn wir ihn nicht zum Maßstab und zur Richtschnur unseres gesamten Lebens machen. Denn jeder Aspekt unseres Lebens, jeder Gebrauch unserer Gaben – ob des Körpers, der Zeit oder unseres Geldes –, der nicht streng nach dem Willen Gottes, der nicht zu seiner Ehre geschieht, ist sinnlos, und unsere Gebete werden nichts nützen, weil sie nicht dem Willen Gottes entsprechen. Denn es gibt keinen Grund, warum wir nach dem Willen Gottes beten sollten, solange wir nicht auch nach seinem Willen leben. Unser Leben sollte so heilig sein wie unsere Gebete. Es ist unsere heilige Pflicht, uns von unserem Verstand leiten zu lassen, in all unserem Tun aus der Hingabe an Gott zu leben, in Weisheit und Heiligkeit vor ihm zu wandeln und alles in seinem Namen und zu seiner Ehre zu tun. Wenn unser Beten uns nicht dahin führt, dann hat es keinen Wert, egal wie weise es sein mag. Nein, solche Gebete wären sinnlos. Es wäre, als würden wir um Flügel beten, obwohl wir gar nicht fliegen wollen.

Wenn wir um den Geist Gottes beten wollen, dann müssen wir diesen Geist zum Maßstab all unseres Handelns machen. So wie es unsere Pflicht ist, in unseren Gebeten allein auf Gott zu schauen, so ist es unsere Pflicht, in unserem Leben allein für ihn zu leben. Das aber können wir nicht, solange wir nicht in den ganz alltäglichen Dingen für ihn leben, solange wir ihn nicht auf allen Wegen zum Maßstab und zur Richtschnur machen, so wie wir nicht aus ungeteiltem Herzen zu ihm beten können, solange wir nicht allein auf ihn schauen.

3. Ein lächerliches Leben

Das ist der Grund, warum das Leben so vieler Menschen so lächerlich wirkt. Viele sind sehr streng, was die Zeiten und Orte der Andacht betrifft. Wenn der Gottesdienst aber vorbei ist, dann leben sie so, als würden sie ihn selten oder nie besuchen. In der Art, wie sie leben, wie sie ihre Zeit verbringen und ihr Geld ausgeben, in Sorgen und Nöten, in ihren Freuden und Zügellosigkeiten, bei Arbeit und Ablenkung sind sie wie der Rest der Welt. Das verleitet die Welt dazu, die Frommen nicht ernst zu nehmen, denn sie sieht, dass die Frömmigkeit nicht weiter reicht als bis zum Gottesdienst. Ist der Gottesdienst vorüber, so leben sie nicht mehr für Gott, bis es wieder Zeit zum Beten ist. Dazwischen aber verhalten sie sich genauso wie alle anderen und haben dieselben Wünsche. Das ist der Grund, warum sie von der Welt verspottet werden. Nicht weil sie wirklich in der Hingabe an Gott leben, sondern weil man den Eindruck gewinnt, diese Hingabe beschränke sich auf den gelegentlichen Besuch des Gottesdienstes.

4. Der Fehler des Julius

Nehmen wir einmal an, da sei ein Mann namens Julius, der ständig fürchtet, er könnte einen Gottesdienst versäumen. Die ganze Gemeinde meint, er sei krank, wenn er einmal nicht erscheint. Doch wenn man ihn fragt, warum er seine übrige Zeit mit Spielen, warum er sie mit weltlichen Menschen und weltlichen Vergnügungen verbringe, warum er sich so gern auf sündigen Zeitvertreib, auf unnützes Geschwätz einlasse oder warum er sein Reden, seine Zeit und sein Geld nie an den Geboten seines Glaubens ausrichte, dann weiß Julius nichts anderes zu antworten als der unordentlichste Mensch. Denn der gesamte Grundton der Bibel spricht gegen ein ausschweifendes, ungezügeltes Leben. Wer so lebt, der hat nicht mehr mit dem Glauben an Jesus Christus zu tun als einer, der sich Ausschweifung und Zügellosigkeit ergibt.

Wenn jemand Julius sagen würde, er könne nicht so leben, wie er es tue, und dabei weiterhin Christ bleiben, würde Julius eher meinen, dieser Mensch sei selbst kein Christ, und würde seine Nähe meiden. Würde ihm jedoch jemand sagen, er könne durchaus so leben wie der Rest der Welt, sich vergnügen wie alle anderen, sich der Welt gleichstellen und seine Wünsche und Leidenschaften befriedigen, wie die meisten anderen es tun, käme Julius nie auf den Gedanken, der andere sei kein Christ oder er selbst würde dem Teufel folgen.

Und doch, wenn Julius das Neue Testament einmal vom Anfang bis zum Ende durchlesen würde, dann würde er feststellen, dass seine Lebensweise darin auf jeder Seite verurteilt wird.

5. Die große Sinnlosigkeit

Und tatsächlich kann man sich nichts Sinnloseres vorstellen als kluge, erhabene, göttliche Gebete in einem Leben, in dem weder Arbeit noch Spiel, weder Zeit noch Geld diesen Gebeten entsprechen. Wären wir nicht erstaunt, wenn ein Mensch von sich behaupten würde, alles, was er tue, sei für Gott, aber nie beten würde?

Genauso aber ist es, wenn jemand im Blick auf die Andacht sehr streng ist, wenn er die Zeiten des Gottesdienstes beachtet, in seinem übrigen Leben – Zeit, Arbeit, Talente, Geld – den Willen Gottes aber völlig missachtet. Es ist ebenso unmöglich, Gebete zu sprechen, so wie Gott es will, ohne auch so zu leben, wie es unmöglich ist, ohne Gebet zu leben, wie Gott es will.

So wie wir ohne Gebet kein gottgefälliges Leben führen können, so können wir ohne gottgefälliges Leben nicht beten. Wenn wir unsere Zeit und unser Geld auf törichte Weise vergeuden, so ist das kein größerer Fehler, als wenn wir uns im Blick auf das Beten töricht verhalten. Wenn wir unser Leben nicht Gott bringen, wie können wir es dann mit unseren Gebeten tun?

6. Regeln für das tägliche Leben

Es geht doch einfach darum: Entweder kennt das Christentum

Gebote und Grundsätze, an die wir uns im täglichen Leben halten sollen, oder es kennt sie nicht. Wenn ja, dann müssen wir all unser Tun an diesen Geboten ausrichten, wenn wir Gott wirklich dienen wollen. Denn wenn der christliche Glaube etwas über Essen und Trinken, über Zeit und Geld, über das Leben in dieser Welt, unser Verhalten im Alltag, unsere Haltung gegenüber anderen Menschen, gegenüber den Kranken, den Armen, den Alten und Elenden zu sagen hat; wem wir mit besonderer Liebe, wem mit besonderer Achtung begegnen, wie wir unsere Feinde behandeln und wie wir uns selbst verleugnen sollen, dann wäre es töricht zu denken, diese Grundsätze müssten nicht mit derselben Strenge eingehalten werden wie die Lehren über das Gebet.

Dass auch unser ganz normales Handeln im Alltag vom Glauben bestimmt sein soll, findet sich in fast jedem Vers (der Bibel).

Unserem Erlöser und seinen Aposteln lag daran, uns Lehren zu vermitteln, die mit dem Alltag zu tun haben. Wir sollen uns von der Welt lossagen und uns in unserem Handeln und Verhalten von ihr unterscheiden. Wir sollen uns vor ihrem Übel nicht fürchten, ihre Freuden zurückweisen und ihr Glück nicht achten. Wir sollen sein wie kleine Kinder, die in einen neuen Stand hineingeboren sind. Wir sollen wie Pilger leben und geistlich wachsam sein, in heiliger Furcht und nach dem himmlischen Leben trachten. Wir sollen Tag für Tag unser Kreuz auf uns nehmen, uns selbst verleugnen, bekennen, wie selig es ist, auch Leid zu tragen, uns nach der geistlichen Armut sehnen, dem Stolz und der Eitelkeit der Reichen entsagen. Wir sollen nicht für morgen sorgen, in tiefster Demut leben, uns freuen, wenn wir in dieser Welt leiden müssen. Wir sollen der Lust des Fleisches, der Lust der Augen und einem stolzen Leben entsagen, unseren Feinden vergeben und sie segnen und alle Menschen so lieben, wie Gott sie liebt. Wir sollen unser Herz und alle Gefühle Gott hingeben und danach trachten, durch die enge Pforte zur ewigen Herrlichkeit einzugehen.

Ist es nicht seltsam, dass die Menschen so großen Wert darauf legen, in die Kirche zu gehen, und gleichzeitig die einfachsten Pflichten des täglichen Lebens vernachlässigen, obwohl sie auf jeder Seite des Neuen Testaments daran gemahnt werden?

7. Lebe so, wie du sprichst

Wenn Selbstverleugnung eine Voraussetzung für das Heil ist, dann müssen alle, die gerettet werden wollen, es lernen, sich in ihrem alltäglichen Leben immer wieder selbst zu verleugnen. Wenn Demut eine Christenpflicht ist, dann muss die Demut im Alltag des Christen sichtbar werden. Wenn wir dazu gerufen sind, für die Kranken, die Nackten, die Gefangenen zu sorgen, dann muss der Ausdruck dieser Liebe in unserem Leben stets erkennbar sein. Wenn wir unsere Feinde lieben sollen, dann muss unser tägliches Leben etwas von dieser Liebe zeigen. Wenn wir dankbar, weise, heilig sein sollen, dann muss das an unserem Leben abzulesen sein. Wenn wir in Christus ein neuer Mensch werden, dann muss die Welt etwas davon merken. Wenn wir Christus folgen wollen, dann muss sich das darin zeigen, wie wir im Alltag leben.

Bibeltext: Jakobus 2,14-26

Zum Nachdenken

Die folgenden Fragen können in der kleinen Gruppe diskutiert werden. Sie können aber auch dem Einzelnen als Anregung dienen, sich – wenn möglich schriftlich – Gedanken zu machen.

1. Welche Bereiche unseres Lebens sollten nach William Law (Abschnitt 2) vom Glauben geprägt werden? Welchen Einfluss hat der Glaube auf Ihr Leben?

2. Wenn sich, wie Law meint, an unserem Handeln zeigt, wie lebendig unser Glaube ist, wie würden Sie dann Ihren »geistlichen Gesundheitszustand« einschätzen?

3. Mit welchen Problemen haben Sie zu kämpfen, wenn Sie versuchen, Ihren Glauben nicht nur mit Worten, sondern auch durch Ihr Handeln zum Ausdruck zu bringen?

4. Beschreiben Sie einen Menschen, dessen Leben Sie beeindruckt. Wieso halten Sie sie oder ihn für etwas Besonderes?

5. In Jakobus 2,14-26 weist der Schreiber die Gemeindeglieder darauf hin, dass der Glaube nicht ohne entsprechendes Handeln auskommen kann. Wo setzen Sie in Ihrem Leben den Schwerpunkt? Ist es Ihnen wichtiger, den richtigen Glauben zu haben oder das Richtige zu tun? Was würde Jakobus zu Ihnen sagen, wenn er hier wäre?

Übungen

Die folgenden Vorschläge sind für den Einzelnen gedacht. Sie können aber auch im Rahmen einer geistlichen Zweierschaft oder in einer kleinen Gruppe aufgenommen werden. Wählen Sie einen oder mehrere aus.

1. Machen Sie diese Woche einmal eine Bestandsaufnahme von dem, was Sie glauben und wie Sie den Glauben praktizieren. Wie weit reicht der Einfluss Ihrer Umgebung? Schreiben Sie alles auf. So bekommen Sie eine bessere Vorstellung davon, wie Ihr Glaube Ihr Leben prägt.

2. Achten Sie in dieser Woche darauf, was Sie kaufen. Nach William Law (Abschnitt 4) sollte auch die Art, wie wir unser Geld ausgeben, von unserem Glauben geprägt sein. Führen Sie Buch, damit Sie am Ende der Woche sehen, wo Ihr Geld hingegangen ist. Prüfen Sie die Ausgaben im Licht der Worte Jesu, wir sollten auf dieser Erde keine Schätze sammeln (Matthäus 6,19).

3. Jakobus 2,14-26 hält uns vor Augen, dass unser Glaube daran sichtbar wird, wie wir uns den Menschen gegenüber verhalten, denen es nicht so gut geht wie uns. Bringen Sie diese Woche jemandem zu essen, der sich nicht mehr selbst versorgen kann, bringen Sie Kleidung zu einer Hilfsorganisation oder fragen Sie bei einer Hilfseinrichtung, was Sie sonst tun können.

4. Zeichnen Sie auf einem Blatt Papier mehrere Kreise für die verschiedenen Bereiche Ihres Lebens, einen für den Beruf, einen anderen für Ihre Hobbys, für die Familie, Freunde, Freizeit, Gemeinde usw. Überlegen Sie, welchen Einfluss Ihr Glaube in jedem dieser Bereiche hat, und schreiben Sie die entspre-

chende Prozentzahl in den jeweiligen Kreis (zum Beispiel Beruf 75 %). Fragen Sie sich einmal selbst: Hat mein Glaube Auswirkungen auf mein Leben? Wie kann Jesus in allen Bereichen zum Mittelpunkt werden?

Ein paar Gedanken

Die Schriften von William Law berühren mich immer wieder, weil er so fest an die Wirkung des Gebets glaubte und ihm so ungeheuer viel daran lag, den Glauben wirklich in seinem gewöhnlichen Alltag zu leben. Er wusste, dass echter Glaube nicht an der Kirchentür endet. Vielmehr verwandelt er den Menschen von innen heraus in einem Maß, dass er mit Gottes Hilfe sogar seine Feinde lieben und allen Menschen Gutes tun kann. Gebet, das keine sichtbaren Auswirkungen auf den Alltag hat, ist kein Gebet, sondern nur »Lippendienst«, wie Law es nannte.

Diese gegenseitige Durchdringung des geistlichen und des Alltagslebens ist sehr Gewinn bringend. Ich muss allerdings auch gestehen, dass sie bei mir leicht in Vergessenheit gerät. Ich neige eher zum Extrem: Entweder möchte ich nur beten und zusehen, wie Gott handelt, oder ich möchte die Ärmel hochkrempeln und alles selbst fertig bringen. Viel zu selten erreiche ich das wunderbare Gleichgewicht, das die alten Schreiber mit den Worten *ora et labora*, Beten und Arbeiten, bezeichneten. Ich bin William Law dankbar, dass er mir hier etwas Wichtiges beibringt – etwas, was ich allem Anschein nach noch häufig üben muss.

Zur Vertiefung

William Law, Eine ernsthafte Ermunterung an alle Christen, übers. v. Gotthold Ephraim Lessing/Christian Felix Weiße, 1756

William Law, Praktische Abhandlung von der christlichen Vollkommenheit, übers. v. Christian Felix Weiße, 1839

William Law, Der Geist des Gebets, 1839

Siegfried Wollgast, Philosophie in Deutschland zwischen Reformation und Aufklärung 1550-1650, Berlin (Ost) 1988

Quellenverzeichnis und Rechtenachweis

C.S. Lewis aus: Pardon, ich bin Christ, neu übers. Ausgabe, Brunnen Verlag Basel, 14. Aufl. 1999, S. 172-177

Dallas Willard aus: The Spirit of the Disciplines. Understanding How God Changes Lives, HarperCollins Publishers, San Francisco, © 1989 Dallas Willard

Jonathan Edwards aus: The Work of Jonathan Edwards, hrsg. v. Perry Miller, Bd. 2: Religious Affections, hrsg. v. John E. Smith, © 1959 by Yale University Press, Inc.

Bernhard von Clairvaux aus: Sämtliche Werke, lat./dt., hrsg. v. Gerhard B. Winkler, Tyrolia Verlag, Innsbruck 1990, Band I, © Zisterzienserabtei Wilhering/Oberösterreich, S. 75-145: Über die Gottesliebe, übers. v. M.A. Schenkl

Francois Fénelon aus: Fénelons Werke religiösen Inhalts, aus dem Französischen übersetzt von Matthias Claudius, 3 Bände, Schwällersche Buchhandlung, Sitten und Solothurn 1818; Nr. 1-9 aus: Band 1, S. 190-197; Nr. 10 aus: Band 2, S. 127f.

Aurelius Augustinus aus: Des heiligen Augustin Bekenntnisse, übertragen u. eingel. v. Hermann Hefele, Verlag Eugen Diederichs, Jena o.J., Auszüge aus 5. Kap., 9. Kap., 10.-12. Kap., S. 143, 151-157

Thomas Merton aus: The Climate of Monastic Prayer, © 1969 by Cistercian Publications, Inc., Kalamazoo, Michigan – Spencer, Massachusetts (auch unter dem Titel »Contemplative Prayer« erschienen)

Juliana von Norwich aus: Julian of Norwich, Showings, übertragen v. Edmund Colledge/James Walsh, © 1987 by The Missionary Society of St. Paul the Apostle in the State of New York, mit Erlaubnis von Paulist Press und The Society for Promoting Christian Knowledge; unter Berücksichtigung der Übers. v. Otto Karrer in: Juliana von Norwich, Offenbarungen der göttlichen Liebe, Verlag Ferdinand Schöningh, Paderborn 1926, S. 33-44 i.A.

Bruder Lorenz aus: Bruder Lorenz von der Auferstehung, Gesammelte Werke, hrsg. v. P. Antonio Sagardoy OCD, Verlag Christliche Innerlichkeit, Wien 1993, Nr. 1-4 S. 102f; Nr. 5-11 S. 86-89 i.A.

Douglas V. Steere aus: Prayer and Worship, Friends United Press, Richmond, IN, 1978

Henri J.M. Nouwen aus: In ihm das Leben finden. Einübungen, übers. v. Bernardin Schellenberger, Verlag Herder, Freiburg, 7. Aufl. 1993, S. 43-50

George A. Buttrick aus: Prayer, Abingdon Press © 1942 by Whitmore & Stone, renewed © 1969 by George A. Buttrick

Jochen Klepper aus: Nachspiel. Erzählungen, Aufsätze, Gedichte, Eckart-Verlag, Witten 1960, S. 132-151 i.A.

Sören Kierkegaard: Nr. 1 und 5 aus: Gebete, hrsg. v. Walter Rest, Verlag Jakob Hegner, Köln und Olten 1952, S. 42, 46f.

Nr. 2, 1. Absatz, Nr. 3 und Nr. 8 aus: Rufe zu Gott. Gebete, ausgew. u. übertr. v. Willi Reich, ©1958 by Verlags AG Die Arche, Zürich, S. 16, 26, 10.

Nr. 2, 2. und 3. Absatz und Nr. 4 aus: Søren Kierkegaards Papirer. Anden forogede Udgave ved Niels Thulstrup, Band X 3, A 421, Gyldendal-Kopenhagen 1968, S. 289, und Band VIII 1, A 247, S. 118; übertragen v. Uwe Selbach.

Nr. 6 aus: Die Krankheit zum Tode. Gesammelte Werke, 24./25. Abt., übers. v. E. Hirsch, Eugen Diederichs Verlag, Düsseldorf 1954, S. 166, Anm. 2.

Dies Gebet wurde von Kierkegaard bei der ersten Ausarbeitung dieser Schrift als Teil des Vorworts entworfen, aber von ihmn selbst nicht veröffentlicht. Die Übers. beruht auf dem Abdruck in: S. Kierkegaards Papier, 8. Bd., 2. Halbbd., Kopenhagen 1918, S. 243f.

Nr. 7 aus: Gesammelte Werke, 18. Abt.: Erbauliche Reden in verschiedenem Geist 1847, übers. v. Hayo Gerdes, Eugen Diederichs Verlag, Düsseldorf/Köln [1964], S. 11

Frank Laubach aus: Letters by a Modern Mystic, © 1955, New Reader's Press, Publishing Division of Laubach Literacy International

Martin Luther aus: Dr. Martin Luthers sämtliche Schriften, hrsg. v. Joh. Georg Walch, 12. Band, Kirchenpostille, Am vierten Sonntag des Advents, Phil. 4,4-7, Nachdruck der überarb. 2. Auflage, St. Louis, Missouri, 1880-1910: Verlag der Lutherischen Buchhandlung Harms, Groß Oesingen 1987, Sp. 93f. (Nr. 1-3 bei Foster/Smith); 22. Band, Tischreden, Cap. 15 §1, Sp. 510-512 (Nr. 12);

Martin Luther, Sermon von den guten Werken, Calwer Luther-Ausgabe Bd. 3, Siebenstern Taschenbuch, München und Hamburg 1965, S. 158f (Nr. 4), S. 155-157 (Nr. 5-9), S. 160f. (Nr. 10-11)

Theologia Deutsch aus: Theologia Deutsch, nach dem Pfeifferschen Text in neueres Deutsch gebracht von Rudolf Alexander Schröder, C. Bertelsmann Verlag, Gütersloh 1947, S. 103-107, 37-38, 41-44

Gregor von Nyssa aus: Sophia. Quellen östlicher Theologie, hrsg. v. Julius Tyciak und Wilhelm Nyssen, Band 4: Der Aufstieg des Moses, übers. v. Manfred Blum, © Paulinus Verlag GmbH, Trier, S. 27-31 und 135

Johannes Calvin aus: Leben aus Glauben, 3. Buch der Institutio Christianae Religionis, übers. und ausgew. v. Otto Weber, Christliche Verlagsanstalt Konstanz 1959, S. 73-77 und 84f.

Blaise Pascal aus: Gedanken, übers. v. Heinrich Hesse, Verlag Philipp Reclam jun., Leipzig o.J. (1881), S. 192-202; Nr. 7-8 aus: Pensées. Über die Religion und über einige andere Gegenstände, übertr. u. hrsg. v. Ewald Wasmuth, Verlag Lambert Schneider, Gerlingen, 9. Auflage 1994, © Wissenschaftliche Buchgesellschaft, Darmstadt, S. 197-198

Gerhard Tersteegen aus: Unser Bund mit Gott. Seine Erneuerung und Wiederaufrichtung. Erweckungsrede über 2. Chron. 15,12-16, Volksdienst-Verlag, Leipzig o.J., S. 19-26

Benedikt von Nursia aus: Die Benediktsregel. Eine Anleitung zum christlichen Leben, übers. u. erklärt v. Georg Holzherr, Abt von Einsiedeln, © Patmos Verlag GmbH & Co.KG, Benziger Verlag, Düsseldorf/Zürich, 5. Aufl. 1989, Kap. 7

Thomas von Kempen aus: Thomas à Kempis, Das Buch von der Nachfolge Christi, übers. v. J.M. Sailer, bearb. v. Walter Kröber, Philipp Reclam jun., Stuttgart 1976, I,13; III,12; I,11; I,10; I,12; III,23

William Law aus: The Classics of Western Spirituality: A Serious Call to a Devout and Holy Life/The Spirit of Love, hrsg. v. Paul G. Stanwood, © 1978 by the Missionary Society of St. Paul the Apostle in the State of New York, Paulist Press